全国教育科学"十三五"规划
2018年度单位资助课题《新时代中小学教师精神文化建设研究》
课题编号：FHB180611

做豪迈的中国教师

新时代中小学教师精神文化建设研究

黄斌　著

广西师范大学出版社
·桂林·

本 书 编 委 会

师者当如斯

（代序）

在我们学校文华大厅，有一处岳麓书院门口微景观——"岳麓书院"的牌匾，"惟楚有材，于斯为盛"的楹联。到访宾客、老师、家长、孩子们经常在这里合影、驻足。

"岳麓书院"这一湖湘文化的符号，如同一个独特的隐喻，在校园里默默传递着麓山文化的寓言，承载着一条生生不息的教育之脉，也述说着麓山人的师者风范。

从教30年，经常自我追问：师者该有怎样的精神与气象？教师的价值与使命究竟在何处？

师者该胸怀家国，做价值与信仰的引领者

"盖欲成就人才，以传道而济斯民也"是岳麓书院的树人之本，也是在麓山文化土壤中成长起来的麓山国际实验小学（以下简称"麓小"）之师的风骨。师者，当该胸怀家国，做价值与信仰的引领者。

"做豪迈的中国人"是麓山国际实验小学寄予学生的誓词。这是一个具有民族性、时代性和国际性丰富文化内涵的培养目标，它表达的是学生在"学会生存，学会关心"的基础上，要做一个什么样的人。要让学生成为什么样的人，我们自己要先做怎样的人。学生的精神成长，首先取决于教师的精神气质。对于老师而言，选择了教师这个职业，就选择了精神追求。教师要成为精神生长者，必须是一个富有精神追求的人，教师正确的理想信念，影响和教育着每一位学生。

"做豪迈的中国教师"是学校教师共同成长的目标，是我研究教师精神文化最凝练的表达，也是我努力办好学校的源源动力。"做豪迈的中国教师"，就是从思想上达成育人共识，胸怀家国，做学生成长路上价值与信仰的引领者。

何以引领？以何引领？师者应该有家国使命、傲骨清风，该有对教育之道的执着坚守。我始终坚信，一所好学校要有一批心无旁骛、扎根课堂、业务

精良的教师，他们用心读书、潜心教书、精心著书。我校特级教师张好，从青春年华到两鬓华发，几十年如一日，深耕麓小科学教学一线，默默教书、默默育人，用心带出了一批又一批像她一样对教育事业充满深情的青年教师。张好在她的著作《读书人　教书人　写书人》中记录了一位特级教师的历练之路，引领了一大批青年教师像她一样对科学教学、对教师职业报以更大的深情；首席名师邹玲静带领一批语文教师深耕课堂，且教且思且记录，潜心研究古诗文教学，实践成果《走向儿童的古诗文教学》公开出版，为青年教师的古诗文课堂教学指明方向；向春芳老师以教材中的"文学"话题为切入，于讲台上教书，讲台下记录，和学生一起在课堂里探讨文学的美好，著作《课堂里的文学》出版后受到一致好评；龚拥军书记主管学校德育工作，他以核心素养为导向，构建学校的阳光德育体系。经过几年的实践，将学校德育课程实践经验进行总结提炼，出版了《核心素养下的德育新思路》，让麓小的德育义化得以传承……读书、教书、写书，已经成为一批批麓小教师的生活常态，也成就麓小教师对教育永葆热情。他们将"豪迈"写在了每一间教室的讲台上，也写在了与孩子们相朝夕相处的日常里。

在各种网络资源爆炸的当下，学校仍然坚持每年给每位教师订阅杂志，每年给每位教师发 2—3 本经典书籍，在教师发展学校开展全校共读、自主阅读。每次教师大会之前，邀请一些教师进行读书分享。浓浓的书香校园里，教师读书、教书、写书、育人。充实的精神生活让每一位麓小人有了属于自己的信仰与追求。他们以自己的精神气象，引领着学生、家长、社会的价值与信仰。

2020 年新冠肺炎疫情暴发，我和全校教师一起上好每一节"空中课堂"，用实际行动践行人民教师的初心和使命，以教育之名，平凡尽力，传递着教师价值的使命与信仰。我为全校学生上线上思政课，教育他们心怀感恩、爱我中华；感恩奋战在一线的教育工作者，感恩上直播课的老师，感恩父母，感恩祖国。让学生明白什么是责任与担当，什么是"你怎样国家就怎样"，以师者之名，温暖陪伴，在非常时期，将"爱我中华"的信念根植在师生的心中与行动中，胸怀"做豪迈的中国教师"的家国情，永做教师价值与信仰的引领者。

师者该放眼世界，做文化与文明的传播者

"一时舆马之众，饮池水立涸"是八百多年前岳麓山下两位青年学者传播

文化与文明的盛景。弦歌不绝，文脉相传，师者传道的种子一直在岳麓山下生生不息。师者该放眼世界，做文化与文明的传播者。

"面向世界，博采众长"的办学理念，"根深中国，花开世界"的精神气度时刻提醒着我们每一位麓山教师：面向世界，扎根中国大地办教育，是中国教师的责任与使命，教师该是文化与文明的传播者。

教师正确的理想信念，影响和教育着每一位学生。"做豪迈的中国教师"，就是从思想上达成育人共识，教师不仅要成为学科知识的传播者，更是中华优秀传统文化和文明的传播者，让中华民族的精神深深扎根于我们的下一代，让每一位学生坚定"爱我中华"的理想信念。

"培育具有中国根基和国际视野的阳光少年"是麓小的育人目标，也是写在我们每位麓小教师心中的育人愿景。走入校园，中国文化有形无形地存在着：教学区的传统文化长廊，麓园里的亭台水车、源池小桥、博学楼里散发着墨香的书法教室……我们希望文化融入环境中，潜移默化地影响学生。科学组的老师们在教学楼楼顶开辟了一个"百草园"，让学生种植中草药，车前草、板蓝根、青蒿、紫苏……他们浸润其中，春播药苗，夏收药香，亲手种植，以劳育美，文化的传播便在这草长花开间；英语组的老师开发了"用英语讲好中国故事"系列活动课程，学生把"牛郎织女""神笔马良""精卫填海"用英语的方式搬上舞台，把二十四节气融入日常的英语教学，文化的传播便在这朝夕相印里；语文组的老师把湖湘文化纳入拓展课程，带学生走进岳麓书院，精心编写了适合他们阅读的《湖湘山水》《湖湘人文》《湖湘地理》等校本资源；美术组的老师在课堂上带着学生学习湘绣、走进铜官窑，把课堂搬进博物馆……无论哪一个学科，每个老师都在用自己的方式，做一个知识的传递者、文化与文明的传播者。

学术启良知，远心潜志，恪责尽任铸师魂；文化开胜地，养正毓德，修身齐家平天下。学校自开办以来，成体系的古诗文教学，把中华经典融入学生体育锻炼的国学操，以湖湘大地上的山水历史、人文风物为内容的课题实践等，都是教师作为文化与文明的传播者的使命与担当。

师者该面向未来，做学习与修身的示范者

"身教重于言传"是岳麓书院杰出生徒船山先生对师者应该修身示范的永恒宣言。道德上的示范、实践中的躬行，是麓小教师的行为准则。师者，该做

学习与修身的示范者。

"追求卓越，永不满足"是麓小教师的职业精神追求。对待工作精益求精、对待学生关爱有加，教师要以身作则做学生的榜样；凡是要求学生做到的，教师要首先做到，"不言化成"，教必以正。我们信奉：教师处处事事示范在前，使学生在潜移默化之中受到教益。凡是要求学生明白的，教师要自明，只有这样躬行自明，追求卓越，永不满足，不断充实和丰盈知识的储备，与时代的脉搏同频共振，才不愧为人师表。

"学会生存，学会关心"是学校的校训，具体表达为学校培育具有自主、自理、自信的能力和爱心、责任、合作素养的学生。教学生学会做人，学会学习是教育的原点。从原点出发，教师首先要做热爱学习、善于学习、终身学习的楷模，不断学习新知识、新科学、新技能，拓宽知识视野，更新知识结构，提高教书育人的本领。教师只有学而不厌，才能做到诲人不倦。

面向未来，身处飞速前进的时代，教师只有善于学习、勤于修身，才能让学习和修身成为教育的风尚，成为校园的文化高地。学校一直将教师队伍建设作为学校的重点工作和核心工程，不仅成立了教师发展学校、青年教师成长营等鼓励、激发、推动青年教师追寻专业成长的平台，还建立了名师引领机制、项目化培训等，让不同层级的教师，不断地锤炼自己、提升自我，打破定式，突破创新，都能在各自平台领域里生长。我相信，先有教师的成长，才能有学生的成长。经过多年学校文化的滋养、教师精神文化的培植、教师个体精神的内在生长，学校打造了一支师德高尚、业务精良、充满活力、乐于奉献的学习型教师团队。

面向未来，教师既要有扎实的学识，还要有与时俱进的时代精神。"做豪迈的中国教师"，就是要具备"永不满足"的职业追求，不断充实和丰盈知识的储备，与时代的脉搏同频共振。未来的人才需要是多元的，教师的角色也必将呈现多样性与专业性。亲其师，信其道，大教教心。当教师渊博的知识、崇高的人格魅力能使学生折服的时候，教育往往已经真实地发生。

教育，是民族振兴的基石；教师，是教育发展的根本。

高素质的教师队伍提升教育的高质量发展，高境界的精神文化锻造高素质的教师队伍。为提炼教师精神文化内核，寻求教师文化培植的有效途径，发现教师精神文化建设基本规律，探寻策略与方法，是我带领课题组成员主持全国规划课题《新时代中小学教师精神文化建设实践研究》的初衷。现在您看到的这本教育专著《做豪迈的中国教师——新时代中小学教师精神文化建设研究》

既是我对教师精神文化建设实践的思考，也是麓山之师成长的足迹。

　　感恩湖湘大地的人文滋养，传道以济民，实事求是。感恩曾引领我精神成长的老师，恩师如月生如星，繁星永沐皎月情。感谢我曾工作过的每一所学校，埋首耕耘、夙兴夜寐的日子永刻记忆。感谢麓园里与我共同沐浴日月星光的同事，那些共同奋斗的日子，在记忆中熠熠生辉。

　　于教育之路，踏歌而行，每一步都明润生辉。

　　冬尽春替，世代芬芳。

　　师者，当如斯。

黄斌
2022 年 9 月于麓园

目　录

第一章

上善若水，源池有容

——豪迈，教师精神文化的突出意象

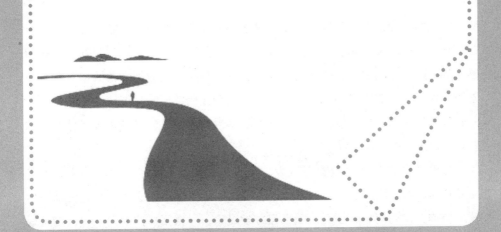

　　楚天辽阔，人杰地灵。在钟灵毓秀的岳麓山脚下，在百舸争流的湘江之畔，坐落着一所教学质量过硬、人才辈出的学校——长沙麓山国际实验学校，从1993年办学至今，春夏更替三十载，麓山国际实验学校蓄势待发，拔节生长，风雨兼程。其间，从联手长郡到搬迁新址，从成立独立法人单位——麓山国际实验小学（以下简称"麓小"），到品牌辐射多所托管学校，虽波折重重，但学校坚持办学理念，不断创新，不断积淀，在基础教育征程上砥砺前行。春风化雨，水润花开，麓小为国家培养出了一批又一批的优秀学子，成为湖南基础教育版图中一颗冉冉上升、璀璨夺目的新星，发挥出优质教育资源的示范引领作用。

　　回眸三十载，麓小在不断的发展变迁之中，逐渐提炼、选择、构建成教师群体所认同遵循的新时代教师精神文化，浸润并推动着学校的成长与发展，使其步履稳健，旗帜鲜明，蓬勃发展，教育弦歌悠悠不辍。

一、根植于心：新时代教师精神文化建设的内涵

　　一所学校，从开疆拓土，到发展转型、形成品牌，除了机遇垂青，政府扶持，更有一大批优秀的教育工作者，在历史的滚滚长河里风起云涌，挥斥方遒，共驶时代巨轮，谱写时代篇章。

　　这种根植于心、不辍耕耘的发展动力，源于新时代的教师精神文化。

（一）教师精神文化建设

　　教师精神文化内含教师思想或心灵深处的思维方式、价值取向、伦理观念、心理状态、理想人格、审美情趣等。教师精神文化是教师文化的内核和灵魂，影响和决定教师的精神面貌和生活态度，对教师的教育教学活动起着激励作用。

　　中小学教师精神文化建设是中小学校园文化建设中重要的组成部分，是指在中小学营造温馨和谐、富有激情、民主进取的教师主流文化，目的是让教师感受到"家"的温暖，有"主人翁"的感觉，既能促进教师师德的提升和专业素质的提高，营造研讨的氛围，促进教师的专业化发展，又能让中小学教师体验到成长的快乐，从而促进学校教育教学质量的提高，使学校步入良性循环的轨道，促进学校的优质发展。

　　随着教育进入高质量发展阶段，新时代对教师提出了更高的要求，为了让教师能与时代同频共振，追求卓越，麓山国际实验小学必须担起建设新时代教师精神文化的使命。因而，麓小自办学以来，一直坚持"面向世界，博采众

长，发展个性，奠基人生"的办学理念，秉承"学会生存，学会关心"校训和"做豪迈的中国人"誓词，发扬"追求卓越，永不满足"精神，用先进的办学理念引领学校发展，不断深化教育改革，推进现代学校治理，全面实施素质教育。并且，努力把学生培养成为有"自信、自理、自主"能力和"爱心、责任、合作"素养，具有中国根基和国际视野的阳光少年；努力让教师成为有包容情怀、反思意识和责任担当、合作精神，有职业幸福感和专业知识技能的研究型教师；努力把学校办成管理规范、师资雄厚、特色鲜明、质量一流、设施完备的实验性、示范性的现代化窗口学校，从而成为师生的书香校园、实践学园、成长乐园和幸福家园。

（二）教师精神文化建设的逻辑起点

从开放、包容、走向成功的办学理念和办一流学校的发展方向出发，从学校对培养学生和教师发展的定位着手，麓小不断思索与追寻教师精神文化建设的逻辑起点。

逻辑起点是一个理论的起始范畴，是理论体系建构的出发点，也是实践范式科学有效的根本前提。逻辑起点确当与否，直接影响理论体系的完备性和实践范式的实效性。中小学教师精神文化建设也有其自身的逻辑起点问题，即中小学教师精神文化建设应从何处出发的问题，它所要解决的是中小学教师精神文化建设的内容、方法、途径等根本问题。豪迈，是麓小教师一直在沉淀的精神特质，是教师精神文化的突出意象，更是教师精神文化的创新观点。"豪迈"一词源于学校誓词"做豪迈的中国人"。这是一个具有民族性、时代性和国际性丰富文化内涵的培养目标，是建立在"学会生存，学会关心"基础之上的一

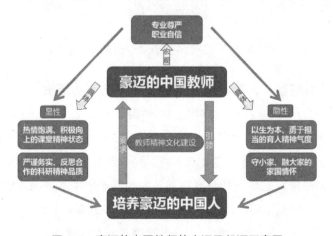

图 1-1　豪迈的中国教师的内涵及起源示意图

种基本进程，是对学校培养目标的总述。而今，我们把"豪迈"提炼出来，作为教师精神文化建设的逻辑起点，将有着更深远旷达的意义。"豪迈"意为大气魄、大格局、勇往直前。学生具有向师性，要引导学生成为豪迈的中国人，理应先培育豪迈的中国教师。

从宏观上看，豪迈的中国教师具有教师专业尊严和强烈的职业自信；从显性层面看，豪迈的中国教师具有热情饱满、积极向上的课堂精神状态和严谨务实、反思合作的科研精神品质；从隐性层面看，豪迈的中国教师拥有以生为本、勇于担当的育人精神气度和守小家、融大家的家国情怀。

二、内外兼修：豪迈的中国教师具有的"专业尊严"

尊严指的是权利和人格被尊重，教师专业尊严指的是中小学教师职业及其从业人员所拥有的职业权利、社会价值和道德价值被社会及其成员所期望、认可和肯定。教师专业尊严是中小学教师精神文化的核心内容，而教师专业尊严与职业自信则是相辅相成的关系。为维护和提升教师专业尊严与职业自信，长沙麓山国际共同体学校（以下简称"麓共体学校"）的中小学教师始终坚持内外兼修，且取得了良好的成效。

图 1-2　在教师精神文化建设中提升"专业尊严"与"职业自信"

（一）于内部而言，教师自身的优良素质是源头活水

只有不断提升教师自身专业素养，培养自尊、自立、自强的人格尊严，才能获得强烈的职业自信，赢得社会的尊重。豪迈的中国教师是具备"追求卓越，永不满足"精神的教师，"追求卓越"是长沙麓山国际实验小学的核心精神。这是一种追求，更是一种态度和勇气，彰显着学校教师强烈的职业自信，始终相信没有最好只有更好，每一个教师依据自身的素质与能力，以一种向上的姿态达到自己所能到达的高度，为自我赢得教师专业尊严。

长沙麓山国际实验小学积极打造"教师发展学校"，对40岁以下青年教师进行培训，开设书法班、读书会、信息技术运用等培训班，以加强基本功训练，促进专业素养提升，追求卓越，永不满足；每学年学校还组织开展"源池杯"教师基本功竞赛，包括一级导师示范课和青年教师课堂比武，论道课堂，互鉴互长。据此，教师不仅锻炼了基本功，还提高了自身专业素养，不断增强了专业尊严和职业自信。

（二）于外部而言，学校、社会对教师工作的理解、认同与支持是动力系统

当教师努力、辛勤地教书育人之时，倘若家长理解教师，为孩子的成功心怀感激，领导同事会为自己优异的表现而鼓掌，此时教师所收获的不仅仅是成就感，更能增添一份职业自信。长沙麓山国际实验小学在微信公众号开设"麓小之师"专栏，先后推出近20期内容，专题宣传学校教师师德师风、教育教学等方面的工作特色和做法，引导家长、社会正确认识教师这一职业及其工作的性质，做好正面宣传。同时，学校每年在教育教学工作评优中专门设立"魅力教师"评选，请全校教师、学生及家长参与投票评选。在这一过程中，既宣传了教师的优秀事迹，又增进了学生、家长、社会对教师工作的理解。同时，这也是对参评教师的一种激励和认可，维护了教师的专业尊严和职业自信。

三、拒绝倦怠：豪迈的中国教师具有的"课堂精神状态"

中小学教师精神文化由教学理念、专业精神、专业尊严以及人际关系规范等要素构成，专业精神是教师精神文化建设的重要动力。从显性层面看，豪迈的中国教师具有热情饱满、积极向上的课堂精神状态和严谨务实、反思合作的科研精神品质。

图1-3 在教师精神文化建设中锤炼"课堂精神状态"与"科研精神品质"

教师的精神状态会直接影响教育教学效果，决定一堂课的成败。豪迈的中国教师不仅会传授知识，而且能以良好的课堂氛围熏陶、感染学生；会合理控制情绪，始终保持热情饱满、积极向上的课堂精神状态。

为确保教师有着良好的课堂精神状态，为教师精神文化建设蓄势助力，长沙麓山国际实验小学和麓共体学校致力于探索各项有效路径。

（一）对教师的精神状态进行科学的摸底排查

为了进一步了解学校教师的课堂教学精神状态，长沙麓山国际实验小学特邀请北京师范大学导师工作室对全校教师做了一次专业的、全方位的心理评估，进而展开准确而专业的分析并形成了测验诊断报告。

根据调查评估结果，以及导师工作室提出的建议，长沙麓山国际实验小学领导及时做出管理调整，出台了一系列措施来鼓励教师树立良好的教育效能感，有效激发教师的主观能动性，缓解教师的职业倦怠，让教师能以热情饱满、积极向上的精神状态对待每一天平凡的课堂教学工作，在工作中创造，在创造中享受学生的进步和自我的提升。

（二）多方合力以减轻教师精神负担

1. 关注个体，传递组织关怀

一方面，学校精准对接长沙市教育工会"全市困难教职工帮扶活动"，关心和帮扶困难教职工；另一方面，为解决单身教师住房问题，学校积极响应号召，积极报名参加"拎包入住工程"第四批、第五批入住申请，到目前为止，先后解决了四五十位单身教师的住房问题。

2. 艺体培训，丰富精神文化

学校成立教师合唱团、教师摄影班、教师气排球和羽毛球训练队等，"每周活动一小时，健康幸福一辈子"，因地制宜地组织开展有益于教职工身心健康的活动，营造健康文明、充满活力的文化环境，满足教师多样性、多层次的精神文化需求，以促进教师保持良好的精神状态迎接工作、迎接课堂教学。

3. 推己及人，做好后勤服务

良好的后勤服务可以助力教师保持热情饱满、积极向上的课堂精神状态，心无旁骛地搞好教育教学工作。在严格遵守党和国家制度规定的基础上，进一步完善教职工服务体系。一是做好教职工子女就读工作，让其感受到学校的温暖；二是学校广泛征求大家的意见和建议，配合学校采购小组，保质保量地做好传统节假日的教职工福利物资采购工作；三是学校食堂为教职工提供营养均衡、美味可口的一日三餐，中、晚餐还提供绿豆粥、黑米粥、小米粥、八宝粥、银耳莲子粥等营养滋补型粥汤；四是每次全校教职工大会做好教职工子弟托管服务，让教师在学校里有如家的感觉，安心地以饱满的热情投身于课堂教学工作。

正是在一系列教师精神文化建设举措的推动下，长沙麓山国际实验小学教师以热情饱满、积极向上的精神状态投入课堂教学，经过几年的实践和沉淀，课堂教学已明显提质增效，形成了"教学评一体化"的教学体系以及旨在培养学生创新精神和实践能力的"3+N"课程体系。根据长沙市教育局办学满意度调查，麓小的社会家长满意率蝉联榜首，多家媒体对学校办学成果予以报道。两任教育部原部长袁贵仁、陈宝生先后来长沙麓山国际实验小学考察调研，对长沙麓山国际实验小学的教育教学发展予以高度评价和充分肯定。

这是一所好学校
——陈晓光来长沙麓山国际实验小学视察并主持召开专题调研座谈会

2018年4月23日，时任全国政协副主席、民盟中央常务副主席陈晓光率全国政协教科卫体委员会"解决中小学生课外负担重问题"调研组，在湖南省开展调研，并与有关部门负责同志举行座谈，听取相关方面意见建议。

长沙麓山国际实验小学校长黄斌、党支部书记龚拥军等陪同视察。黄斌介绍了学校办学思想、历史沿革、基本现状、师资队伍和"3+N"课程体系（学科基础型、拓展丰富型、活动实践型课程，课程延展和大学科融合）。

黄斌说，拓展丰富型课程解决了学生特色培养和社会关注的"三点半问题"，学校在下午4:10放学后开设有体育、音乐、美术、创客等几十个门类的拓展课程。学校还通过"互联网+"深度融合，信息化助推教育资源共享，助力教育精准扶贫和教育均衡发展。

随后，座谈会在学校道德讲堂召开，调研组与有关部门负责同志举行座谈，听取相关方面的意见及建议。

陈晓光指出，减轻中小学生过重负担，不是要减去刻苦学习的精神，而是要减去那些不顾教育规律和儿童少年成长规律，教学内容超标、过难、延长教学、挤占德美体劳时间，作业量不合理、重复性机械训练过多，以及盲目、过多地参加课外培训辅导机构和各种竞赛等给学生带来的负担。

座谈会上，领导对长沙麓山国际实验小学各项工作给予高度评价和充分肯定。

时任全国政协教科卫体委员会驻会副主任丛兵，湖南省人大常委会副主任杨维刚和部分全国政协委员参加调研座谈。湖南省政协副主席张大方、长沙市政协主席文树勋、长沙市人民政府副市长陈中出席座谈会。

全国教育大会后，教育部长到了哪儿
——教育部原党组书记、部长陈宝生视察长沙麓山国际实验小学

2018 年 9 月 20 日，教育部原党组书记、部长陈宝生带着总书记的嘱托和全国教育大会精神，将全国教育大会后视察的第一站、考察的第一所学校放在长沙麓山国际实验小学（以下简称"麓小"）。

陈宝生部长一行听取了学校办学理念、发展沿革、课程设置、合作交流和师资队伍情况介绍，对学校誓词"做豪迈的中国人"和把"根生中国，花开世界""价值引领＋习惯养成"作为立德树人顶层设计给予高度评价；学校通过"3＋N"课程体系（学科基础型、拓展丰富型、活动实践型课程，课程延展和大学科融合），实现了全员育人、协同育人、全过程育人、全方位育人，并解决了课后托管和综合素养提升；学校通过名师引领、团队发展、师德优先、全面培养，建立起一支高素质专业化的教师队伍；学校着力发展"互联网＋教育"，打造智慧校园，推进教育均衡发展。陈宝生部长频频点赞，对长沙麓山国际实验小学各项工作给予充分肯定——"介绍得很好，关键是做得好！"

陈部长在校园电视台观看了学校形象片；走进了创客中心，与孩子们亲切交流；了解了学校民乐队建设情况；观摩了书法教学课和"小乐器进课堂"——巴乌教学课。

学校红领巾广播站是长沙人民广播电台的校园直播站，陈部长对电台主持人和学校老师共同直播的《名师来了》节目表示赞赏和肯定。

走进录播教室，语文智慧课堂吸引了教育部杜占元副部长的目光，他向陈宝生部长推荐说："这就是便捷、实用、有效的智慧课堂！"

外教云课堂是我们与美国优质学校合作，聘请美国优质在校教师，使用中国教材，采用双师教学模式，通过网络进行授课。陈部长在教室后方驻足，认真观察课堂，对学校的创新举措、大胆实践、严格把控给予了肯定。

在 3D 打印教室，陈部长笑容可掬地走到孩子中间，俯下身子，仔细观看打印作品，看孩子们如何利用平板电脑对扫描成功后的花瓶图案进行拉伸、旋转等，并不停地点头称赞。

在形体教室，陈部长看到孩子一板一眼的认真劲儿，举手投足间流露的自信与朝气，不禁竖起大拇指，为麓小的孩子们点赞。

在网络联校教室，陈部长与长沙县、望城区、宁乡市三所偏远农村学校的孩子们互动交流。当听到孩子们说喜欢这样的网络学习课时，他勉励孩子道："喜欢，就好好学！"

在学校中小学在线学习小学资源中心，长沙市教育局副局长缪雅琴向陈部长介绍了长沙市智慧教育的基本情况。长沙以信息化与教育教学的深度融合运用创新为切入点，来构建整个智慧教育的云平台，希望能改变教育教学方式、教育服务方式以及教育治理模式。

在座谈会上，陈宝生部长说："看着非常高兴，时间短，看的都是精华。时间虽短，不虚此行。"长沙市教育局党委书记、局长卢鸿鸣，长沙麓山国际实验小学校长黄斌参加座谈会。

两任教育部长的到来，给全校师生极大的精神鼓舞，增强了师生责任感和使命感，激励大家振奋精神、锐意进取，以良好的精神风貌投入工作和学习中。

四、严谨务实：豪迈的中国教师具有的"科研精神品质"

著名教育家苏霍姆林斯基曾说："如果你想让教师的劳动能够给教师带来乐趣，使天天上课不至于变成一种单调乏味的义务，那你就应当引导每一位教师走上从事研究这条幸福的道路。"教育科研是教育的第一生产力，是教师发展的核心竞争力。豪迈的中国教师不仅应具有热情饱满、积极向上的课堂教学精神状态，更应拥有培养严谨务实、反思合作的科研精神品质。教师精神文化建设则致力于从多个方面唤醒、培育教师的科研精神品质。

1. 以制度建设、科研培训成就严谨务实的科研精神品质

学校本着"科研兴师、科研兴校、科研兴教"的精神文化建设原则，制定了《长沙麓山国际实验小学教育科研课题管理制度》，建立了学校课题三级管理组织模式：由学校科研领导小组、教科室、课题组构成，由此确保教师能在学校科研领导小组的统筹规划下严谨务实地开展课题的申报、立项、开题、结题、存档等工作，从细微的教育教学问题中提炼课题，严谨细致地展开研究工作，最后务实地将研究成果运用于教学之中，优化教育教学效果。

为促进教育科研工作规范、务实、高效地开展，提升学校教师科研成果的严谨性，长沙麓山国际实验小学以教研组为单位对接了省、市各学科的专家，与高校合作，每个学期邀请学科专家来校进行培训、讲座、研课。特聘北京师范大学伍新春、胡定荣两位专家定期到学校指导。在专家高屋建瓴的指导下，学校教师能更严谨地把握教育科研的前沿问题，务实地展开有效研究。

2. 以实践研究、团队协作成就反思合作的科研精神品质

教学科研的过程就是教师追求实践反思和专业成长的过程。学校倡导教师用反思合作的科研精神对待教育教学，鼓励全体教师参与课题研究之中，从校级微型课题做起，对日常教育活动进行总结反思，摸爬滚打，能自觉地将问题上升为课题，个人与团队协作做好课题，通过行动研究的方法来提升自己的科研能力，从而提高课堂教学的实效性，促进学校教育教学创新发展。

另外，学校组织一年一度的优秀微型课题结题汇报展示，由优秀课题组展示课题成果，分享课题研究经验，让教师浸润在反思合作的教育科研氛围之中，沉浸式地提升科研素养，培养反思合作的科研精神品质。

中小学教师精神文化建设有意识地从多个方面唤醒和培育教师的科研精神品质，教师每时每刻都在被熏陶和感染。目前，学校团队与个人通力协作，已有国家级、省级、市级课题共20余个，国家级、省级获奖论文200余篇，2019—2022年全校教师共发表论文和著作30余篇（部），有的课题还荣获2022年度湖南省基础教育成果奖一等奖。在此过程中，教师的专业科研素养也实现了质的飞跃，科研精神品质得到了有效升华。

五、责任担当：豪迈的中国教师具有的"育人精神气度"

作为教师精神文化建设重要动力的专业精神，不仅显性体现在教师的课堂精神状态和科研精神品质上，还隐性蕴含在潜移默化的育人精神气度和家国情怀之中。豪迈的中国教师拥有以生为本、勇于担当的育人精神气度和守小家、融大家的家国情怀。如此有气魄、大格局的精神文化内涵需要根植在教师精神文化建设的肥沃土壤之中。

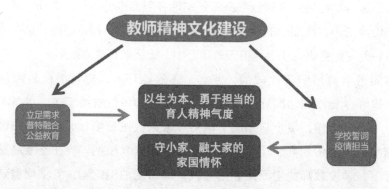

图 1-4　在教师精神文化建设中孕育"育人精神气度"与"家国情怀"

1. 以生为本，让儿童站在校园中央

教师精神文化的最终价值要落在对学生的培养上，要注重学生精神世界的健康与充盈，要在各种教学活动中听到学生生命的诉说，这需要全校教师拥有共同的信念：让儿童站在校园中央，把儿童真正的需求作为校园里的第一考量。

学校以生为本，推崇"为了每一个学生的发展"的新课程理念，教师积极践行，在教育实践中将以生为本的育人精神气度内化于心，外化于行。学校好评率最高的科学课堂从学生成长需要出发，学生自主选择学习内容，自己确定实践、探究方式，自己组建学习团队，自己确定课程的发展方向，开发了"屋顶农场智慧劳动课程"。一年一度的少代会积极收集采纳少先队员的提案，让儿童发声、让儿童参与，于是便有了一学期一次的自由着装日、无作业日，寒暑假仍向学生敞开大门的阅览室。这些小小的变化在学校里跟着儿童的需要，温情地发生着。

【案例 1-1】

长沙麓山国际实验小学设立每周"无作业日"

为切实推动国家《关于进一步减轻义务教育阶段学生作业负担和校外培训负担的意见》政策措施落到实处，努力践行习近平总书记对少先队员提出的"树立远大理想、培养优良品德、勤奋学习知识、锻炼强健体魄、培养劳动精神，努力成为德智体美劳全面发展的社会主义建设者和接班人"的要求，根据学校整体安排，参考学校第四次少代会少先队员代表提案建议，在原无作业日（5月31日、12月31日）的基础上，增设每周星期四为"无作业日"，在"无作业日"当天，一至六年级所有学科不布置家庭作业。

无作业，有成长。无作业是为了让学生有更多自主时间做自己喜欢的事，做自己擅长的事，发展自己的兴趣爱好，提升自己的实践能力；有更多机会走出书房，走出家门，走进社区，走近伙伴，去感知生活的多彩和世界的多元。同学们可以在家长的同意或陪同下，利用每周"无作业日"这一天举办家庭活动，进行劳动实践，组织伙伴互动，参加社区服务、关注新闻时事，等等。希望同学们能在每周一天的留白时间里收获更多成长。

和家人相约，陪伴的幸福

家庭是孩子温暖的港湾。在爱和温柔里长大的孩子，承受力、感知力都要高于同龄孩子。停下匆匆的脚步，与家人相约，感知温暖，感受美好。

和运动相约，健康的幸福

全民运动，能够培养孩子的体育品德。麓小学子不问风霜，不论雨雪，操场上、社区里，处处都有他们跃动的身影。

和"社会"相约，体验的幸福

社会大家庭的功能，不仅在于"资源"的丰富，更能唤醒复杂的人类智慧系统。孩子们选择走出家门，走进农村，走入社区，走进农场……体验职业，感受生命的价值和意义。

和阅读相约，心灵的幸福

家校共读，能够提升学生的阅读素养。亲子共读，能给家中增添缕缕书香，更能够拉近家长与孩子的距离。孩子们与阅读相约，增加知识的广度，拓宽灵魂的深度。

和劳动相约，实践的幸福

要用劳动教育筑牢立德树人的基石。孩子们选择为父母分担家务，锻炼动手能力和解决问题的能力，做生活的主人。

【案例 1-2】

长沙麓山国际实验小学的"卡通着装日"

在长沙麓山国际实验小学召开的第三次少代会中，学校少工委收到了五年级少先队员提出关于学校设立"自由着装日"的"红领巾小提案"。其旨在促进学生个性发展，给学生更多的自主选择权，同时增强学生的审美意识，提高学生的审美能力，保护学生的爱美之心，让学生展现青春之美。

"自由着装日"在麓小学生们的期待中终于到来啦！今年的主题是"卡通着装日"。

瞧，麓娃们穿着自己最爱的卡通角色的服装踏入校园：孙悟空、宇航员、艾莎公主、蜘蛛侠……各式各样的服装让人眼前一亮，早晨的校园被装点得五彩缤纷、活力十足。老师和学生们都欢欢喜喜地和等待在学苑广场的校园卡通形象"麓麓""山山"合影。

麓小满满的仪式感使老师和学生们幸福不已，"自由着装日"一定会成为学生们成长道路上一道亮丽的风景。每个学生都是一粒种子，他们都有着各自的"花期"，希望麓小学生在阳光和雨露的滋润下，个性生长，成就更好的自我！

2. 永葆初心，无愧教育责任担当

师者仁心，乐于奉献，勇挑责任，敢于担当。

特殊教育显担当。2020年开始，学校发起了普特教育联盟，担负起了让特殊儿童接受普通教育的责任。学校充分整合麓共体学校的优质资源，努力为在普通学校就读的特殊儿童量身定制特需课程，给予他们特定的时间空间、特定的教育资源和特定的教育评价，让每一位适龄儿童都享受到公平而有质量的教育，彰显着学校教师勇于担当的育人精神气度。

公益教育乐奉献。每年寒暑假，学校开展"名校名师公益行"项目，通过线上线下名师课堂等，免费向社会开放优质教育资源。每个周末，学校开展"我为群众办实事"项目，免费开放阅览室、自习室，由学校教师亲自辅导。每个假日，学校遴选一批麓小优秀名师走进各社区开展家庭教育指导、学生实践活动指导等一系列公益课程，让"家校社共育"从概念变成学校的新常态，体现着麓小教师勇于担当，乐于为教育事业奉献的育人精神气度。

【案例 1-3】

【我为群众办实事】长沙麓山国际实验小学 2022 年寒假"名校名师公益行"系列课程实施方案

党史学习教育开展以来，长沙麓山国际实验小学深入学习贯彻落实习近平总书记重要讲话精神，紧扣"学党史、悟思想、办实事、开新局"的目标要求，围绕群众期盼，主动担当作为。为引导和帮助学生度过一个安全、快乐、有意义的假期，缓解部分家庭假期"看护难"问题，学校坚持在寒暑假期间开展"名校名师公益行"系列服务，切实践行"我为群众办实事"的服务宗旨。

2022年寒假期间，学校继续整合各学科教师资源，开设了丰富多彩的公益活动课程，欢迎各位家长根据实际需要选择合适的公益课程。让我们一起，在麓园、在互联网云端度过一个快乐、充实的寒假！

长沙麓山国际实验小学"名校名师公益行"系列课程

（一）家校社共育课程

通过"党员公益服务进社区""团员公益课堂进社区""红领巾志愿者进社区""社区'五老'进校园""安全共治进校园""文明共建进校园"等活动，有效联动家庭、学校、社区（社会）教育资源，努力拓宽育人场域，构建和谐的家校社合作教育模式，形成育人合力。

（二）寒假公益课堂

积极响应《教育部关于加强"三个课堂"应用的指导意见》的要求，继续做好 2022 年寒假的疫情防控工作，发挥名校示范引领作用，推进教育均衡发展，满足广大家长需求，拓宽学生的知识面，帮助学生度过健康、充实的寒假生活；同时，助力名优教师成长，促进信息技术与教育教学实践深度融合，支撑构建"互联网＋教育"新生态，特开设 2022 年寒假"名校名师直播公益课堂"。

（三）寒假托管、学业辅导服务

为缓解部分家庭假期"看护难"问题，学校坚持在寒暑假期、双休推出托管（作业辅导、作业答疑）服务。2022 年寒假期间，学校每天（9:00—11:30）安排了语、数、英三个学科的指导老师对有实际需要的学生进行作业辅导；对麓山国际实验二小二至五年级部分有实际需要的学生进行英语素养巩固提升。

1. 托管及作业辅导安排（9:00—11:30）

2. 二小英语学科素养巩固（9:00—11:30）

（四）体育场馆开放

为提高全民思想素质和身体素质，全面推进《全民健身计划纲要》的落实，根据上级有关文件精神，学校体育场馆对外开放。为了创造一个良好的教学、训练、比赛的环境，维持正常的教学秩序，加强体育场馆的管理，发挥学校教育资源（体育场地、场馆设施等）的功能，为长沙麓山国际实验小学在读学生提供良好的锻炼场地，推动全民健身运动的开展，特制定本制度。

1. 学校教育资源对外开放目前仅限于田径场、足球场、室外篮球场、室外乒乓球场。

2. 学校教育资源对外开放以限时、限场地为原则，校外人员进校锻炼务必遵守。

（1）开放场地：田径场、足球场、室外篮球场、室外乒乓球场

（2）开放对象：学校在读学生

（3）开放时间：每天上午 9:00—11:00

3. 运动队训练及场地保养时间，不对外开放。特殊情况下不对外开放，学校拥有最终解释权。

4. 学校教育资源对外开放项目，安排专人负责，学校安排值班老师和保安做好进出校登记手续。凡进校锻炼学生务必尊重学校管理人员，服从管理，否则将取消该生进校锻炼资格。

5. 进入校园进行体育锻炼，必须讲究文明，爱护学校的一草一木，不得随地吐痰，乱扔垃圾，不说脏话，维护学校的环境卫生和绿化，如有损坏必须照价赔

偿。更不得滋事斗殴，不得进入规定区域以外的场所，做与体育锻炼无关的事情。

6. 进校进行体育锻炼及活动时，应本着"安全第一"的原则，不做危险动作。如发生意外，学校将本着人道主义的原则，进行必要的帮助，但具体责任应由本人负全责，学校不承担责任。

（五）阅览室开放

为了满足学生假期的阅读需要，丰富学生假期的文化生活，同时给社区居民带来便利，长沙麓山国际实验小学从 2019 年 1 月开始推出阅览室开放服务。这个寒假想来学校阅读的你们，一定要仔细阅读以下阅读室使用指南哟！

1. 讲究文明礼貌，保持室内清洁卫生，不随地吐痰或乱扔杂物，自觉保持室内安静，不大声喧哗。

2. 进入阅览室后请拿代书板，并记住号码，取书时请将代书板横插在书中。离室前请摆好椅子，将书刊归还到代书板处后安静地离开。

3. 读者入阅览室时，只限带笔记本等记录用品，随身携带的其他物品应存放在指定位置（贵重物品除外），不带零食饮料进入阅览室。

4. 读者要爱护图书，避免折叠、勾画或污染，不得画线、批点、涂改，严禁私挖、损毁图书，违者按有关规定处理。

六、守小家、融大家：豪迈的中国教师具有的"家国情怀"

习近平总书记提出："教师要有理想信念、有道德情操、有扎实学识、有仁爱之心。"为教师精神赋予了新的时代内涵。与社会上其他职业精神相比，教师精神除了一般意义上对职业的热爱之外，还包含一种广博、深沉、持久的大爱情怀，主要体现为热爱祖国、热爱教育和关爱学生，把社会主义核心价值观贯穿于教书育人全过程。学校是小家，国家是大家。在教师精神文化建设中须孕育豪迈的中国教师守小家、融大家的家国情怀。

（一）学校誓词彰显家国情怀

长沙麓山国际实验小学以"做豪迈的中国人"为誓词，这一誓词屹立在校园中央，意在引领每一个麓小学子成为豪迈的中国人。其第一层次目标便要求学生有中国根基、中国灵魂、民族情结和爱国情怀。"中国根基"是学校对学生成长的底色要求，蕴含的是学校教师在培育学生过程中立德树人，守护学校小家，融入国家大家的家国情怀。

（二）非常时期胸怀家国显大爱

"家国情怀"是一个人对自己国家和人民所表现的深情厚爱，是中华民族自强不息、延绵不绝的精神动力。新冠肺炎疫情之下，没有看客，豪迈的中国教师的家国情怀在非常时期都有感人的鲜活故事。

在 2020 年新冠肺炎疫情期间，长沙麓山国际实验小学教师积极响应全市"停课不停学"网络教育活动，在云端守望相助，主动承担授课任务。校长黄斌给全体教职工发出"停课不停学"的号召信。

【案例 1-4】

"停课不停学"号召信

亲爱的同事们：

见字如面！

非常时期，举国上下都在为打赢这场新冠肺炎疫情防控阻击战恪守职责，勇往前行。教育战线上的我们，在做好"停课不停学　停课不停教"工作的同时，一定要做好自我防护，平安、顺利地打赢这场没有硝烟的战役。

沧海横流，方显英雄本色。

接下来一段时期内，在没有接到上级行政部门的开学通知前，我们的"空中课堂"还将继续进行。希望老师们继续全力以赴，不畏惧、不退缩，用实际行动践行人民教师的初心和使命，诠释"做豪迈的中国人"的誓词。以教育之名，平凡尽力，不输英雄！

同事们，我们是教师，是仁者之师。非常时期，我们更要关爱学生、关心每一个学生家庭，特别要关注奋战在防疫一线的医务工作者的子女，加强沟通关怀，提供学习指导，给予生活帮助，解决他们的后顾之忧，守护他们的牵挂。以师者之名，温暖陪伴，致敬英雄！

路虽远，行则必至；事虽难，做则必成。

同事们，让我们坚守"阵地"，共克时艰，用爱与担当、情与责任，共同奏响新冠肺炎疫情防控战线上的教育凯歌！

祝好！

黄　斌

2020 年 2 月 24 日

在几个月的抗疫时间里，麓小"空中课堂"用心部署、层层推进，集思广益、稳健推进，追求实效、突出亮点，共提供网络直播课 1 696 节，参与人数达到 80 多万人，课程收看总量超过 1 700 万次，收看区域覆盖全国大部分省份，构建了资源共享，家庭、学校、社会共育的网络教育共同体。非常时期，麓小的"非常教师"在家国情怀的孕育下，体现了"特别能吃苦、特别能战斗"的责任与担当、大爱与奉献。

【案例 1-5】

为坚决贯彻落实习近平总书记重要指示精神，落实省、市委和长沙市教育局党委关于新冠肺炎疫情防控工作部署，共同做好新冠肺炎疫情防控工作，2020年 2 月 11 日，长沙麓山国际实验小学党总支向全体党员发出倡议，号召全体党员教师做抗击新冠肺炎疫情的先行者、做防控知识的传播者、做师生安全的守护者、做"停课不停教"的示范者。党员教师积极响应号召，用行动践行"仁者之师"的责任与担当！

全体党员教师积极响应号召，参与"停课不停学，停课不停教"的空中课堂工作，主动报名、积极承担，用专业的学科素养给孩子们带去全面、系统的专题学习，受到广泛好评。党员教师用切实行动诠释引领示范、先锋榜样，让党旗在校园高高飘扬。

非常时期，麓小老师在云端守望相助，砥砺前行，抱团成长，共同谱写了"立德树人"的云篇章，描绘了一幅奋斗在云端教学一线的人民教师群像图，凸显了麓小教师团队的团结与敬业、创新与坚守。

【案例 1-6】

"停课不停学"，家长们好评如潮。原本担忧孩子学习落下的家长们心中的石头纷纷落下，为麓小的"空中课堂"竖起了大拇指。"这样的学校，我也想去！""麓小太牛了，不仅直播语、数、外三门课程，连音乐课、美术课、体育课都有！""昨天晚上才说有可能上网络直播课，今天竟然就上起来了，老师颜值高，上课形式丰富多彩，虽是网课，师生互动却很好，效果超出我们的预期。停课却不缺课，麓小做得真好！"

原本令人担忧的情况却让家长对麓小有了更多的了解和认识。家长们通过陪伴孩子学习，进一步走进孩子的学习生活，也进一步加强了家校沟通。孩子们能严格按照学校作息时间和课程安排上课，哪怕艺体课程也坚决不放松，更是让人赞叹不绝。

　　面对困难，麓小坚决不回避；面对挑战，我们勇往直前。"一切为了孩子"是麓小一直不变的方向，"办家长满意的学校"是麓小一直不变的目标。面向世界，博采众长，每一位麓小人，都在奋勇前进的路上！

　　综上所述，中小学教师精神文化建设的逻辑起点是培养豪迈的中国教师。这需要从多方着手，包括：维护、提升教师专业尊严和职业自信，锤炼、保障热情饱满、积极向上的课堂精神状态和严谨务实、反思合作的科研精神品质，孕育、秉承以生为本、勇于担当的育人精神气度和守小家、融大家的家国情怀，从而引导中小学教师在丰富多样的精神文化建设中熏陶、感染，获得启迪，成为豪迈的中国教师，进而落实在教育教学中，引领每一个学生成为"豪迈的中国人"。

第二章

银杏生辉，粲然深秀

——新时代教育理论，教师精神文化建设的有力支柱

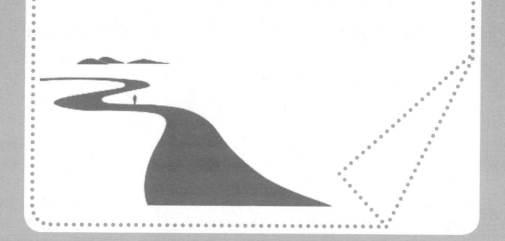

先进的教育理论与中小学教师精神文化建设的关系，正如东风于旗帜，北斗星于夜旅人。先进的教育理论决定中小学教师精神文化建设的方向，指引中小学教师精神文化建设的路径，影响中小学教师精神文化建设的效果。着手新时代中小学教师精神文化建设，需先着手引导教师掌握新时代的教育理论。

新时代教育理论，新在哪里？"九个坚持"是习近平新时代中国特色社会主义思想关于教育的新成果，从根本上回答了"培养什么样的人、怎样培养人、为谁培养人"等重大问题，构成了科学的理论体系。我们不难得出，新时代教育理论里最核心的是"人"，提出了全新的育人定位。坚持实现全员育人、全过程育人、全方位育人，为学生一生成长奠定良好的思想基础，使他们成为德才兼备、全面发展的人才。坚持把服务中华民族伟大复兴作为教育的重要使命，就是要把建设教育强国作为中华民族伟大复兴的基础工程。重视教育才能赢得未来，我们要培养实现中华民族伟大复兴中国梦的有理想、有本领、有担当的时代新人。

依照新时代教育理论，学校的教师精神文化建设有了支柱。本书在首章就已经阐明，豪迈的中国教师是长沙麓山国际共同体学校的教师特质，是教师精神文化的突出意象。在长期的摸索和实践中，衍生出顺应时代要求、风格特色鲜明的育人观。豪迈的中国教师具有"面向世界，博采众长，发展个性，奠基人生"的大教育观，追求高质量的课程建构观，有"培养具有中国根基和国际视野的阳光少年"的学生观，有"追求卓越，永不满足"精神的教师观，有"以生为本，构建高效课堂"的教学观，有"关注成长，协同发展""立足过程，促进成长"的评价观。

一、立德树人：奠基人生的大教育观

教育的本质是培养人。党的十八大把立德树人作为教育的根本任务，无疑是对教育如何培养人这一本质的新认识。新时代教育的立德树人，要在坚定理想信念上下功夫，要在厚植爱国主义情怀上下功夫，要在加强品德修养上下功夫，要在增长知识见识上下功夫，要在培养奋斗精神上下功夫，要在增强综合素质上下功夫，要树立健康第一的教育理念，要全面加强和改进学校美育，要在学生中弘扬劳动精神和工匠精神。

如何从"立德树人"出发，落实新时代中小学教师精神文化建设？"价值引领＋习惯养成"是关键培养途径，必须坚持社会主义育人导向，突出社会主义核心价值引领，遵循育人规律，注重行为养成，打造协同机制，强化责任落实。纲领在先，学校应让新时代中小学教师精神文化建设牢牢立足立德树人的三个"基于"。

（一）基于五育并举，落实立德树人的根本任务

"培养受欢迎的世界公民"和"培育具有中国根基和国际视野的阳光少年"是基于马克思主义"人的全面发展"理论，坚持"五育并举"教育战略，结合学校育人目标和办学目标，充分吸收现代学校治理理念和先进经验，对落实立德树人根本任务的探索与实践。育人层级也直接体现了德、智、体、美、劳五育并举的具体要求。麓共体学校以"学会生存，学会关心"为核心，以明确清晰的学段培养目标为顺序，再以各类丰富具体的活动为载体，构建一个完整的育人体系。豪迈的中国教师，以"面向世界，博采众长，发展个性，奠基人生"为核心，以"学会生存，学会关心，做豪迈的中国人"为核心育人理念，着力培养一个拥护党的领导、拥护中国特色社会主义制度的豪迈的中国人。

【案例 2-1】

麓山教育共同体的育人理念与校训文化

作为代表中学和小学的两所长沙市市直窗口学校，长沙麓山国际实验学校和长沙麓山国际实验小学的校训是"学会生存，学会关心"。"学会生存"具体表述为：自信、自理、自主。"学会关心"具体表述为：爱心、责任、合作。回归到当下的育人本位，学会生存，就是自己能够关爱好自己，让自己独立于社会；学会关心，就是能够关爱他人、关爱集体、关爱社会、关爱环境。一个向内，一个向外。而一个既能关心自己，又能关心他人和社会的人，就是一个受欢迎的人。

2016 年 9 月，中国学生发展核心素养总体框架正式颁布，"国际理解"列入中国学生必备的核心素养之一。随着"一带一路"倡议的推进与人类命运共同体思想的提出，中国日益走上世界舞台中央。培养学生的国际视野与全球意识已成为我国中小学的重要育人目标。

在此基础上，长沙麓山国际实验学校提出了"培养受欢迎的世界公民"的育人目标。这一目标体现了麓山国际教育理念的诸多要素，尤其丰富了"爱心、责任、合作"的内涵。

长沙麓山国际实验小学则以学生发展为中心，构建了"从文化到课程，从课程到课堂，从课堂到评价"的一体化育人机制。为学生的成长奠基，为满足儿童个性成长的需求，让儿童站在校园中央，以儿童为中心，对标中国学生发展核心素养，努力把学生培养成为有"自信、自理、自主"能力和"爱心、责任、合

作"素养，具有中国根基和国际视野的阳光少年。

麓山教育共同体是长郡教育集团的重要成员，其办学理念充分吸纳了长郡中学的学校文化。"培养受欢迎的时代新人"也是对"培养完整的人"中"爱生活、善求知、忧天下和有作为"的另一种诠释与实践。

（二）基于价值引领，筑牢立德树人的重要引擎

"培养受欢迎的世界公民"和"培育具有中国根基和国际视野的阳光少年"要求我们必须对学生成长进行富有特色的价值引领。学校坚持以学生"自主体验、体认、体悟"为主要特征的主体德育模式与工作策略，通过麓小精神文化、课程学习文化、和谐的环境文化、精细的制度文化、友好型团队文化、实践型活动文化等熏陶，做到"知"的晓理、"情"的感染、"行"的训练、"意"的锻炼，从而塑造学生健全的人格，使学生成为一个具有中国根基和国际视野的共产主义接班人。

【案例 2-2】

聚焦课程，落实立德树人根本任务
——长沙麓山国际实验小学立德树人课程化的实践研究

党的十八大报告指出："要把立德树人作为教育的根本任务。"党的十九大报告进一步强调："要全面贯彻党的教育方针，落实立德树人根本任务。"长沙麓山国际实验小学以"学会生存，学会关心，做豪迈的中国人"为校训，科学认知小学生身心特点，尊重小学教育规律，把社会主义核心价值观融入教育教学全过程，将立德树人根本任务通过课程实施，做到落细、落小、落实。

一、立德树人课程化实施模式

以树人为核心，以立德为根本。学校从学生终身成长出发，整合国家课程，创生适合的校本课程，逐步形成一套基于国家课程且高于国家标准的，符合学校学生整体、多元成长发展需要的"3+N课程"体系。"3"是指根据学生的认知规律与发展实际，在国家课程、地方课程和校本课程三级课程管理的基础上，对课程体系进行重新构架，形成学科基础型课程、拓展丰富型课程和活动实践型课程。学科基础型课程是按国家课程体系标准开设的基础型学科课程。拓展丰富型课程，是以满足学生兴趣、激发学生潜能、丰富校园生活为目的开设的个性化课程，按选修方式分为限选和自选两类，根据类别分层级重新编班授课。活动实践型课程是从学生的兴趣与生活经验出发，利用学校、家庭、社会资源，通过学生

的亲身体验和实践，运用自主性、合作性、探究性学习方式，培养学生自主与创新精神、研究与实践能力、合作与发展意识的课程。"N"是指对国家课程进行二次开发后的延展课程。将多类课程合理搭配，相互融合、渗透，协调发展，加强相互之间的沟通和联系，形成持续、立体、动态、多元的课程体系。

"要给学生心灵埋下真善美的种子，引导学生扣好人生第一粒扣子。"学校以"价值引领＋习惯养成"为目标，根据学科属性、学习规律及学习方式将这套课程体系整合为五大领域："品格与社会""体育与健康""语言与人文""数学与科技""艺术与审美"。这五大领域指向的是公民道德、国家认同、身心健康、审美情趣、学会学习等学生成长素养。

"3+N"课程体系的构建，旨在帮助学生更好地建立书本知识与现实生活世界之间的有机联系，在与世界的开放联系中不断拓展思路，开阔视野，创造意义。同时，激活知识，将知识转化为思想智慧、外化为行动能力，具备学习能力、思维能力、表达能力、实践能力、组织能力等综合素质，从而更加有效地培养具有中国根基的世界公民。

二、立德树人课程化实施途径

1. 学科教学育人

充分挖掘各学科意义和价值，通过设计教学各环节、组织学生分组协作、优化教室环境等手段，学生在学科符号与日常实际生活之间建立有机联系，体验学科知识系统背后的思想观念和专业信念，如感受数学学科用数字和图形来训练思维，语文以语言文字来传递、沟通和交流，音乐以乐谱和旋律形式呈现美好等。以道德与法治课为例，基于统编版本的道德与法治教材，根据学生年龄段和学校实际，对课程的目标、课型方式、教学策略、教学步骤进行集体研讨，最后形成主题课程教案，并计划按年段结集成册，成为属于我们自己的校本教材。同时根据小学生直观形象思维能力强、抽象思维能力弱的特点，我们在课堂上设计大量体验式课型，统一设计，分班让学生在体验中学习、领悟。此外，还把道德与法治课和科学、音乐、美术等学科有机整合，大量运用信息技术资源，创新课堂教学，给学生深刻的学习体验，引导学生树立正确的理想信念，学会正确的思维方法，逐步形成学校的道德与法治学科特色，真正落实"要给学生心灵埋下真善美的种子，引导学生扣好人生第一粒扣子"。

2. 习惯养成育人

良好行为习惯是"立德树人"的坚实基础，小学阶段是学生良好行为习惯养成的最重要时期。促进学生良好习惯的养成，为学生人生奠基是时代赋予我们的重任。学校立足儿童，着眼成长，重视小学生的习惯养成，已经开发了部分习惯养成课程：如："排路队""系红领巾、行队礼、宣誓""卫生值周""叠雨衣"等。另外，开发了如安全序列、生活技能序列、文明礼仪序列、环境保护序列……我们遵循"问题即课程"导向，细化每项序列课程，坚持阶段性、可操作的原则，根据小学六年的每一个成长阶段会面临的普遍性的问题，构建小学六年习惯养成课程，比如低年级段的礼仪课程、整理习惯课程、爱老师爱班级课程；中年级段的合作课程、环保课程、劳动课程；高年级段的责任课程、值周课程、自主管理课程……将习惯养成与课堂、日常教学工作紧密结合，操作性更强、更见实效。

3. 主题活动育人

我们遵循"一切活动皆课程"的原则，让学生在活动中学习，践行活动育人的特色，为学生成长提供丰富路径。如每年下学期六一庆祝活动，上学期的"十一三"建队主题活动紧扣少先队工作目标，凸显"做豪迈的中国人"理念；每年的六大主题文化活动月，把各项主题活动纳入其中，激发学生的参与性和创造性；麓山大讲堂弘扬湖湘文化的精髓，让学生走进传统文化……一系列校园活动，培养了学生正确的审美观，让学生立德润心塑形于活动中。

4. 家庭学校共育

"人"是发展的核心，家校共育是立德树人的重要途径。家庭是最好的学校，父母是最好的老师，学校积极开发家长课程，组织开好小学6年的12次家长会，根据学生每一个成长阶段的需要确定家长会主题，每个学期的主题相对固定，要点相对保持不变。此外，我们的幼小衔接课程、新生家长见面会、亲子运动会、好爸爸课堂、毕业生家长课程都颇具麓小特色。家庭力量的参与使得育人过程更立体、多维，也真正做到了全员育人、全过程育人。

5. 生活实践育人

杜威说，"教育即生活"。陶行知说，"教育要通过生活才能发出力量而成为真正的教育"。学校通过"爱心里程碑""五彩麓山枫""春秋游研学""国际研学旅行"等社会实践，鼓励学生走出学校，走进社区，走向社会与世界，在实践中获得真实的体验，涵养其对自然、社会、自我的整体认识，发展其对自然的关爱和对社会的认识，对世界的理解。要成为社会的合格公民，不仅是为个人而奋斗，更在于责任和担当，应当有家国情怀。

三、立德树人课程化实施保障

1. 实施课题驱动策略

基于立德树人课程化研究，学校根据课程内容，确立课题研究主题，以一个个课题为抓手，主动、自觉又富有创造性地探索。目前已经立项的课题有省级一般资助课题《基于学科育人的 3+N 课程体系研究》《家校合作有效途径研究》、省重点课题《在小学语文课堂教学中弘扬中华优秀传统文化实践研究》、全国教育科学规划单位资助教育部规划课题《新时代中小学教师精神文化建设研究》等。通过课题研究，及时梳理、反思、总结、提升，成为立德树人在学校落实的有力驱动。

2. 优化学生评价体系

评价是为了让学生更好地发展。学校评价体系既关注学生的完整成长，又重视每个个体的独特成长。在评价取向上，基于发展，立足现在，面向未来；在评价内容上，综合评价学生的价值观、必备品格、关键能力，助力学生全面发展；在评价方式与方法上，整合过程性与终结性评价，将师评、互评、自评有机结合，将纵向评价与横向比较结合起来，以评价促发展。同时注意引导学生自我成长。每年通过未来之星、美德少年、三好学生、优秀干部、各单项积极分子等评选活动，每个学生在对标榜样的过程中发现未来的自己。这样的评价能够更好地促进学生不断发掘自身潜力，发展自我，并把个人发展愿景和社会担当结合起来，培养家国情怀。

3. 强化教师保障

学校努力把教师培养成为有包容情怀、反思意识，有责任担当、合作精神，有职业幸福感和专业知识技能的研究型教师。学校实行价值领导，强化责任使命，推动师德养成，突出未来导向。学校聚焦教师，大力加强教师队伍建设，进一步优化教师素质结构，坚持专业素养、职业素养、政治素养、人格素养一体化发展；通过"卓越教师""突出贡献奖""魅力教师"等激励措施，使广大教师做到教学与科研兼顾、教书与育人兼顾、信道与传道兼顾、立己德与树人德兼顾，引导广大教师以德立身、以德立学、以德施教，做党和人民满意的好老师，为立德树人在校园落地生根提供有力保障。

四、立德树人课程化实施成果

近年来，长沙麓山国际实验小学致力于立德树人课程化实施，已取得初步成效。麓小学子自信阳光，善于合作，思维和视野开阔，学校先后被授予"全国优秀少先队集体""湖南省五星级红领巾示范学校"等称号，是全国少工委"少先队改革直接联系示范单位"，获教育部命名"全国中小学中华优秀文化艺术传承学校""全国青少年校园足球特色学校"等。麓小教师敬业奉献，师德高尚，学校先后荣获"全国青年文明号""全国五四红旗团支部""湖南省五一劳动奖状""湖南省职工职业道德标兵单位"等称号。学校办学特色鲜明，根据长沙市教育局办学满意度调查，社会家长满意率蝉联榜首，国内外教育团体多次来校交流学习，多家媒体对学校办学成果予以报道。两任教育部原部长袁贵仁、陈宝生先后来学校考察调研，对学校在立德树人等方面予以高度评价和充分肯定。

学校未来将在以下方面继续努力：对育人效果进行持续跟踪，积极探索全学科育人模式，构建更为客观、全面、系统的课程评价机制，推进育人实践纵深发展。

（聂　琴）

（三）基于习惯养成，夯实立德树人的关键抓手

人才的培养，最终必然落实到优良的习惯养成上。学校通过一位有魅力的校长及其管理团队的导航引领、一支专业教师队伍的潜移默化、一个团结集体的积极影响、一个"受欢迎"主旋律的环境等四大路径联动育人，在校风、学风、班风建设中培养学生良好习惯。

【案例 2-3】

如何涵养教研组建设的精气神

随着时代的进步，社会的发展，教育改革的深化，当前学校的发展具有两个方面的转变：一方面是中小学教学管理实现精细化管理，另一方面是中小学教师发展成为研究型教师。教研组的建设也要紧随时代发展，符合教育教学要求，顺应学校发展的转变。但万变不离其宗，新时代现代学校的教研组建设也要遵循科学之道，在涵养教研组建设的精气神上下功夫。

一、遵循教研组建设之道，实现"三合"：合意 + 合体 + 合适

教研组建设是一个系统工程，需要遵循教研组建设之道。

1. 遵循人本教育之道，合意于"与学校发展同频共振"

教研组建设的目标是呼应新时代现代学校建设的核心要求，将教研组打造成富有团队精神的价值共同体、具有发展潜能和创造活力的学习共同体、智能资源最大化和队伍结构最优化集体，从而帮助教师专业发展、学生可持续发展，以及学校内涵发展。

2. 遵循学科建设之道，合体于"教学一体化发展"

第一，核心价值与方向指引"一体化"。学科建设要有基本的方向遵循，认真理解和贯彻党和国家的教育教学改革政策，深刻领会贯通新课程改革的核心要旨，要深入落实社会主义人才培养的基本要求，自觉践行立德树人根本任务。

第二，学科根本与教学操守"一体化"。学科建设要有基本的课标遵循，逐

步实现课标要求、教师的教和学生的学一体化，要系统地实现备课方式、教学方式和学习方式的一体化。

第三，职业素养与平台内容"一体化"。学科建设要有基本的术业遵循，实现教研内容精细化。精细化即为求真。教研内容忌大、空、虚，应该小、实、真，围绕一个小的内容，实实在在地研究，直接指导并应用于一线教学。例如，围绕突破一堂课的教学重点展开教研，不是泛泛地列出教学步骤，而是研讨出为突破这一难点，可以搭建几层"梯子"，每一级"台阶"可以采用的教学方式、设计的问题，"台阶"之间如何进行过渡与衔接，等等。每一个细小的问题都进行"落地"，这才是教研内容精细化，才是"真"教研。

3. 遵循团队成长之道，合适于"打造三化研训机制"

教研组建设强调团队发展与整体提升，应努力打造"三化"研训机制。

第一，研训活动制度化。

制度化是整个研训活动规范化、有序化的保障。它包括确立共同的价值观念，通过宣传教育，促使教研团队树立一致的价值取向，增强凝聚力；制定规范，注重标准的普遍性而不是特殊性，根据共同的价值需要把教研行为纳入相同的固定模式之中；建立机构，保证规范的实施。

第二，研训主题系列化。

主题不是单一性的，而是从全年或全期的全局考虑，将每一次、每一阶段的主题纳入整个学期或年度当中，形成相互关联、相互支撑，由简单到复杂、由单一到多元、由理论到实践，具有内在联系的系列化主题。系列化设计形式可以多样，但应该目标清晰、指向明确、操作具体、时效性强，切实解决问题，提高教研能力和水平。

第三，研训资源校本化。

能够为教研服务，促进教研水平提升的各种有效素材、条件、成果等，应逐步实现校本化。源起于学校教研所面临的问题、所需要的素材，经过教研探讨、分析解决，形成适合学校教研发展的具有实效的资源。校本化资源是最为宝贵、最具本土特色、最有实效的"教研财富"。

二、涵教改之精：在精准、精致、精美这"三精"上下功夫

教研组建设要呼应教改之精华，时代之诉求，要在精准、精致、精美这"三精"上下功夫。

1. 精准：对"新课改"核心要旨要有准确把握和深度认识

一要认识到新课改不是为了追求时髦，而是更符合教育科学性、规范性。要在教研组建设过程中去随意化、去粗放型、去庸俗化。

二要认识到新课改不是玩出新花样、搬弄新名词，而是提升教育工作针对性。

每一个教育阶段应有每一个教育阶段的培养方向、培育重点。无论课改如何花样翻新，核心都不能改变，扎实培养好学生的宗旨不能变，认认真真地将教育工作做实在、做到位，把学生培养好。

三要认识到新课改不是为标新立异搞个新名堂，而是提高有效性。

提高有效性是教研组建设的初心，也是新课改指向的目标。教研组建设要看教育教学行为是否遵循了教育教学规律，是否有效实现了教师、学生、教学环境、教学内容等教学要素和资源的优化，是否保证教育教学内容、活动组织、教育教学方法等具有合理性。

2. 精致：要用心把教研组常规建设做到极致

精致教研组建设的核心秘密是抓好常规。

（1）做好精致备课，实现三个统一。注重集体备课的规范和功效。课堂是教学的主阵地，高效课堂应该是每个教研组的共同追求。强化以研读教材优化教法为核心的集体备课。努力实现三个统一：统一进度与内容要求、统一教材与练习设计、统一考试测验与讲评。

（2）加强精致教研，明确操作方法。明确教什么（即目标定位）。目标定位的依据为：大纲、单元目标、教材、学情、设备条件；学科素养要求与学科课程功能。

明确怎么教（即课型、器材、环节、设疑解惑、巩固应用情景、预案等）。依据教材的特点、学生认知水平经验、个人优势、现有资源开展教学，如，地理适合案例教学、多媒体教学，理化适合实验演示求知，等等。

明确怎么练（即课内课外练习设计）。各种类型练习题设计的研究：导引题、演示题、变式题、巩固题、诊断题、评估题、迁移运用题。

（3）搭建精致平台，实施分层修悟。搭建多样化的教师研训平台。常规的有：脱产培训平台——系统学习，专项突破；带教培训平台——名师出高徒；观摩式培训平台——借鉴、交流；讲座式培训平台——观念更新、知识更新；参与式培训平台——在碰撞中自我提高，端正认识；行动反思平台——教学研究、能力提高。

明确分层研修任务。青年教师——锻炼基本功；骨干教师——课改深度攻坚；卓越名师——科研引领辐射。

丰富分层研修形式。推动青年教师基本功大赛，内容包括：课堂教学、校本

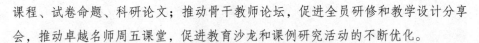

课程、试卷命题、科研论文；推动骨干教师论坛，促进全员研修和教学设计分享会，推动卓越名师周五课堂，促进教育沙龙和课例研究活动的不断优化。

3. 精美：遇见最好的自我和最美的团队

自我超越是一种由内到外的美好。关注教师的专业发展是对教师的最大福利，提升教师教学专业能力水平是教研组学习共同体组织的基本职能。教研组建设要帮助教师制订自身发展规划，提供相应的进修机会、展示机会、科研条件、时空保证及其他帮助或服务，促使教师释放自身潜能，促进教师的观念更新、知识更新、教育教学基本功和现代信息技术应用能力的提升。

团队共进是一种美美与共的期待。提升队伍素养的基本途径有很多，最有效的还是明确教师专业发展的 6 项常规研修任务：读一本好书、上一堂好课、写一篇论文、开一门课程、出一套好题、做一项课题。

三、涵豪迈之气：在正气、朝气、底气这"三气"上下功夫

为保障教研组建设的有效推进，应抓住关键、找准着力点。要培养豪迈的学生，就要有豪迈的教师队伍。教研组建设应在正气、朝气、底气这"三气"上下足功夫，做出特色。

1. 弘正气：教研组建设打造共同价值观

教研组建设的基本功在六个方面：共同价值观建设（思想作风）、学术建设（学术研究）、队伍建设（研修活动设计）、制度建设（教研组管理）、学科课程建设（课程开发）和学科教学规范建设（职业规范文件）。其中共同价值观建设是教研组建设的灵魂，需要弘正气，明导向。

共同价值观建设是"共同体组织"形成的首要指标。在教育领域，在教研组建设方面，文化建设、共同价值观建设是学校管理与发展的积极追求，影响着教研组这个团队以及其中每个个体的发展与成长。共同价值观是组织的灵魂，是维系组织生存发展的精神支柱，只有建成共同的价值体系，组织中的个体才会同舟共济。"共同体组织"形成的首要指标是共同价值观建设，并将其内化为个人行为的准则和指南。

（1）提倡敬业精神，弘职业正气。所谓敬业精神，一是有强烈的事业心和责任感，二是锲而不舍的勤奋和努力。这两者的有机结合，即为敬业精神。敬业精神重在培育，落实于践行。

（2）提倡合作意识，弘团队正气。教师在课内课外合作，在线上线下合作，在集体备课、听课研课、教学交流上合作，在校本课程开发与校本资料编撰上合作，在学科综合探究等方面合作。同时，也提倡良性竞争，含青年教师赛课、阅读分享、师徒结对、网络研修等各个方面，主张在竞争中形成独特的教育教学风格。

（3）提倡改革意识，弘教育正气。改革意识是关于改革的观念的集合。改革过程就是一个不断反思、不断再认识的过程，一个不断进行自我审视和辩证否定的过程。教师的职业生涯普通而平凡，然而，就是这种备课、上课、批改作业的平凡生涯才更需要广大教师实践改革创新意识。广大教师要从满足现状的思维中突破出来，不怕碰壁，不怕困难，勇于上下求索，开拓进取，改革创新。

2. 扬朝气：教研组建设实现活泼生动

扬朝气体现在：打造共同教学观念、学术自由氛围和教学特色风格。

（1）打造共同教学观念。教研组建设要打造立足核心素养培育的立德树人教育观，要打造立足学生主动建构的知识观；要打造立足学科素养培育和多元互动的教学观；要打造立足唤醒和引领的现代教师观；要打造立足学习方式和交往方式创新的学生观。

（2）打造学术自由氛围。提倡学术自由是知识创新的重要温床。战国时期，齐国稷下学宫"学术自由，容纳百家"的氛围造就了一群杰出的知识分子人才群，使百家争鸣的局面达到巅峰。同样，学校营造学术自由氛围将为教研组的发展和创新增添更强大的活力。当然，当代的学术自由"需要一个对之负责的伙伴"，即坚持的学术自由要利于教育事业的发展与进步。

（3）打造教学特色风格。教学风格是教师在教学活动中所表现出来的与众不同的个性及别具一格的特征。教学风格包括教学思想、教学理论和技巧、教师的个性、教学风度、师生关系和教育环境，它因人而异，有理智型、情感型、幽默型、技巧型和自然型，无论哪一种类型，能够体现教师的个人特色，在教学过程中将科学性与艺术性融为一体，推动教育教学工作就是最好的教学风格。

3. 夯底气：教研组建设加强机制保障

教研组建设离不开学校的大力支持和一定的机制保障。

（1）教研组建设的底气来自制度保障。"没有规矩，不成方圆"，教研组建设，需要制度的保障。要明确备课、听课、评课、上课要求和作业要求。备课，采取每周轮值主讲的形式；教研组活动以月为单位，开展主题性活动。制定《教研组组长职责》《教研组计划听课制度》和《教研组总结评价制度》。

（2）教研组建设的底气来自物资保障。在学校支持下，教研组要积极打造各自的学科资料室，充实教研组学习资料、教案资料、参考资料和其他网络资源。教研组要主动利用学校拨专款订阅、购置大量各学科资料以建设教研组资料室，

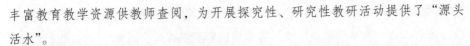

丰富教育教学资源供教师查阅，为开展探究性、研究性教研活动提供了"源头活水"。

（3）教研组建设的底气来自评价保障。在学校教学评价制度方面，着手转变对教研组工作的评价重点：由重结果评价转变为重过程评价，由重教研组活动的量向重教研组活动的质转变，由重教学常规的评价向重新课改精神落实的评价转变，由重教研组教学成绩的评价向重教研组文化的评价转变。

四、涵三课之神：在神韵、神情、神采这"三神"上下功夫

教研组建设要立足课程、课堂和课题的"三课"工程，在课程有神韵、课堂有神情、课题有神采这"三神"上下功夫，促进学生核心素养落地，促进教师团队专业发展，从而促进学校内涵品质的提升。

1. 课程有神韵

加强筛选与重构，使学科教学系列课程有神韵。从横向来说，教师应深入观察学校整个课程体系是否谋求必修课程与选修课程的多样化融合，保证了课程的基础性、多样性和选择性的统一。从纵向上来说，不断地优化年级间、学段间的学科沟通，在教学内容、教学方法、教学评价等方面各有侧重，又相互联系。

加强开发与整合，实现模块课程建设有神韵。学校按国家规定保证开足课程与课时，在此基础上提供优质的课程服务。建设好模块课程，融进学习方法指导、学生活动设计，实现校本化、模块化，形成完善的课程体系，促进学生个性发展。

教研组建设应深入理解学校加强校本化学科建设的课程亮点，仔细观察拓展丰富型课程是否有机实现了教师个性与学生个性的一体化，仔细观察活动实践型课程是否有校园文化节、国际交流、社团与综合实践活动和亲子互动活动。

2. 课堂有神情

"课堂有神情"集中体现在课堂教学组织是否体现新课改理念，是否发挥学生主体性、能动性和创造性，是否着力改革传统落后的"简单灌输式"的教学模式，打造实在而高效的生本课堂。

（1）课堂神情在民主、和谐、宽松的课堂教学氛围中。民主课堂的真谛在于教师和学生的彼此尊重和包容。和谐课堂的真谛在于师生互动、生生互动、生本互动、人机互动，以及师生与课内外各种资源的多元互动顺畅、欢快并且有意义。宽松课堂的真谛是指教学目标、教学内容、教学方法、情境设计、问题设计、活动设计、作业练习等，在时间、空间和逻辑上都有留白。

（2）课堂神情在对每一个学生学习状态的关注中。

课前要煽情，要关注学生预习情况，布置学案前测，设置问题，引发学生的探究欲望。教学导入要共情，要关注学生情感态度和价值观的共鸣点，找准情境设计的切入点。教学组织要近情，思维训练要纵横捭阖，遵循学生信息处理过程中兴奋和抑制的大循环。教学活动要乐情，要充分挖掘学生的身心特点，关注情感情绪特征，开展学生喜闻乐见的学习活动与探究活动。作业练习要考虑学情，明白学生的难处，针对性减负。教学评价要深情，点评有升华，评估有深度。

（3）课堂神情在师生共同参与的探究活动中。有神情的课堂有生活味。教学设计要基于生活的实际问题，引发师生的共同探究。有神情的课堂有实践味，师生共同参与的探究活动要有体验、体认和体悟的过程。有神情的课堂有文化味，师生共同参与的探究活动能够激发师生对物质文化、行为文化、制度契约文化、非公共组织文化以及精神文化有深入的考量。

3. 课题有神采

一是课题研究态度有神采。科研必须严谨、诚实。每一个实验数据，必须站得住脚。我们的课题研究在这方面是严重不足的。

二是课题学术眼光有神采。能从实践中总结出科学问题，通过科学问题的解决促进行业的进步，能对学科和行业的发展方向进行正确的判断。

三是课题思维方式有神采。知道如何分析问题、抓住关键、收集信息、分析信息、提出方案、实施方案、检测效果并及时纠正错误、总结经验并推广。

四是课题"判断力"有神采。不但要会做，还要能对同行的工作进行正确的判断，分得清好坏，看得出高低。这需要能力，更需要"批判和挑战"的习惯，不能对文献、对老师、对权威的意见全盘接收。这一点是我们的课题研究中严重缺乏的。

五是课题"表达能力"有神采。现代社会，千里马必须自己跑起来，不能傻等伯乐。课题研究中，对表达能力的训练极为重要。做得有实绩，也要写得有章法。课题表达要有观点、有层次、有论证、有论据、有规划、有平台、有抓手、有方法、有措施、有亮点、有特色。

六是成果提炼辐射有神采。课题研究成果的表述形式有专著、资料汇编、课件、学生制作和获奖作品、研究报告、研究论文等。提炼是一种综合，是精华的提取，是脉络梗概的逻辑描述。成果的辐射则是教研组建设的重要功课。

"问渠那得清如许，为有源头活水来。"教研组建设只有在教育追梦的舞台上涵养精气神，舞出成长的色彩，发挥团队的正能量，挖掘蕴含的软实力，教育教学改革才能根深叶茂，现代学校建设才会掷地有声。

（黄　斌）

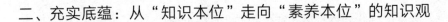

二、充实底蕴：从"知识本位"走向"素养本位"的知识观

中小学教师精神文化建设应努力培养教师全新的知识观：强化知识建构，发挥知识主体的主体性，充分利用现代信息技术，整合相关教学资源，实现兴趣、存疑、交流、探究、通悟的一体化，促进知识精进与素养提升的有机统一。

新时代知识观强调接受知识与建构知识的统一。教学应该包括知识的传授和知识的主体建构。传统课堂中，知识传授发生在课堂里，是学生知识能力突破的基础，学生在课堂上跟着老师的教学步调齐步走，学习新知识，提升综合素养；知识建构则发生在课堂外，学生在课后自主学习并将学到的知识和技能运用到日常实践中。新时代知识观视域下的高效课堂真正实现知识传授和知识建构的翻转，表现在：尊重学生知识经验基础；鼓励学生在教师引领下主动建构知识；组织学生课前利用网络课件自主学习，接受知识的传授；课堂中教师因材施教，或开展活动帮助学生掌握和运用在课前学到的新知识与技能，使学生实现知识的建构。

新时代知识观强调知识内化与知识外化的统一。一方面，新时代高效课堂强调学生学习的适应能力，鼓励学生主动了解知识的架构与体系，熟练掌握知识的常见载体以及引申途径，培养正确的学科思维能力，形成有意义的学科概念、判断与推理，从而将知识内化于心。另一方面，又强调知识在实践中的综合运用，培养学生搜集和处理知识信息的能力，培养学生利用知识发现、分析和解决问题的能力，培养学生创新实践的意识与能力，使知识能外化于行。通过知识的内化与外化，培养学生的辩证思维能力，促进知情意信行的有机统一，促进知识、能力、核心素养及情感态度与价值观等有机统一，培养内在与外在和谐的个体。

三、基础载体：追求高质量的课程建构观

中小学教师精神文化建设的核心底蕴和基础载体是课程建构。新时代卓越教师应努力追求高质量的课程建构，形成有利于学生核心素养培育、全面推进"生命成长"、不断提升办学质量和品位的三维课程建构观。

第一，生态建构，搭建知情意信行孵化平台。

新时代卓越教师应认真领会和认真执行国家课程计划，充分挖掘校内校外课程资源，参与建立融学科基础型课程、拓展丰富型课程与活动实践型课程于一体的三元课程体系，促进学生全面和谐、个性生动、创新实践、可持续

发展。

第二，强化实施，搭建师生的互动发展平台。

新时代卓越教师应把课程建构作为顶层设计，不断优化组织实施和管理，在课程中拓展师生互动交流的空间与逻辑。规范执行学科基础型课程：规范课程设置，必修与选修相结合；规范课程管理，自治与督查相结合。系统推进拓展丰富型课程：不断调整和完善拓展丰富型课程的结构内容，不断夯实拓展丰富型课程的研发，不断优化拓展丰富型课程的管理机制。亮化提升活动实践型课程：思想引领，心理疏导——不断完善学习规划和心理疏导活动课程；自我唤醒，深度参悟——不断提升主体性教育与实践探究活动课程；快乐交流，互动成长——六大文化艺术节打造和谐校园氛围；人文关怀，生活体验——志愿者服务活动铸就最美麓小少年；放飞青春，秀出真我——"五彩麓山枫"活动实践课程精彩纷呈。

第三，优化评价，新时代卓越教师应搭建系统的资源整合平台。

课程管理评价的指导思想是三个对接：管理考评机构与课程结构对接；师生评价与课程结构对接；分配机制与课程结构对接。通过以上三个对接，突破课程管理评价中的重点、难点和疑点问题，实现课程资源的有机整合。

【案例 2-4】

长沙麓山国际实验小学的"3+N"课程体系

长沙麓山国际实验小学以生为本，在课程建构中培育豪迈的中国人。学校遵循学生的成长规律，着眼学生的持续发展，坚持"教学一体化""学科特色化"，落实基于课程育人体系化、整合式、智慧型发展的"3+N"课程育人培养体系，构建了"组块构建＋融合互补"的课程结构，确定了"综合学习＋实践体验"的实施方式和"关注过程＋应用结果"的评价体系，努力提升学生的学科能力和综合素养。

学校出版了教育专著《以课程致未来》[①]。其特色如下：

一是以"课程育人"为准则：引领学生成长，带动学校发展，建构让学生积极参与、自主学习、主动探索，进而培养学生创新精神和实践能力的"3+N"课程体系。

二是面向生活实践、面向社会的课程新形态：认真挖掘课程育人实践过程中

---

① 黄斌，等.以课程致未来［M］.桂林：广西师范大学出版社，2021.

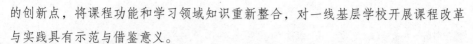

的创新点，将课程功能和学习领域知识重新整合，对一线基层学校开展课程改革与实践具有示范与借鉴意义。

三是丰富鲜活的课程实践案例：从"问题—思路—举措—实践"这一叙事逻辑出发，对"学科基础型课程 +N 的课程体系、拓展丰富型课程 +N 的课程体系、活动实践型课程 +N 的课程体系"进行了详细阐释。

【案例 2-5】

基于 STEM 理念的小学创客教育方法与途径

当今世界，各国都非常重视创新人才的培养。我国是一个人力资源大国，但不是一个人才强国，创新人才的培养是摆在教育领域的大问题。教育部颁布的《中国学生发展核心素养》提出六大核心素养，其中就包括"实践创新"。

如何培养学生的实践创新能力，方法与途径有很多。创客教育是近年来伴随创客运动（Maker Movement）的兴起，旨在引领学生动手动脑，把创意转变为现实，培养学生实践创新能力的教育。目前，中小学创客教育主要存在以下两个方面的不足：第一，课程比较单一，局限于机器人课程、3D 打印课程、电子制作课程等，受硬件条件和时间条件的制约，只有少部分学校当中的少部分学生能学习到这些课程；第二，这些课程的教学脱离学科教学，存在将创客教育简单等同于高新技术教育、注重作品成果而忽视学习过程和思维训练的现象。基于此，我们提倡在学科教学中融入创客教育，普遍提高学生的实践创新能力，特别是创客思维能力。

STEM 教育作为跨学科综合教育的有效形态，其重要性已被世界各国广泛认知。2017 年，中国教育科学研究院发布的《中国 STEM 教育白皮书》和最新修订的小学科学课程标准都倡导跨学科学习方式，鼓励教师尝试将 STEM 教育理念运用于自己的教学实践。STEM 即一种以项目学习、问题解决为导向的课程组织方式，将科学、技术、工程、数学有机地融为一体。它强调了把科学知识物化为具体的应用，在一个真实的需求之上，通过发现问题、运用科学知识和技能以及数学方法等去解决问题，最后达成方案或作品满足需求。当学生在 STEM 学习项目中达成一个创造性实物作品的时候，就是一种创客行为。

基于此，我们立意在小学科学教学中开展创造实物作品的 STEM 项目学习，开展创客教育。我们做了如下实践研究：

一、探索在小学开展基于 STEM 理念的创客教育的方法

现今人们对中小学创客教育还存在认识上的偏差，把机器人教育和 3D 打印

课程等同于创客教育。我们坚持创客教育应该不仅仅局限于此，它应该是指以项目学习的方式解决问题，倡导造物，鼓励分享，培养跨学科学习能力、团队协作能力和创新能力的一种素质教育。创客教育应当融入各个学科教学，通过培养创客思维，促进学习者终身的发展。基于这样的认识基础，我们主要运用下面这三种方法来开展创客教育。

1. 基于 STEM 教育理念，设计和组织问题导向的项目学习，开展创客教育

STEM 是以问题解决为导向的项目学习。科学教材中有一些基于科学探究的制作课，让学生能够学以致用，并提高动手动脑的能力。在此基础上，我们还可以从教材中进行挖掘，设计基于问题解决的 STEM 项目学习，给学生搭建平台制作和改进一个产品，培养创客意识和创客思维，有效发展创新能力。

例如，我在学生学习过光的知识的前提下，给他们设计了一个 STEM 项目学习——改进牛顿色盘。这个项目的研究内容是改进一种学具的设计。科学教材配套工具箱里有一种叫作"牛顿色盘"的学具，它是提供材料让学生来制作可以转动的七色盘，发现七色光可以复合成白色光。但是这个七色盘的设计不完美，因为它就是一个普通的七色圆形纸卡，中间一个小孔，意思是让学生用铅笔穿过去旋转它，以看到七色纸卡变成白色，而事实是，看到的是土黄色。怎样让牛顿色盘转成白色呢？我带领学生通过项目学习来解决问题。学生经历设计、试错、探究、发现、再设计、再制作等过程，用了足足三个课时的时间，从科学性（重新分配色块）、技术性（加快旋转速度）等多个方面对色盘进行了改进，最后做成拉线飞轮牛顿色盘。旋转的拉线飞轮呈现出白色，我们成功了！我们发明了新的学具！在这一个 STEM 项目学习的过程中，学生运用科学、技术、工程、数学等多学科知识和能力来解决实际问题，形成物化成果。

2. 在项目学习的过程中教给学生思维的方法，培养学生的创客思维能力

创客思维既是一种倾向（意识和习惯），又是一种技能，它强调创新、创造，鼓励冒险、敢于探索，并注重知识的整合运用。创客思维作为一种倾向，具有如下特征：（1）对事物充满好奇；（2）对好奇的事物进行挑战；（3）对挑战成功的事物进行分享。我们在教学中不断给学生创设平台实施创客行为，帮助他们逐渐形成这种思维倾向，为创新型人才奠基。创客思维作为一种技能，它主要包括技术思维和工程思维。技术思维是以发明与创新为核心，实用为导向，追求由目标到方案，直到问题解决的过程。工程思维就是以价值为导向的建构性的造物思维，追求效益，追求效率，追求省力，追求一定的经济价值、社会价值、生态价值、审美价值等。工程思维的成果主要是设计的图纸、规划的蓝图等，也包括操

作的方案、实施的路径等。如何培养技术思维和工程思维呢？开展 STEM 项目化学习，给学生提供动脑动手的机会；同时，教给学生发散思维、联想思维等，促进思维的广度、新度、精度、速度、灵活性、批判性等，也就是掌握创新思维方法，推动技术思维和工程思维的发展。

　　基于以上认识，我们在设计项目学习的过程中注重思维倾向、思维技能与思维方法的训练。比如"改进牛顿色盘"一课，教师在教学当中运用以下方法来达成思维训练的目标：（1）先解决学具色盘转得不够快的问题："你可以想多少种办法让它转得更快呢？"为了更好地发展学生的发散思维，教师可以跟他们玩接龙的游戏。比如教师说："贴在车轮上，车子开多快，它就转多快。"（2）当学生想到运用一种玩具让它转得更快的时候，教师再鼓励他们运用联想思维想到更多的快速转动的玩具（如陀螺、溜溜球、拉线飞轮等）。（3）当学生提出制作一个拉线飞轮牛顿色盘时，教师说："这个办法特别好，如果能做成功，我们不是就发明了一种新的学具吗？"这样的语言有利于创客思维倾向的养成。（4）在教学方法中让学生经历试错的过程、改进方案、画设计图……这些都能有效地培养技术思维和工程思维。

　　3. 在项目学习的过程中注重反思与评价，培养学生的元认知能力

　　元认知是指个人关于自己的认知过程及结果或其他相关事情的知识；为完成某一具体目标或任务，依据认知对象对认知过程进行主动的监测以及连续的调节。元认知能力是主动思考、对事物进行内省的能力，它是一个人可拥有的最重要的能力。我们在组织学生进行项目学习的过程中，会给学生的某一学习阶段设计评价方式，这样能更有效地培养学生的创客思维以及其他综合素养。比如下面的评价表格：

学生活动评价表

评价项目	评 价 内 容	自我评分	小组评分	教师评分	实际得分
实践能力	活动方案是否内容完整。				
	活动方案的可行性如何。				
	活动过程是否遵循科学性和准确性。				
合作能力	能与其他同学较好地合作，认真听取他人意见及建议。				
	能够与其他同学分享学习成果。愿意倾听分享，勇于发表自己的观点。				
总　　分					

二、探索开展基于 STEM 理念的小学创客教育的途径

机器人、3D 打印……如今，走进中小学校园，看到的都是以社团活动为主要形式的创客教育。人们认为创客教育就是学生学习拼装和编程，参加各种竞技类比赛。我们坚持创客教育作为训练学生创新思维、培养综合能力的一种素质教育，应当融入各种课程类型。基于这样的认识基础，我们从下面这三种途径来开展创客教育。

途径一：以学科基础型课程为载体，开展基于 STEM 理念的创客教育。

STEM 的"领头雁"是科学（science），在科学学习的过程中，开发一些基于 STEM 理念的项目学习，整合科学、技术、工程、数学学科知识和技能，通过动手做，创造作品，解决问题，可以使学生体会到做的成功和乐趣，并养成创客意识和习惯，提高创客技能。

比如有一位老师在电学知识单元设计了《电路配画》一课，引导学生在学习了串联电路和并联电路，以及如何检测电路故障等知识和技能的基础上，开展创客活动。教师先给学生展示了一幅特别的画，学生通过思考解开秘密，这是一幅电路配画。怎样让这幅电路配画更加明亮夺目呢？需要设计更加复杂的电路。项目学习中学生经历"观察—思考—设计—制作—评价—修改"的过程，需要用到如下材料：纽扣电池、led 灯珠、导电胶带、剪刀、图片、A4 纸、磁板贴。本课设计为基于逆向工程的教学：对已有产品建模、分解、再造。这一类型的课，基本过程为"认识原型——再现原型——超越原型"。学生运用刚刚学会的科学知识来创造产品，从科学学习的角度来看，是一种高效的概念迁移的方法；从创客教育的角度来看，是一种基于问题解决的过程导向的创客行为。

途径二：以校本课程为载体，开展基于 STEM 理念的创客教育。

小学科学是一门课程，在学科基础型课程之外，还有相关的拓展型课程，因此我们的创客教育也延展到拓展型课程。我们的机器人教育的学习内容不仅仅局限于参赛竞技，而是更多地源于项目学习、融入创客思维的培养，比如为解决生活中的问题，学生用机器人建模的方式发明了"智能垃圾桶""自动巡航路灯"等作品；我们的 3D 打印活动的学习内容不仅仅局限于掌握技能，而是更多地设计产品，比如针对学校屋顶菜园的需求，设计和制作了施肥堆肥一体化装置；我们的发明课学习发明技法，针对生活中的麻烦撰写设计方案，制作发明作品。在校本课程的学习过程中，产生了很多优秀的创客作品。比如左宇新同学发明的"艾灸袄"。它是适合中老年人在家穿着的功能性棉袄，穿上它既能保暖又能做艾

灸，还可以同时做家务或其他事情，解决了冬天不能在家做艾灸的难题。"艾灸袄"平时看起来是一件普通的衣服，但是它的多个穴位隐藏着可以装进艾灸罐的"机关"。这样的发明既经济实惠，又功能强大；这样一种创客行为，既是献爱心的行为，又是弘扬中医药文化的行为。

途径三：以科技实践活动为载体，开展基于 STEM 理念的创客教育。

科技实践活动是没有固定教学时间和教学内容的活动，项目选题完全是生成性的，它是由学生在学习和生活中发现新的值得探究的问题而临时组织的活动。在科技实践活动当中，同样可以开展创客教育。比如我们的《屋顶菜园与平地菜园的差异性发现及技术创新》就是一个开展创客教育的科技实践活动。问题来源于：在植物单元的学习过程中，学生发现学校屋顶菜园的植物都生长不良，思考是什么原因影响了这些植物的生长。由此提出新的问题：屋顶菜园与平地菜园有哪些差异？如何帮助屋顶菜园的植物更好地生长？屋顶建设成菜园，是海绵城市策略之一，既能起到吸收雨水的作用，又能改善生态环境。但是很多学校在提到建设屋顶菜园的时候，都觉得维护难度太大，因此望而却步。为什么屋顶菜园维护的难度特别大呢？这是由屋顶菜园与平地菜园的环境差异而造成的。我们要了解有哪些差异导致屋顶种不好菜，才能针对这些差异来解决问题。

我们围绕"屋顶菜园与平地菜园的差异性研究"这一核心主题设计了一系列的探究活动，如"水和温度变化对植物生存的影响""屋顶菜园与平地菜园的植物传粉差异性研究""屋顶菜园与平地菜园的垃圾处理方式差异性研究"等。在项目学习过程中，为解决屋顶昆虫少，瓜果授粉率低的问题，学生设计和制作了各种"屋顶柔性传粉机器人"；为解决屋顶垃圾不方便搬运的问题，学生设计和制作了各种"菜园垃圾堆肥施肥一体化设备 3D 模型"，其中"屋顶柔性传粉机器人"获全国发明展览会铜奖。"屋顶菜园与平地菜园的差异性研究"科教方案获长沙市青少年科技创新大赛一等奖。

综上所述，我们结合科学学科教学开展创客教育，学生的创客思维能力得到提高，创造的作品丰富多彩，在各级各类比赛中获奖。我们的研究表明，以学科基础型课程、校本课程和科技实践活动为载体，开展基于 STEM 理念的创客教育，能有效培养学生的实践创新能力。

（张　好）

【案例 2-6】

馆校合作与信息技术在美术课堂中的运用

——以馆校合作《发现美丽》一课为例

长沙有丰富的博物馆美术资源，如何能更好地发挥现代信息技术提升美术课堂教学？如何结合现有的美术教材更好地运用实践？本课属于"欣赏/造型"学习领域，为了教材能与本次馆校合作秘鲁展览主题内容契合，我把欣赏米罗《小丑的狂欢》的绘画作品部分，调整为欣赏、观察、分析古老秘鲁艺术品与中国汉代 T 形帛画，感受东西方艺术不同的美，寻找其中相似的表现方法，通过学习类比欣赏中国古代的神话形象的造型特点，并尝试运用夸张、变形、重组、重复等方法结合自然界中物体形象特点，大胆进行平面绘画的艺术表现活动。

一、合力博物馆导赏员设计教学方向

馆校课程设计前需要与博物馆导赏员提前沟通，确定学生参观欣赏的主题和方向，制作并分享参观文案给对方，双方以网上备课形式进行交流与修改。导赏员在与执教老师确定除了介绍秘鲁文化和文物特点外，还增加了课堂需要的"故事"，这正是教学设计中需要了解的问题。设计好导赏内容后，在导赏过程中，执教老师要全程跟随并时刻关注每位学生在场馆的状况，参观完成后，及时回到课堂让学生带着好奇心、求知欲，恰当利用博物馆场地资源，创设和谐、融洽、轻松的艺术氛围，借助现代信息技术引导学生自主学习，并在学习过程中展现个性、表现个性、培养个性、塑造个性。

同时，课前教师给学生布置任务：一是提前了解省博物馆帛画知识；二是查阅与岳麓山、湘江相关的传说故事并记录；三是完成参观记录卡。六年级学生生活范围和认知领域进一步扩展，欣赏感悟和模仿的能力进一步增强。教师根据美术教学大纲和教材的要求，本着提高学生艺术感知能力和审美辨别能力，使学生了解中国传统文化的思路，确定本课的教学目标为：（1）知识目标：通过欣赏、观察、分析古老秘鲁艺术品与中国汉代 T 形帛画，感受东西方艺术不同的美，寻找其中相似的表现方法；（2）能力目标：运用所学方法结合自然界中物体形象特点，大胆创作自己心目中的艺术形象；（3）情感、态度与价值观目标：激发学生审美创作热情，培养海纳百川的艺术情怀。

二、信息技术在教学设计中的运用

从教学目标预设教学重点是通过欣赏、观察、分析古老秘鲁艺术品与中国汉代 T 形帛画，感受东西方艺术不同的美，寻找其中相似的表现方法。难点是将原有物体形象特征结合神话传说，通过联想与变化创造新形象，并赋予新内涵。如

何更好突出重点、突破难点？

学生在导赏员的指引下欣赏、观察、分析解决教学重点部分内容，课堂上开篇由教师自制的微课视频，梳理文物时间和共性特点，提升欣赏有效性，在熟悉的文物中找寻艺术创作的方法。教师用希沃白板引导学生自主探究，图片出示长沙马王堆汉墓T形帛画形象与秘鲁文物展中的艺术形象进行类比，寻求共通的艺术表现方式，虽国度不同，但"艺术无国界，文化有共识"，艺术方法是如此接近与相似。然而如何将发现美的方法运用到自己的美术作品中？这是本课需要突破的难点，教师直奔主题，结合地方文化，请学生猜想：岳麓山神或者湘江水神会是什么样的形象。学生明确创作方向后，小组讨论分享自己查阅的传说故事。讨论完毕，教师及时用希沃板中板进行"学生说我来画"的方法做现场示范。示范中再次拓宽想象的空间。这时，学生已经迫不及待要试一试，教师提前设计PPT做好各种动物、植物、人物的局部，在师生互动环节发送到学生的平板电脑里，让学生自主地自由组拼局部进行创新艺术形象。随后，教师用希沃白板随机抽取1—2位学生的作品进行品评、欣赏、肯定，这时学生已经摩拳擦掌要试一试了，届时出示作品，请学生结合熟悉的湘江、岳麓山对本土艺术形象创想，选择用绘画的方式来表达自己对艺术形象的感悟。师生在轻松愉快的学习中突破本课的重难点。作品完成后，统一汇总粘贴到老师准备了"序言"的《岳麓山神图》和《湘江水神图》的册页长卷中并形成作品集。评价环节借助同屏让学生有展示自己作品和评价他人作品的平台，提高学生绘画的自信心。拓展环节运用视频连接博物馆导赏员分享秘鲁文明中"失落的帝国"的历史故事，升华爱国情感和中国的强国梦。

三、馆校合作课程设计后的思考

博物馆里的美术课，教师首先从博物馆的特色出发，运用现有的资源将现代信息技术形象性强、信息量大的特点作用到课堂，为学生创设一个轻松愉悦自由体验的独特环境。教师在教学设计过程中须深度挖掘美术教材内容，适当结合地域资源来重新确定学习目标、安排学习活动与创作要求，运用现代多媒体板中板与教学设计融合，打通欣赏—借鉴—创作的通道，让学生感受艺术不同的美，寻找美术表现方法，感悟艺术无国界的独特魅力。教师在探索现代信息技术过程中，可以多尝试现有的信息技术，也可以运用小程序丰富课堂教学，让课堂活起来，乐起来，知识简单起来。《发现美丽》这一课教师采用视频导入、希沃板中板示范、希沃助手、重组游戏、花式点名、同屏自评互评、视频连线博物馆导赏员讲解等，让学生在自主探究中快乐轻松掌握美术知识，突出了本课的知识点，解决本课的重难点，教学过程及时板书"发现美"的方法，用板书来把握整节课的脉络。最后用传统的长卷形式进行整体评价，学生在欣赏中既认识到自己的不足，取长补短，也体验作业作品化的乐趣。

在美育越来越受到重视的今天，馆校合作的路我们还想继续，博物馆里的美术课或是博物馆进校园等美育课程，需要探索更多，我们任重而道远。

（米　健）

四、力求突破：契合新时代脉搏的教学观

中小学教师精神文化建设应提倡与新时代契合的教学观。新时代高效课堂的教学观注重课内与课外的统一、预设与生成的统一、课标要求与课程资源二次开发的统一。

总体来说，新时代高效课堂的教学观注重从以下几个方面取得突破：

一是教学组织有效化。建立平等民主的师生关系，营造和谐融洽的课堂气氛；改善和优化教学情境的创设；夯实基础，侧重能力，因势利导地优化学生自主学习机制；立足发展、面向未来，不断优化学生学习习惯和学科能力的培养机制。

二是课堂评价课型化。新的课堂教学评价树立了以"学"评"教"，"教""学"分评的评价思想。即以学生学习效果为评价的落脚点；以教师的"教"和学生的"学"为评价的两条线；以教学目标（三维）、教学过程（操作环节和操作点）、教学方法效果（教法与学法）为评价的三个面（三个平台）。

三是因材施教层次化。学校采取布置学习任务、分层辅导、分层布置作业等措施，力促每位学生学习效益最大化。

四是作业检测流程化。各学部根据学校教学改革的整体部署，对学生作业检测的时效性进行大胆改革，把作业大部分放在课堂上同步完成，增加学生检测单前测与中测的部分，减少辅导资料的多次重复征订，减少学生课后作业量。

五是质量检测精细化。精心设计试卷、调查问卷、量表和其他教学质量反馈资料，每学期段考和期考之后，学校均要求教研组和年级备课组组织段考和期考分析总结反馈活动，每组均派一位学校领导督导。

六是资源整合现代化。学校引领广大教师充分利用现代教育多媒体技术，要求教师在教学中要根据学生的层次和接受程度，重组教材结构和知识呈现的方式，充分利用网络媒体、视频、图片、实践活动等方式，整合微视频、云课堂等课程资源，实现教学效能的最大化。

【案例 2-7】

长沙麓山国际实验学校的迈孚（MIFE）高效课堂建设

迈孚（MIFE）高效课堂是一种务实的教育理念建构。MIFE 是 "MOOC Integrated with Flipped Classroom and EEPO" 的简称，是指慕课与翻转课堂、EEPO 有效教育的整合。"迈孚" 意为理念超群，令人信服。

慕课（MOOC，即 Massive Open Online Courses 的首字母缩写）即大型开放式网络课程。翻转课堂（Flipped Classroom）是一种教师创建学习视频，学生在家或课外观看，回到课堂师生面对面交流和完成作业的教学形态，它颠覆了老师在课堂上讲，课后布置作业的传统教学模式。EEPO 是 Effective Education in Participatory Organizations 的简称，EEPO 有效教育的核心理念是：有效教育是通过组织与参与来实现的，通过备课方式、学习方式、课型方式、评价方式变革提高教学效能。训练学习方式，发挥单元组团队的功能，以要素组合和平台互动等课型方式改变课堂教学结构，下放教学主动权，以学评教等是 EEPO 有效教育的核心操作方式。

迈孚高效课堂评价标准

项　目	基 本 要 求	权重
教学理念	体现迈孚（慕课与翻转课堂、EEPO 有效教育整合）的基本思想：运用信息技术，先学后教（交流、展示、释疑），实现学生 "做中学" 和 "悟中学"，学生主体，教师主导	10
教师素养	教师气质、表达、板书、激情、教育机智等	10
教学目标	三维目标明确、具体；重视学生核心素养培养	10
备课方式	围绕教学目标创造性处理教材，开发课程资源，符合 "教学一体化、学科特色化" 三件套要求：教案、检测单、课件（含微视频或微课）	20
教学方式	充分发挥学生主体作用，能动体现迈孚核心环节，即 "自主学习、合作交流、展示呈现、点拨释疑、巩固提升"，课堂氛围民主、平等、和谐	20
学习方式	针对性地对学生进行 5J 训练（单元组、约定、团队、板卡、表达呈现）	20
教学效果	实现 "三好"：学生参与好、课堂氛围好、学习效果好	10

五、奠基人生：以学生为中心的新时代学生观

中小学教师精神文化建设应努力建构教师的新时代学生观。新时代学生观主张学生真正成为教育的主体、课堂的主角、成长的核心动因。以课堂学习为例，实现了 EEPO 有效教育强调的学生有机参与和翻转课堂强调的学生高效参与的辩证统一，真正做到了 "以学生为中心"，让学生拥有自己的学习主动性，

能够按自己的步调自主学习。

新时代学生观主张学生差异化个性发展。教育的最大个性就是教育对象的差异性，因此，教师要因材施教。新时代教育教学要根据学生的不同身心发展阶段、不同个性、多元智能发展的不同状态和水平，根据学生的特质和差异，有选择性地因材施教，做好最适合的教育，摆脱教育工业化的困局。

新时代学生观主张学生可持续学习。新时代视域下的教育教学需要由表及里地渗透。在这育人事业的长周期过程中，教师要抓住根本：价值引领和行为习惯的培养，只有实现了知情意信行的内化与外化的完美融合，培养了学生阳光般的思想心态，文明雅致的行为作风，自主探究的学习生活能力，我们的教育才能真正实现"为孩子终身学习与幸福人生奠基"的教育理想。

新时代学生观主张学生的内在发展是一切教育教学工作的出发点与落脚点。教育的本质是学生核心素养、灵魂培养与全面和谐发展的事业，因此教师的根本方法在于导引，在于启发。

【案例 2-8】

如何获得真正的"儿童视角"

"儿童视角"是指站在儿童的角度（立场）来思考或观察周围的事情（物）。教学要基于儿童视角已成为共识，而现实中却经常看到没有基于儿童视角的教学。我们来看以下三个案例：

李老师教学《电磁铁的磁极》一课，要求学生通过实验判断"铁钉电磁铁有没有南北极"。教材设计的活动是将铁钉电磁铁靠近指南针，观察实验现象并得出结论。李老师自己做下水实验，实验现象很明显，能得出"铁钉电磁铁有南北极"，并能准确判断南极和北极分别在铁钉的哪一端。下水实验的成功让李老师觉得自己站在了"儿童视角"，学生一定能顺利地得出结论。但是在实践教学中，有一个实验小组的结论是"铁钉电磁铁没有南北极"，汇报时他们坚持自己的观点，说："我们的钉尖和钉帽都吸引指南针的北极，也都吸引指南针的南极。"老师听到后非常意外，不知道问题出在哪里。

《神奇的磁铁》一课，向老师给学生准备了一些生活中常见的物体，让他们用磁铁分别去吸引这些物体，然后问学生："你发现了什么？"一位穿红衣服的学生回答："磁铁能吸金属。"向老师觉得这不是自己想要的答案，他叫另一位学生回答。另一位学生说："磁铁能吸铁做成的东西。""磁铁能吸铁。"老师满意地把答案写下来，而这位红衣服学生依然露出疑惑不解的神情。

　　王老师教学《声音的变化》一课，依据以往的教学经验，考虑到很多学生容易将声音高低和声音强弱混淆，他决定"以儿童视角"来设计课，根据学生爱玩的特点，在课前安排两个游戏：游戏一，声音的强弱。看着老师的手势来鼓掌，老师的手往上抬，掌声强；老师的手往下落，掌声弱。游戏二，声音的高低。看着老师的手势来发声，老师的手往上抬，声音高；老师的手往下落，声音低。看着学生玩得很开心，游戏很顺利，王老师觉得难点突破了。但是在接下来的新课教学中，很多学生依然分不清声音高低和强弱，这给新课教学带来很多阻碍，使教学目标无法达成。

　　以上三个案例中的老师都有"基于儿童视角"的教学意识，教学效果却不尽如人意。其根本原因，是没有"蹲下身子"获得真正的儿童视角。

　　怎样"蹲下身子"获得真正的儿童视角呢？下面结合这三个案例来进行探讨。

一、专心观察，看看学生到底是怎么做的

　　《电磁铁的磁极》一课，老师明明做了下水实验，认为教学可以正常进行，事实却是学生做同样的实验，现象和结论都不一样。这是为什么呢？当我们俯下身子参与学生实验的全过程，就会发现，学生的操作没有问题，而是这一组的电池电量不够，铁钉没有产生磁性，所以钉帽和钉尖接近指南针的时候，都会让指南针跟随铁钉晃动。教师可以让学生用他们的"电磁铁"去吸引回形针，看看实验现象；将铁钉从线圈里拿出来，去接近指南针，看看实验现象；最后换一节电池做实验，看看实验现象，启发学生思考。由于一个年级有很多教学班，教师不可能每个班都准备崭新的电池，后面的教学班电池电量耗尽的可能性很大，为防止这种情况发生，教师在今后的教学中应该尽量做到课前测量电池的剩余电量。

　　不仅仅是这一课的实验，学生在其他课上的实验不能获得科学的结论，都是有原因的。如果教师在学生实验时只走马观花地东瞧瞧西看看，那就不能发现其中的原因。只有当教师专心观察，看看学生到底是怎么做的，才能了解问题出在哪里，并及时灵活施教。而当我们一直坚持这样做，还能对各种可能出现的问题胸有成竹，才能真正"站在儿童视角"去设计每一堂课。

　　比如《食物中的营养》一课，学生用滴碘酒的方法检测食物中是否含有淀粉。有的实验小组汇报说"黄瓜里面含有淀粉"，教师不知道问题出在哪里。如果实验过程中专心观察学生的做法，就会发现，他们的操作有问题，在检测馒头时滴管口已经触碰到馒头，滴管口的碘酒把馒头屑粘到了黄瓜的上面。当我们看到了学生到底是怎样做的，就能及时解决问题，还能在今后的教学中提醒学生

"滴管口要与检测的物体保持距离"。如果专心观察，我们还会发现，学生都是贪玩的，他们觉得碘酒滴到一些食物上会变颜色特别有意思，会偷偷地把所有的碘酒都用（玩）完。从孩子的角度来看，这是很正常、很自然的表现。如果老师强加制止，会让他们的好奇心受到打击。了解到这一点，教师在给学生提供碘酒的时候一定要控制好用量，不能太多，也不能太少。

二、静心倾听，了解学生到底是怎么想的

《神奇的磁铁》一课，总会有学生在实验后仍然说：磁铁能吸引金属。我们要追问："你为什么会这样认为？"（预设 a）学生说："实验中大头针、铁钉、回形针都是金属。"我们要追问："你认为铝片也是金属吗？""铝片也是金属，它能不能被磁铁吸引？"根据学生的回答，我们才可以了解到他到底是怎样想的，哪一个部分的概念建构出了问题。如果学生是把金属和铁的概念混淆了，错误的前概念要纠正不那么容易，需要我们帮他重新建构。（预设 b）学生说："大头针、回形针这些我不知道它们是不是铁做成的，但我知道它们是金属做成的。"我们就需要再次帮学生了解实验中的物品分别是哪种材料做成的，其中哪些是铁做成的。一位老师在教学中多次遇到这样的情况，他在给实验物品进行命名时，就采用包含材料名称的方法，比如"橡胶块""塑料块""玻璃珠""铜片""铁钉""锡丝"……这样来命名实验物品，学生便能根据实验现象自己总结出实验结论。

在课堂上，当学生的回答出错时，我们不要急于叫另一位学生回答，也不要急于公布正确答案，而应当静下心来，通过追问了解学生的思考过程，把自己也变成学生，与他们一起思考，一起走向彼岸。

三、细心揣摩，分析问题的本质是什么

《声音的变化》一课，学生为什么会混淆声音的高低与声音的强弱？根本原因是学生本来就难以辨别声音的具体音调和响度，还要与"高低""强弱"这样的语言文字概念联系起来，由形象到抽象，难度就更大了，需要通过强化练习将具体声音与语文表达联系起来。琢磨到了这一层因果关系，问题解决其实就很简单。比如同样用与学生玩游戏的方法来进行强化，不是依据手势来发出高低强弱不同的声音，而是依据语文口令的变化来发出高低强弱不同的声音。比如教师先说"弱"，学生轻轻地鼓掌；教师说"强"，学生重重地鼓掌。用手势变化来强化有什么不妥呢？手势与声音一样是形象表达，不是抽象的语言和文字表达。手势高，声音高；手势高，声音强，语文概念与具体声音依然没有建立联系。如此一来适得其反，声音高和声音强都用手势高来表达，要区分高低和强弱就更加困难了。所以，当学习问题出现的时候，教师细心揣摩问题的本质非常重要。

同样在《声音的变化》一课，有一位老师在教学过程中提出问题：声音的高低可能与什么因素有关呢？他的预设是：学生如果想不到可能与振动速度有关，就引导他们思考声音有哪些特征，振幅与振速，声音的强弱是由振幅决定的，那声音的高低是不是与振速有关系呢？这样的教学是可以的，但如果细细揣摩学生答不上来的根本原因，也就是问题出现的本质，是振动的特征、振幅振速等前概念没有到位。这时候教师可以将教学方法调整为发现法，从学生擅长的形象思维入手，帮助他们发现物体振动越快，声音越高。比如运用信息技术手段（如慢镜头处理）使物体振动的快慢变得清晰可见，甚至运用手机软件数据化显示不同的振动速度，都能够引导学生发现物体的振速越快声调越高，振速越慢声调越低。

综上所述，专心陪伴学生做实验，可以看到学生到底是怎么做的；静心倾听学生思维的过程，可以了解学生到底是怎么想的；细心揣摩问题的本质是什么，可以有的放矢帮助学生突破学习难点。教师做到"专心观察""静心倾听""细心揣摩"，才算是"蹲下了身子"，获得了真正的"儿童视角"。

（张　好）

六、追求卓越：聚焦新时代的教师观

新时代教育理念下，教师的角色发生了深刻的变化，教师成为学生学习的合作者、指导者与参与者。但这并不意味着教师不再是知识交互和应用的主体，教师是从知识传授者变成了学习的促进者，并有针对性地对学生进行个别指导，提供必要的支持。

师生的关系发生深刻的变化。面对新世纪的学生，教师必须对教育理念、人才培养方案、传统教育教学方式进行新的思考。我国新型师生关系的特点是：（1）尊师爱生；（2）民主平等；（3）教学相长。迈孚高效课堂主张师生主题间性的发挥。师生主动性和创造性的发挥，构成了迈孚高效课堂的不竭源泉。

新时代教师精神文化建设的关键是明确教师可持续发展的内在诉求。

教师的底蕴深厚，对学生就有自然吸引力。总体而言，教师的发展应坚持以下几个共性的方面：包括职业理想与责任感、职业能力、成就感、独立性与自主性、意志力、适应能力在内的教师自我意识与自我发展系统；包括本体性知识、条件性知识、实践性知识、文化性知识在内的专业知识与能力发展系统；包括备课技能、教学设计技能、课堂教学技能、教学方法技能、教学语言表达技能、教学媒体选用技能、学法指导技能、检查学习效果技能、说课与听评课技能、教学评价技能、教学研究技能和教学反思技能在内的教育技术与理念能力系统；包括专业态度、专业伦理和专业智慧在内的专业精神系统；等等。

教师要靠专业热情和学科魅力鼓舞学生。教师的真正本领，不在于他是否会讲述知识，而在于教师的专业热情是否能激发学生的学习动机，唤起学生的求知欲望，让他们兴趣盎然地参与教学过程中。教师的专业魅力和人格魅力，是学生最大的幸运和一辈子的珍贵回忆。教师是"介绍人"，介绍学生与学习相依相恋；教师是"打火机"，将学生的学习热情和智慧火把迅速点燃；教师是"领头羊"，引领学生走进茫茫的知识草原；教师是"味精"，将学生的学习变成色香味俱全的美味大餐。

教师要用教育艺术和方法打开学生学习探究的大门。演员，靠演技征服观众；球员，靠球技留住球迷；教师，靠教育艺术和方法引领学生奔向美好的未来。教师的方法与学生对路，才能接地气，理想之花才会结果。不称职的教师在教学中让学生适应自己，带着知识走向学生；而优秀的教师则在教学中让自己去适应学生，带着学生走向知识。前者是授人以鱼，后者是授人以渔。教育最大的成功不是让学生敬佩教师有多伟大，而是培养了让教师敬佩的伟大的学生。

站上讲台的教师，是合格教师；站稳讲台的教师，是骨干教师；站好讲台的教师，是专家型教师。未来教育面临的最大挑战不是技术，不是资源，而是教师的素质。教育可持续发展的根本战略是培养具有现代教育理念和视野、具有教育胸怀和情怀的、整体素质高的卓越教师。

第三章

枫叶翩然，惠风和畅

——教师的心理成长，教师精神文化建设的基础动力

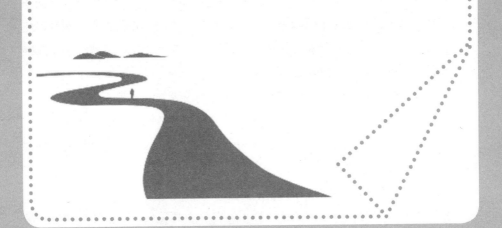

心理成长是教师精神建设的基石，健康阳光的心理是教师职业幸福的源泉。教师精神文化建设就是在评估、发掘、培植、激励教师的心"思"、心"情"、心"境"，永葆教育初心，幸福工作，"麓碌有为"。

一、心理状态：阳光积极的心"思"

"思"是职业心态，是积极、阳光、向上、向善的心理状态。

坚持师德高品位，鼓励教师以"热爱+"的积极心态和情感做好教育工作。热爱事业、热爱学校、热爱学生、热爱学习、热爱同事、热爱生活、热爱生命。

为了进一步了解麓小教师的职业心态，课题组特邀请北京师范大学导师工作室对全校教师做了一次专业、全方位的心理评估，从教师工作重塑、教师工作投入、教师学习与教学信念、教师持续专业发展、教师教学效能感、教师职业倦怠、教师教育风格、教师工作特征等八个方面做问卷调查，进行准确而专业的分析并形成了测验诊断报告。学校结合调查报告，就"教师职业倦怠"做出了如下分析，并积极探索了破除教师职业倦怠的策略：

（一）教师职业倦怠行为表现

中小学教师职业倦怠的行为表现多种多样，典型的表现有以下三种。

一是教师精力或能力衰竭，无法胜任新时代的教育教学内容及要求而产生的职业危机感或恐惧感。这一部分人群以中老年教师为主，他们较为传统的教育教学方式及教育地位不断被富有激情及创新精神的年轻教师所取代或挑战，心理压力日益增加。

二是外部环境对教师的过高期望给教师带来的职业压抑感。很多家长认为，将孩子送到学校，那么孩子未来的成长应当由学校教师全权负责。当孩子稍有差池，家长就归咎于学校教师，这无疑会增加教师的心理压力，使其容易出现焦虑、压抑、无助、苦闷等情绪。这类现象在老教师及年轻教师中普遍存在，并且在年轻教师中表现得更为明显。

三是教师对自身的职业缺乏成就感。一直以来，教师都被赋予"人类灵魂的工程师""太阳底下最光辉的职业"等精神荣誉。但教师产生职业倦怠之后，容易受外在因素的影响，喜欢将自身收入与同龄的创业者、公务员进行对比，觉得自身社会地位、经济实力与他们均有差距，从而感到无比失落和心理不平衡。

（二）造成教师职业倦怠的主要原因

教师职业倦怠的表现形式多种多样，但有一个共同点，即教师对教育教学的主观能动性没有得到充分发挥，教育积极性不强。需要层次理论认为，一个社会人的行为动机是为了满足一定的需要，而人的需要从低到高有五个层次，即生理需要、安全需要、归属与爱需要、尊重需要和自我实现需要。其中，生理需要、安全需要、归属与爱需要属于低层次需要，尊重需要和自我实现需要属于高层次需要。中小学教师产生职业倦怠的原因，从需要层次理论来理解，可以分为以下几个方面：

1. 低层次需要满足不够充分

随着经济社会的发展，生活成本及环境压力日益增加，教师这一职业所能提供的物质保障、安全保障等与教师自身的预期不相符合。客观而言，教师从事着教书育人的职业，承担着为国家培养人才的职责，理应在物质上得到更多的保障。而当前中小学教师薪酬制度仍不够完善，不少一线教师特别是担任班主任的教师经常要"坐班"，参与早自习、晚自习，有时甚至还要充当寄宿制学校生活老师。即便是寒暑假，教师仍需利用大量时间参加各类培训以提升业务技能，其所受的待遇却与较大的工作量不相匹配。加之部分教师习惯将自身职业与公务员进行对比，认为公务员的工作压力相对较小，但收入要更高，从而产生一种失落感，进而演变成职业倦怠。

2. 满足高层次需要的成本过高

教师作为一种特殊职业，负责传道、授业、解惑，历来受人尊重。但随着时代的发展，教师要获得社会尊重、实现自我所需付出的努力和各类成本越来越高，而职业效益相对较低，所以容易产生职业倦怠。一是社会对教师寄予的期望偏离正常范围。一旦学生出现问题，社会舆论对教师的批评十分严厉，甚至认为"学生有问题，都是老师的问题"。一些爱岗敬业的教师，一方面要不断提升自身教育教学技能以获得认可，另一方面为维护社会声誉，而被迫在充满压力的环境下工作，极易产生职业倦怠。二是教师职业存在特殊性，难以在短期形成职业成就感。有时，教师的投入与产出不成正比，而教师若长期积极工作却看不到效果，则很难产生职业成就感，随之也容易丧失对职业的兴趣，产生职业倦怠。

3. 管理体制机制的影响

当前，教师管理机制仍不够健全。一是评价机制不健全。当前，我国部分地区或学校仍然比较看重学生成绩、升学率，并以此作为评价教师教学质量的主要依据，这使得教师长期处于高负荷运转中，不堪重负，极易导致心理疲劳。二是激励机制不健全。受职数限制，不少教师多年晋升职称无望，逐渐失去工作热情，缺乏主动性和积极性。

4. 教师自身因素的影响

产生职业倦怠，教师自身因素不容忽视。有的教师不能进行准确的自我定位，过高的自我期望与不理想的现实状态导致了强烈的心理落差；有的教师只讲待遇不讲奉献，缺乏吃苦精神；有的教师缺乏创新精神，按部就班、循规蹈矩地进行重复教学……教师自身的这些原因，极易导致其产生职业倦怠。

（三）破除教师职业倦怠的对策

如何坚持以人为本，有效激发教师的主观能动性，缓解教师的职业倦怠，是推动教育管理工作的重要抓手。笔者认为，应当尊重并尽量满足教师的个体需要，即物质需要、职业稳定需要、自我实现需要等，来破除教师的职业倦怠。

1. 创新教师培训机制，激发教师职业认同感

遵循教师成长规律和教学规律，突出教师在培训学习中的主体地位，创新培训机制。按照"统筹规划、改革创新、按需施训、注重实效"的原则，完善培训制度，统筹各级教师培训，增强培训的针对性和实效性。在教师培训中，更加注重师德师风培养，增强教师的敬业意识、奉献意识；更加注重教师创新意识培养，改变一成不变的课堂模式；更加注重青年教师培养，激发教师队伍活力。

学校创新教师培训机制，创设多种平台，构建学习型组织，打造"雁阵团队"，由学科带头人作为"领头雁"，带领骨干教师组成名师团队，引领青年教师成长。同时，开展"青蓝工程"，师徒结对，师父与徒弟"捆绑式"发展，促进年轻教师的专业成长。如为教师队伍打造"教师发展学校"，定期组织教师基本功培训，每学年开展"源池杯"教师基本功竞赛。据此，教师不仅锻炼了基本功，还提高了自身专业素养，不断增强了职业自信，有效提升了职业认同感、归属感和幸福感。

2. 创新教师评价机制，激发教师的工作主动性和协作意识

学校管理不是管人，而是管人与人之间的关系以及部门与部门之间的关系。要创新教师评价机制，以激发教师的工作积极性为目标，加快职称制度改革进度，加大教师评先评优力度，彻底摒弃以分数、以排名论成败的现行评价考核方式，建立完善科学的教师评价考核体系，从而让教师获得更多的关爱与

尊重。麓山国际实际小学重视激发教师的工作积极性，每年开展教师评优评先活动，设立多种评优奖项，对在教育教学工作中表现突出的部门和个人进行表彰。同时，学校重视教师团队建设，在每学年开学之初，针对新教师开展团队"破冰行动"，以工会小组为单位开展团队训练活动，增强团队意识。每学年开展"文明办公室"评选，打造最美办公室。无论是年级组的竞赛，还是教研组的评比，学校的各项活动都以团队方式开展，团队内既有分工又有合作，所有团队成员都为了共同的目标而努力。在这个过程中，教师彼此认同、感染、激励、互助，提升了工作的积极性和主动性。

3. 创新教师绩效考核机制

要积极推行绩效工资分配制度改革，实行"高职低聘、低职高聘、钱随岗走、绩由事定"，这样有利于打破平均主义，实现多劳多得、优绩优酬。要进一步改善教师工作、生活条件，确保教师能够心无旁骛，专心从事教育教学工作，获得更多的职业满足感与幸福感。

麓山国际实验小学制订了《教职工绩效工资实施办法》和《教师绩效考核评价实施办法》，按章办事，按制度执行，创新执行教师绩效考核制度。学校的绩效考核制度，采用自评与他评、过程性评价与终结性评价、定性评价与定量评价相结合的办法，从师德师风、常规表现、工作能力和工作实绩等方面对教师进行考核和评价，并将绩效考核的结果作为绩效工资分配、岗位聘用（聘任）、职称评定、评先评优等方面的参考依据。在绩效考核评价中，学生、家长、教师全员参与评价，从不同维度给予相应分数的评价，最终形成 A、B、C 三个等级的评价结果。每一个等级的评价结果对应相应级别的绩效工资，实现优绩优酬。

4. 营造全社会尊师重教的氛围

要切实强化教育优先发展地位，努力为教育办好事、办实事，大力倡导"教育重要、教学神圣、教师光荣"的良好社会风尚，依法落实各项教育投入政策和教师的各项待遇，努力营造"党以重教为先，政以兴教为本，企以支教为善，民以助教为荣"的浓厚氛围。

此外，学校出台了一系列措施来鼓励教师树立良好的教育效能感，以积极的教育心态对待每一天平凡的教育工作，在工作中创造，在创造中享受学生的进步和自我的提升。鼓励教师高高兴兴干累活，做"麓碌有为"的麓小人。

【案例 3-1】

构建和谐的师生关系
——2020—2021 麓小心理健康教育教研活动

2021 年 7 月，在麓小校本培训中，学校特邀长沙市教育科学研究院心理健康教育教研员梁珊给全校老师进行心理讲座。

梁珊老师重点讲到了教师的心理和谐，她认为教师的心理和谐表现在工作、生活、交往、情绪中，舒适而不失充实、紧张而不失闲雅。教师的心理和谐主要表现在四个方面：左右平衡——人际关系融洽；上下平衡——角色定位恰当；内外平衡——心理行为协调；前后平衡——自我发展顺达。

教师的心理和谐来源于对学生的充分了解，有一个心理调查：随机抽取 120 名教师，问："您热爱学生吗？"90% 以上的被试者回答"是"；向这 120 名教师所教的学生进行调查："你体会到了老师对你的爱吗？"回到"体会到了"的仅占 10%。这个调查结论带给老师很大的震撼。

梁珊老师认为，要构建教师的心理和谐，必须明确教师定位，教师应该有两种定位，一种是有影响力的领导者，专业能力让人钦佩，人格魅力让人喜欢，有威慑力。另一种是学生心目中的重要他人，小学教师在学生心目中的地位是亲人，既像个老师，又像妈妈，喜欢多管闲事，永远充满自信。

梁珊老师的讲座娓娓道来，观点新颖独特却又直击教师心灵，这场讲座对于教师来说起到了拨云见日的作用。

二、职业氛围：和谐温暖的心"情"

"情"是职业温暖，是健康、和谐、温暖、优良的职业氛围。

一个学校有好的校风、教风、学风、人际关系及校园文化氛围对于师生而言是一种无声的教育，可以陶冶教师的情操、净化教师的心灵、调动教师的工作热情。学校依托全国文明校园、未来学校建设、书香校园建设、儿童友好型学校建设、全国五四红旗团支部等项目，不断优化校园生活、文化设施，为教师创设优良的生活和工作环境，传递温暖。

（一）关注个体，传递组织关怀

第一，学校精准对接长沙市教育工会"全市困难教职工帮扶活动"，关心和帮扶困难教职工。第二，为帮助单身教师解决个人问题，积极组织报名参加"春风师里，花开遇你"青年教师联谊活动。第三，为解决单身教师住房问题，学校积极响应局教育工会号召，积极报名参加"拎包入住工程"第四批、第五批入住申请，到目前为止，先后解决了四五十位单身教师的住房问题。

（二）主题活动，增强凝聚力

为缓解工作压力，释放身心疲惫，丰富广大教职工的业余生活，工会想方设法，创设渠道，开展形式多样的文体活动。如，"温情三八"妇女节活动、"六一""红心向党"亲子春季拓展活动、"品味端午，粽情玩拍"主题摄影活动等。

【案例3-2】

妇女节限定｜春风十里，不如食堂嗦碗粉哩！

三月春光，微雨蒙蒙。桃花笑靥，四溢芳香。

3月8日的妇女节又一次伴着时间的进行曲缓缓走来，每年一次不变的真挚祝福，每年一个有趣的惊喜，每年一首女神的单曲循环，只为亲爱的麓小女神！

一副碗筷，一张方桌，早餐是生活美学的开场白，早餐里有人情激荡，早餐里有天长地久，早餐里还藏有生活的元气满满。

麓小妇女节的仪式感是从早餐开始的，麓小女神的早餐是从嗦一碗粉开始的。

为了给女神们提供最优质的服务，工会特聘三位舌尖上的大厨黄大厨（校长）、龚大厨（党委书记）、戴大厨（校长）为大家下粉、打码，还有瞿新国主任、沈毅主任、武文碧主任、叶俊主任为大家送上暖心的当归蛋、定制的礼品！

温暖的麓小，温暖的你；有爱的麓小，可爱的你；青春的麓小，美丽的你。

麓园深处，孜孜耕耘；教诲堂中，书写青春。你用无私付出见证孩子的长大成人。你是敬爱的母亲，你用相濡以沫兑现爱情的甜蜜誓言；你是至爱的妻子，你用拼搏上进涂写自己的美好未来；你是疼爱的女儿，你用师者之爱浇灌麓园的花儿少年；你是可爱的师长，你是女神，是生活的掌舵者。

三尺讲台上授业解惑，菁菁校园里奉献热情，愿春风捎去满心的祝福，盼樱花点缀香甜的梦境。

世间不过一顿早餐，愿你们每一个人，平凡的每一天，都活得热气腾腾。

【案例3-3】

"麓小男神"为谁迎风而立？

谁，有这样的魅力？谁，能这样幸福？谁，让麓小男神迎风而立？

是她，是她，是她们——长沙麓山国际实验小学的全体女教职员工。

　　3月8日一早，长沙麓山国际实验小学的校门口幸福感爆棚。由学校校长、书记、行政干部组成的"麓小男神天团"，迎着晨曦，手执鲜花，为每一位入校的女同胞献上浓情的玫瑰，表达节日的祝福。走在红毯上的"女神"有些许羞涩，有些许腼腆，但更多的是惊喜、感动和幸福。

　　"哇，好幸福啊，谢谢，谢谢！""我要重新进校一次。""好温暖啊，幸福指数飙升！"一位送孩子来上学的家长说："麓山国际实验小学的领导好有爱啊！"随即不禁拿起手机拍下这温暖的画面。二年级的一位小女孩说："老师，我也想要一朵，我也是女生。"……

　　一朵鲜花，一个仪式，一份关爱，一声祝福。生活除了潜心教学，勤奋努力，还有诗和远方……校园巾帼育桃李，时代女性谱华章。今天，我们以花之名，借花之美，把最真最美的祝福送给所有的"女神"：祝福大家节日快乐！身体健康！工作顺利！桃李芬芳！

【案例3-4】

激情凝聚力量，团队绽放活力
——麓小新教师团队拓展活动

　　暑日炎炎，鸟语蝉鸣。长沙麓山国际实验小学处处洋溢着热烈的团结之风！为了激发教师的工作与学习热情，增进新进教师们之间的沟通与交流，从而进一步增强教师队伍的凝聚力与协作意识，8月24日，新进教师拓展活动在学校体育馆举行。

　　接下来，教官用报数的形式，随机将所有教师分成了6个组，举行"闪亮我们的团"比赛！这一环节包括选队长、起队名、定队训、创队徽、定队歌、上台展示几个步骤。短短的15分钟内，新教师们充分发挥集体智慧和团队精神，在画布上完成了小组作品。到了上台展示环节，教师们都踊跃参加，队员们在台上齐声高呼出小组队训，台上嘹亮的口号声和台下的喝彩声响彻整个会场。

　　"动感颠球"项目重在让大家体会团队合作的重要性，培养大家的团队意识。

　　最后，在整齐的节拍声中，在"麓小有我更精彩！"的口号声中，本次的拓展活动全部结束了。此次的拓展活动不仅为新教师们搭建了相识的平台，而且拉近了彼此的距离，增进了彼此的了解。每位老师在活动中表现出团结协作、积极进取、迎难而上的精神，这正是麓小所期盼的。相信教师们也会将活动中得到的体验在今后的工作和生活中付诸实践，为自身的快速成长和麓小更好的发展贡献一份力量！

【案例 3-5】

千锤百炼磨意志，凝心聚力促发展
——新教师团队拓展活动

为激发教师们对教育事业的热爱与学习热情，增进新进教师们之间的交流沟通，加强团队合作意识，增强教师们的团队凝聚力与集体荣誉感，8 月 23 日，学校组织新进教师前往柏乐园参加户外拓展活动。

最为激动人心的项目是翻越"毕业墙"。面对 4.2 米高的"毕业墙"，由不同成员扮演人梯、拉手与护卫队三个重要角色，将每一位队员推、拉，送到墙顶。即使烈日当空，每位成员内心也汹涌澎湃，看着一幅幅激动人心的场景，很多教师都流下了感动的泪水，每个人都用勇敢、责任和奉献诠释着团队精神、合作意识。

本次教师团队拓展培训，不仅增进了教师之间的感情，还锤炼了新教师良好的心理素质、顽强的意志力，以及克服困难的勇气和决心，并将培训中的感悟体验践行到未来工作与学习中，为促进自身快速成长和在麓小更好发展奠定了坚实的基础。

（三）艺体培训，丰富精神文化

学校成立的多种社团，使广大教职工精神愉快、生机勃勃、团结一致地投入工作中，为学校工作带来了生气和活力。从而在关注教师专业成长的同时，还关注他们的生活和身心健康，教师在一天的活动中既放松自己，释放压力，同时也加强了教师之间的交流和协作，增强了团队凝聚力。

【案例 3-6】

优美歌声歌颂党

2021 年 6 月 28 日下午，麓小师生合唱团参加由长沙市教育系统举办的庆祝中国共产党成立 100 周年以"百年辉煌　我心向党"为主题的先锋故事会。麓小师生合唱的《妈妈教我一支歌》，以悠扬的旋律和深情的告白唱出了对党的无限忠诚与热爱，同时用歌声向先锋致敬，呼唤后来者学习先锋追求卓越、敢于担当的红色精神。

（四）推己及人，做好后勤服务

竭尽所能地为广大教职工谋好福利。在严格遵守党和国家制度规定的基础上，在政策许可的前提下，完善教职工服务体系，让教师在学校里有如家的感觉，高高兴兴干活。

【案例3-7】

"心如花木，向阳生长"第十届生命健康节
——"21天幸福三件事"打卡挑战

活动规则：点击小程序加入"麓小教师21天幸福三件事打卡挑战"小组，每天22:00前在小程序中打卡分享当天的"幸福三件事"

活动时间：4月12日（今天）—5月2日

评奖规则：

一等奖（水杯+小风扇礼盒）：打卡18天及以上

二等奖（笔筒台灯）：打卡12天—17天

三等奖（麓小定制钥匙扣）：打卡7天—11天

挑战21天幸福三件事获奖名单（略）

附教师幸福三件事分享内容3则：

1. 入睡伴蛙鸣，晨起有鸟叫，一切刚刚好。

2. 运动后的大汗淋漓，轻食餐的美味享受，会老友的嬉戏打闹。

3. 办公室的漏水问题有望解决了，学生的劳动作业完成得不错，一堂高效的课。

三、职业风骨：开阔博爱的心"境"

"境"是职业风骨，是坚守与等待、智慧与艺术、大爱与奉献的职业格局。

（一）坚守与等待

坚守教育的初心，静静地等待成长的发生。教师教育的价值就在日复一日的坚守中，就在明明知道"你"的不同，依然愿意等"你"的期待中。普通的学校也有特殊的孩子，如何接纳和教育这样的孩子，成了学校的"课题"、教师的"修炼"。学校一直坚持推进普特融合教育发展，关心关爱特殊体质、特殊心理、特殊家庭的孩子。在普特融合的教育探索中，教师以父母之心包容孩子，以师者之心呵护孩子，以仁爱之心陪伴孩子，每一位教师对特殊孩子都温柔以待、关爱有加。他们的进步与成长，在包容与爱的滋养下，逐日鲜亮。

【案例3-8】

爱是最美的语言
——特殊学生转化的案例分析与规律探究

"教育是一门爱的艺术！"有时候，多动违纪是他的表现方式。

谭仙娥、易丹、许锐、吴俐蓉、付淼、梁芷陌老师从不随意给孩子"贴标

签"，倾听孩子的声音，用心看见孩子的闪光点。

"教育的成功，在于尊重学生。"有时候，沉默拖拉是他的保护色。

查海燕、陈芳芳、闵洁、熊晓颖、肖萌老师在教育本班特殊学生时，一直本着尊重差异的原则，从内心接纳孩子。查老师更是不抛弃、不放弃，用尽各种方法，不急不躁，用长达一年半的时间去让这个孩子有了转变。

"爱是最美的语言！"有时候，情绪异常是他的求救信号。

曾玲、谭书昊、周佳莹、黄凌云、黄维老师面对孩子的情绪异常波动时，用爱架桥，以心交流，叙说着最美好的语言，抒写着最伟大的价值。

因此，从一个个鲜活的案例中，我们可以看出教师在转化这些特殊孩子的过程中，可谓个个使出了十八般武艺。且听年级组老师代表曾玲、谭仙娥奏响的教育五部曲：

一封信

亲爱的爸爸：

您好！

我想您了，您过得好吗？

我在学校里过得很好，在这里我交到了许许多多的好朋友，我们在课间一起玩耍。在学习上我们一起进步，我将争取在期末考试中取得好成绩。

最近我的学习慢慢下降，快到期末考试了，我有一点紧张，学习也开始渐渐有一点压力了。

生活上，我和妈妈过得很幸福，妈妈还生了一个小弟弟，在家里无忧无虑地生活着，特别是住到新家以后，家里的空气新鲜，更适合我们生活。

爸爸，您就像雁阵里的头雁，指引我们飞行的方向，如果你不在，我们就像没有了方向的小火车，在迷茫之路上行驶。爸爸，我想您了，您能回来吗？

祝

身体健康

您的儿子：小心

2021 年 12 月 7 日

这是一封看似普通的书信，却藏着一个忧伤的故事。

写信人是我们班一个特别帅气的孩子——小心。他眼神里总有一种淡淡的忧伤，甚至眼角还常挂着泪花，整个人很内向。他上课不听讲，作业写得特别糟糕，经常不交作业，下课喜欢跟同学打闹，扯着嗓子吼骂同学，甚至打伤同学，因而多次被别的家长投诉。

一、认真了解孩子的成长环境，走进孩子的情感世界

"知其心，然后才能救其失也。"如果孩子性格呈现出特别大的差异时，很大一部分原因都与他的家庭有关，了解孩子的成长环境，走进孩子的情感世界，才能对症下药、治其根本。

为此，我和小心妈妈多次沟通。言谈中，我能感觉到他的妈妈特别敏感，话语冰冷，每次都是简单的一句"好的，我知道了"，显然不想跟老师有深入的沟通。

有一天，语文课上，突然有同学惊慌地喊道："曾老师，小新又躺在地上哭。"我连忙三步并作两步赶过去，只见孩子仰躺在地上，用一只手捂着自己的头，红肿的双眼泪如泉涌，他极力压制着自己的哭声，用泪水宣泄着内心的痛苦。

我用力地把他拉起来，边抚慰他，边关切地问他怎么了，可他什么也不说。我把他带到一个安静的地方，几经询问，我才进一步深深感受到孩子经历了太多他这个年龄本不该承受的事情：常年缺失父爱，母亲对他动辄打骂，因母亲忙，更多时候都是独自照顾自己……美国著名"家庭治疗大师"萨提亚认为，一个人和他的原生家庭有着千丝万缕的联系，而这种联系有可能影响他的一生。

我该怎么帮助他呢？该怎么做才能让他有所转变呢……这些问题开始不断萦绕在我的脑海。

二、努力做到三心：诚心、爱心、耐心，温暖孩子的心灵

我开始每天密切关注小心的动态，真诚地与他谈心，了解他的心理状态与需求。当他犯了错误时，我耐心地劝导他。我还时不时摸摸他的头，拍拍他的肩，让他感受到老师的爱。

课余，我偷偷地安排几个热心且优秀的小朋友，主动给予小心更多陪伴与帮助，让他感受到友情的真挚和快乐。

此外，我打听到班上与他们家关系比较密切的家长，也建议他们利用周末多多邀约小心与他妈妈一起参与一些集体活动，并叮嘱不要去触碰他们的心灵伤疤，等等。

然而这样的努力没法治愈他内心的创伤，他的变化并不太大。

三、家庭的配合是转化特殊学生切实有效的润滑剂

终于，我找到了一个契机。

在一次习作课中，我发现了小心写给他亲生爸爸的信，就是前文的信稿。

这封信进一步搭起了我跟小心家庭沟通的桥梁。在多方沟通中，我惊讶地发

现还是小心一年级入学时，他父亲送他来，此后，父子俩再也没见过。然而，他爸爸的工作单位离我们学校并不远！听到这个事情，我非常震惊、心酸、不解，一个父亲怎么做到：近在咫尺，可以四年不见自己的亲生儿子?! 而这边，孩子却还心心念念盼着父亲的回归。父亲已经有了新的家庭和孩子，回归已是不可能！

我斟酌再三，把小心的亲生父亲约到了学校，长达两个小时的谈话后，父亲表达他的悔意与遗憾，承诺以后多参与孩子的成长，我们约定对母亲暂做善意的隐瞒。随后，我把小心他爸带到了教室，我请学生说说他们对叔叔的印象，孩子们特别会来事，不吝溢美之词使劲儿夸眼前的叔叔。我更从小心的眼睛里看到了骄傲、自豪的光！顺势，我请小心告诉大家："这就是我的爸爸！"我让小心连续说了三遍，声音一遍比一遍洪亮，一遍比一遍自豪。

我看到了希望！

小心的亲生父亲接受建议每周来学校，利用午休时间，带孩子出去吃饭、骑自行车、逛公园。

多年缺失的父爱宛若一股清澈的泉水注入孩子的心田，孩子各方面都在向好发展。待到时机成熟，我跟小心妈妈讲明了情况。结果出乎意料，小心妈妈感受到了孩子的变化，因而，她不再抗拒、排斥爸爸参与孩子的成长。当时，听到她的话，想到小心的变化，我突然觉得特别幸福，相信一切将会更好。

四、注意培养特殊学生的兴趣与爱好，委以重任，让其找回自信

培养孩子的兴趣与爱好，让他在专注于某件事时，性格趋于稳定和集中，能有恒心、有毅力，且精益求精地处理事务，从枯燥中寻乐趣，于困难中求喜悦。

后来，学校招国旗班队员，我再三鼓励，小心终于鼓足勇气去参加选拔了，我私下给大队辅导员打了一个电话，张晋老师人美心善，听闻孩子的情况，欣然给予机会。当孩子回来，我再次看到他眼睛里闪烁的光……

就这样，孩子笑容多了，不再吼叫，上课认真听讲，认真完成作业，我感觉他曾经忧郁的眼神已经绽开了馨香的花朵。期末，各门功课都在90分以上，成绩明显上升，"进步小明星"的奖状，映衬着孩子自信的小脸蛋！孩子妈妈无比感激，给我发来信息："老师，真的辛苦您了，一直以来处处关心和爱护着孩子，能深深地体会到您的那份良苦用心，相信孩子，即便是在长大后，都会记得您对他的好，谢谢您！"

这些年，我遇到过不少特殊的学生，有过泪水，有过彷徨，步步走来，我的生命也因此而充实、丰盈，我的教育理念和教育方法也在和他们的碰撞中总结出了如下教育四部曲：

1. 认真了解孩子的成长环境，走进孩子的情感世界。

2. 努力做到三心：诚心、爱心、耐心，温暖孩子的心灵。

3. 家庭的配合是转化特殊学生切实有效的润滑剂。

4. 注意培养特殊学生的兴趣与爱好，委以重任，让其找回自信。

五、寻求学校层面的介入，有效引领指导

我们班有个孩子——小苗，我在接班时原班主任交代要特别关注。初见小苗，瘦弱的身板，耷拉的眼角、嘴角，没精打采。我对他温言细语，食堂就餐时，我挨着他坐；放学送路队时，我牵着他手；他帮忙送牛奶桶了、拾起垃圾了、课堂举手了，我都会给他舞台，不吝表扬和掌声。初遇时的他，是一株依赖我的瘦弱的小豆苗。可无论如何我都不会想到，之后的他可以由小豆苗瞬间迸发为冒着烟、腾着热的大火苗。

学生告状：谭老师，小苗他又跑出去了。

上课时：小苗同学，请不要走动，安静地坐回到座位上去。

王老师：谭老师，请你来下教室，你们班小苗跟人打起来了，拿笔把别人手戳伤了。

小苗，可以把塑料袋取下来吗？这样很危险！

面对这样无序、经常失控的小苗，我处在高度神经紧张中，生怕他出意外伤害别人，或伤害自己。以上四部曲提到的方法、原则，我和科任老师们都在践行着，及时到场温言化解、安排伙伴提醒督促、表扬鼓励正向强化！然而，都没有收到很好的效果。我多次和其家长沟通，微信、电话、面谈轮番进行……年级组组长朱老师也约谈了小苗妈妈几次，有次坐在学苑广场的那棵桂花树下，和家长聊了两个多小时，从放学聊到天黑，都没顾得上自家的孩子……这样多套组合拳使下来，家长貌似配合，但明里暗里向我们表达孩子没有问题。可对于班主任来讲，手心手背都是肉。如果说我保护、照顾、迁就了这一个孩子，另外的49个孩子却处在不可预知的危险当中，这样的矛盾、无力感时常撕扯着我。有一天，我所担心的事情还是发生了：课间玩游戏时，因小苗自己内心风暴的酝酿，他掏出随身放在口袋里的笔划破了同学手掌。监控里，他拽着笔不停向前划，同时还嚷着各种令人惊恐的骂声。

我意识到以我个人的力量和经验，还不足以妥善处理这棘手的事。因为，全班家长一副想要向小苗家长声讨的阵势，大家包容了这个孩子四年，积压了这么久的怨怒，在此刻爆发，受伤孩子的家长报警了！报备了学生处，学生处武主任第一时间接手了这件事情，他陪同双方家长、孩子，前往派出所处理协调了近五个小时，午饭都没顾得上吃。之后，沈主任非常慎重地多次约谈了当事双方家长，要小苗家长正视孩子的问题。当小苗家长还想逃避责任时，沈主任从多角度有理有据地提醒监护人应切实负起监护职责。沈主任为此推荐了专家，建议家长带孩子进行专业系统的治疗，别耽误了孩子。经过湘雅附二青少年精神卫生科专家的诊断，小苗被确诊为多动障碍和注意力缺陷，两者兼有。

家长这才开始正视这个问题，让孩子服了两个多月的药，小苗已经能安静地坐下来了，攻击性行为暂时也没有出现。这一点点微小的进步，让我们看到了一点点希望。尽管我们做出了如此多努力，但是孩子并没有彻底的改观，他依然会出现各种不同的状况。我想，要进一步帮助和转化这个孩子，我们的路还很长。

不管是一茎淡淡的青草、一角尖尖的小荷，还是天使之翼暂时隐形了的"特殊"风筝，都是春晖下灵动活泼的一部分，我们所能做的便是：欣赏他们的顽皮，拥抱他们的稚嫩，呵护他们的世界，牵引着他们逐渐走向成熟、健康成长。

（二）智慧与艺术

教育不但是一门艺术，更是一种智慧。智慧的教育能够让教师的工作事半功倍，艺术的教育能够让学生兴趣盎然，涵养心灵。

（1）德育研讨给方法。学校每学期组织教师开展德育研讨会，研讨会通过对学生个体或特定的教育问题、教育现象等的选定、诊断、交流、探讨等方式，让教师一起审视和分析问题，对问题解决的结果给予假设（或肯定、强化，或否定、修正），教师在研讨会中彼此跟进，促进教育行为的改进。通过对具体问题的解决，教师的确找到了对症治疗的特效药；教师通过对各种案例的分析，积累经验，增长智慧。

（2）班主任沙龙送点子。每两周一次组织班主任沙龙，让优秀的班主任分享自己的金点子，分享的主题丰富多彩，如：班级卫生的管理、与家长沟通的艺术等。很多实用的金点子让教师受益匪浅。

【案例 3-9】

落红不是无情物，化作春泥更护花

近年来，伴随着道德教育呼声的高涨，越来越多的教育工作者纷纷探讨如何做好德育工作，并提出"育人为本，德育为先，注重实效"的教育理念。

"夫天地者，万物之逆旅；光阴者，百代之过客。"一个学期一晃而过，回首遥望这一学期，有汗水，也有收获，有苦辣，亦有酸甜。如果说一二年级是在播种，那么我想到三年级种子们已经开始成长了……

本学期我担任 1807 班班主任工作，在本学期的这项工作中，我具体是以下面几项内容为抓手的：

一、以常规工作为抓手

1. 班干部团队组建

本学期伊始，我就组织全班学生进行了班干部及团队长的选拔活动，通过在班级群发布通知让家长们、孩子们知晓本次活动并提前做好准备，再到孩子们上台呈现，紧接着到确立各项工作的班干部，最后再通过表格的形式对团队长和班干部进行打分以检测班干部们是否负责。整个流程比较完整，实施效果较好，值得优化的部分是在对班干部的评价部分，应该坚持一日一反馈，一日一评价，相信只要坚持反馈和评价，班干部团队的组建能在更大程度上帮助班主任管理好班级。

2. 晨读及课堂管理

班干部团队的组建给接下来的常规工作带来了极大的便利，我们班的晨读工作由晨读小管家何欣云、谭晨曦负责管理，这两个小助手做事认真负责，将班级的晨读工作管理得井井有条，班级的课堂管理工作登记由葛佳炑和邬瑗孺两个小助手负责管理，小助手们责任心强，极大程度上促进了班级良好氛围的形成。

3. 卫生管理

"一屋不扫，何以扫天下"这句话对于 1807 班的孩子们来说，并不陌生。因为我曾多次告诉他们要做一个懂礼貌、讲卫生的学生，只有当自己能管理好自己的一亩三分地了，班级的卫生才会有好的发展，整体的卫生环境也才能有所提高。本学期咱们班实行团队卫生制，由团队长带领团队剩余 5 名同学做卫生，通过先分配卫生工作，再一齐努力的方式让学生们做卫生的自主管理者。这一方式的落实，让学生们的组织能力、动手能力都得到大幅度提升，班级卫生状况及卫生工作状况也进一步得到了改善。

二、以各项活动为契机

作为一名班主任，我深深知道，德育工作的细致与否直接会影响到班级学生的整体状态，对班级学生的各项成绩的影响也是不容小觑的。因此我经常会以一些活动为契机，以激发学生的学习欲望、增强他们的学习动力并提升他们的学习

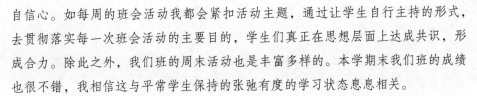

自信心。如每周的班会活动我都会紧扣活动主题，通过让学生自行主持的形式，去贯彻落实每一次班会活动的主要目的，学生们真正在思想层面上达成共识，形成合力。除此之外，我们班的周末活动也是丰富多样的。本学期末我们班的成绩也很不错，我相信这与平常学生保持的张弛有度的学习状态息息相关。

三、以共同"富裕"为目标

"一花独放不是春，百花齐放春满园。"这便是我对我的学生们的期许，我想一个人的富裕不是真正的富裕，能实现一个班的"富裕"才是最真实能体现班主任价值和能力的"富裕"，因此我一直以班级的共同"富裕"为我德育工作的终极目标。在本学期的各项工作中，我坚持以生为本，利用班干部团队的辐射效应带动其他学生一起进步，总体而言取得了不错的效果，班级流动红旗也获得了近十次。

总而言之，班主任德育工作是一项较为复杂的工作，但只要我们能做到"落红不是无情物，化作春泥更护花"这般，我想我们终能达到"让学校满意、让家长放心、让学生喜欢"的最佳状态。

（黄　维）

【案例 3-10】

做新时代的"妙招型班主任"

妙招一：如果把班主任这门工作比作一道大菜，那么爱和尊重是主料。陶子老师说，孩子的恶意来自周围的恶意，纵观每一个社会上犯罪犯错的人，在他的孩童时期，爱的获得都是不够完整的，不尊重和不信任让他们渐生恶意，最终犯下大错。是啊，爱才能催生爱，一个在爱中成长的孩子，才能收获善良美好的品质，并去付出爱，回报爱。想想我们身边的孩子，如果在每一次矛盾发生之时，班主任老师都能公平公正，倾听孩子的委屈，给他们解惑，并提供实际的帮助，解决困难，那么这个孩子的心里一定是感动的、温暖的，爱也就产生了。这让我想到自己班上的"调皮捣蛋鬼"小中，他是那么聪明灵动，却总喜欢用捣蛋的形式来吸引老师和同学的注意。这次的课让我深思，在每一次捣蛋的背后，是否有我没有去探究的深层次原因。从心理学角度来看，他是否缺失了什么，然后通过行动来表达，行动中藏着他的委屈和渴求？新学期得好好探究探究。苏霍姆林斯基说过，学生的自尊心是一种非常脆弱的东西，对待它要极为小心，要小心得像对待一朵玫瑰花上颤动欲坠的露珠。作为班主任，用爱心和尊重去呵护每一个孩子的自尊心，培养出正直善良、阳光有爱的祖国未来的接班人，是我们的责任。

且有了尊重，必将收获孩子的尊重。有了互相尊重，班级的氛围就改变了，不再是班主任管着孩子，而是孩子有了一种自觉和内驱，就会发生新老师迟希所说的现象——把老师要灌输的观念变成学生自己悟出的道理，把老师反复的要求变成学生自觉的习惯；让德育成为隐形教育过程。

妙招二：创意是智慧班主任的灵魂。 新时代，我们面对的孩子已经不同于往日。他们见多识广，思维灵活，且很有自己的个性。如果你还是一个古板、缺乏新意的班主任，一味用权威来压制，很可能出现孩子不服管，两相对垒，班级缺乏生气的情况。怎样才能收服现在孩子的心呢？欧杰老师教我们做创意型班主任。她带来的诸多创意微班会和创意小游戏的创意设计，刷新了我们对班主任的认知。比如"走猫步表演"，创意惩罚让批评妙趣横生；"作业易主记"，以字取貌巧妙地给学生分析了作业，随机换作业又给学生带去了震撼，易本而写又给了学生体验，交流作业让学生谈收获。整个过程没有批评说教，就通过一个这样的微活动，关于作业的教育就完成了。试想，下次作业还有哪个孩子敢不认真写呢？欧老师的创意小设计还有很多，比如"期末五彩缤纷节""静悄悄节""奋斗节""开学第一天初刻效应"等。一边听着课，一边脑洞大开，开学后要实践的创意想法已有很多。这就是学习的力量。

妙招三：团队的管理既是为学生搭建培养自主能力的平台，又是为班主任工作增效减负的有效途径。 开学第一天，袁梦老师就带领我们以最快的速度进行了团建活动，几个游戏下来，老师们从陌生到熟悉，心在慢慢靠近。团队的组建也是高效又迅速，一起想团队名，团队口号，设计 logo，团队凝聚力迅速形成。就像我们的"花儿与少年"团队，现在已是亲如家人。团队心理活动在班级管理中的应用是我们作为班主任应该深入思考的问题。当团队日趋成熟，班级管理就成了孩子成长的主阵地，班主任既不会成为"黄牛型班主任"事事亲力亲为，辛辛苦苦还无形中剥夺了孩子成长的机会，也不会成为"权威型班主任"，一天到晚神情严肃、剑拔弩张还得不到孩子发自内心的尊重和敬爱。团队管理，体验式成长，保证了孩子的主体地位，是班级管理该有的模式。

班主任，天底下最小的主任，却也是责任最为重大的主任。一个平凡的称谓，一生不平凡的使命。这是一个将心血默默融入时光里的岗位。以灯传灯，心灯常明，怀一半诗心、一半匠心，在自己平凡的岗位上，做不平庸的事业，为可爱的孩子们，尽心，尽力！

（赵银花）

【案例 3-11】

亲子矛盾班级指导例析

管人要管心，管心要知心。班主任工作比较繁复，不仅要认真负责，更重要的是必须根据青春期学生的情绪情感等心理特征，运用教育智慧巧妙管理班级，才能促进学生身心健全发展。

问题的缘起：孩子的 AB 两面

某天下班路上，我偶遇了一位男生的妈妈。在我的印象中，这位男生待人有礼、思维活跃、成绩优异，是典型的"别人家的孩子"。同学、老师无一不对这位男生交口称赞。然而，在和我交流的过程中，这位妈妈却沉重地向我坦陈了该男生不为外人所知的另一面：经常在家里乱发脾气，稍不如意，东西能摔的摔、能砸的砸，有时甚至还会跟父母动手。父母对此无能为力，唯一的办法就是在他生气时忍气吞声，不招惹他。得知这个情况，我非常震惊。

我万万没想到这个外表优秀的孩子背后竟然隐藏着如此粗暴无礼的一面。这个男孩是否只是个例？班上是否还有类似的孩子？我决定召开主题班会。

小程序调查：搜集匿名信息

要让班会产生实效，必须精心设计。设计的第一步就是了解情况，明确问题。于是，我向全体家长征集信息：孩子做过的最让你感动的事情是什么？最让你失望的事情是什么？你最想对孩子说什么？同时，我也在学生中收集类似信息：父母做过的最让你感动的事情是什么？最让你失望的是什么？你最想对父母说什么？

信息收集上来之后，我一条条仔细阅读，被亲子关系背后的诸多故事深深震撼。学生中，有人对父母谦恭有礼，关心体贴；也有人对父母颐指气使，出言不逊。看完这些，我深深感慨：作为老师，我们往往只看到了学生眼前的一面，却没有看到他们背后的另一面。而很多时候，恰恰是另一面影响了他们的终身幸福与健康成长。于是，我决定做点什么。我的学生可以不是人中龙凤，但一定得是正直、善良、有孝心的人。

分享起波澜：感动与失望

我把收集到的信息一条条敲到幻灯片上，一页页放给学生看。在孩子最令父母感动的事例中，甲同学妈妈写道："每年寒暑假，女儿都会给我们做晚饭。下班回家看到她小小的身影在厨房忙碌时，我特别感动。"乙同学爸爸写道："当我趴在床上睡着了的时候，儿子会帮我把被子盖好，还会念叨着爸爸别感冒了，我非常感动。"丙同学妈妈写道："我生日的时候，孩子瞒着我买了一瓶香水，并附上卡片，卡片上的祝福让我刻骨铭心……"

当我与学生一起分享这些温暖的故事时，他们眼神的变化让我觉察到了他们内心深处泛起的涟漪。这既是一个相互学习的过程，也是学生自我反省的过程：别的同学对父母这么体贴入微，我对爸爸妈妈态度又如何呢？

接下来，我与学生分享父母最让他们感动的事。小艺同学这样写道："父母每天坚持陪我做作业。"小晗写道："父母从小学以来一直陪着我。"卿语写道："父母每周会来长沙陪我……"

分享完这些感人的故事后，我在幻灯片上写了如下文字：父母对子女的付出是长久的、辛劳的；而子女让父母感动的，往往就是一件小事、一个瞬间。既然小小的举动就可以温暖父母，我们为什么不做呢？

班会的下一步，我展示了父母和孩子之间最令对方失望的事。A 同学家长写道："某一次，我因无法忍受儿子无节制玩游戏没收了他的手机，他对我咆哮动手。"B 同学家长写道："如果不让他玩游戏，他会六亲不认。"C 同学家长写道："孩子玩手机，我去抢，推搡中，他踢了我一脚。"D 同学妈妈写道："每次孩子发脾气时，总会不讲道理乱扔东西，这种举动让我十分伤心。"当某些学生的出格行为在幻灯片上被展示出来时，我听到了同学们的唏嘘声。在我看来，这种唏嘘声就是最好的教育。

接下来的环节，我展示了学生心目中父母做得最让他们失望的事，有同学提到父母会乱翻自己的手机和日记，有同学说父母经常吵架，还有同学提到父母会否定自己的兴趣。这些行为让孩子不满，我觉得情有可原。

班会之后，我把这些心声反馈给家长，希望他们尊重孩子，做出适当改变。但是其中有位同学的话却让我和全班同学震惊了："父母最让我失望的一件事是我上完体育课回家没给我开空调。"此话一出，全班哗然。我意识到教育这位同学的时机到了，于是叫起几位同学问他们为什么觉得不可思议。一位女生说道："这位同学把父母当成了什么？仆人吗？你自己不会开空调吗？这种要求太过分了。"我无须多言，这位女生的发言足够教育这位同学了。

换位思考：改变从现在开始

班会结束时，我给同学们分享了两个故事。

故事一：一位在战争中失去妈妈的小女孩凭着自己仅存的记忆，在孤儿院冰冷的水泥地上勾勒出妈妈的模样。为了不弄脏妈妈的衣服，她小心翼翼脱下鞋子放在画外，然后蜷曲着虚弱的身体在"妈妈的怀里"睡着了，仿佛回到未出生时在妈妈的肚子里一样……在故事旁边，我配了一行文字：当拥有父母之爱时，请懂得珍惜，因为一旦失去，你会如此渴望却不可得。

故事二：在一整天辛苦劳作之后，母亲回到家，把一捆干草扔在饭桌上。孩子们疑惑地质问母亲。"这下你们知道抱怨了？我给你们做了十几年的饭，半句感谢的话都没听到过。我以为吃饭吃草对你们来说都一样呢！"同样地，我也在故事后面配了一行文字：在获得的同时，请懂得感恩。父母经年累月的付出，值得你发自内心地说一声感谢。一声谢谢，请从今天开始；一丝回报，请从今天开始。

班会过后一段时间，我陆续收到了好几位家长发来的信息。一位妈妈写道："儿子最近脾气好了很多，上周因开空调之事误会了我，后来居然自己向我承认了错误，这可是他第一次向我认错。"还有一位家长写道："李老师，没想到孩子身上多年来乱发脾气、乱扔东西的毛病最近居然没有再发生了。衷心感谢您！"

收到这些信息，我深感欣慰。每一个学生都是可以教化的，他们之所以存在这样或那样的问题，一是可能没有意识到这是个问题；二是不知道这个问题可能会带来怎样的危害；三是没有人用他可以理解和接受的方式进行教导。

教育是慢的艺术，不可能一蹴而就。变化，永远是学生成长中最动人的一部分。面对好的变化，我们欣喜；面对不好的变化，我们要在淡定从容中寻找破局之招。

一把钥匙开一把锁，所有问题都有根源，都有破解办法。要找到破解办法，需要每位教育工作者不断学习，增长智慧，不断实践，反思提炼。在教育这件事上，没有解决不了的问题，只有没用对的方法。

（李梅芳）

（三）大爱与奉献

师者仁心，大爱无私，胸怀家国，担当奉献。

非常时期显担当。在 2020 年新冠肺炎疫情期间，学校积极投入全市"停课不停学"网络教育活动中：承担了面向全省播放的一年级各学科授课以及六年级英语课，录制面向全省播放的升旗仪式。学校市级卓越教师、骨干教师、党员教师积极响应，主动承担授课任务。由备课组、导师团、教研组、教科室组成的四级研讨及审核团队密切跟进，争取"人人上优课、课课出精品"。"停课不停学"期间，麓小"空中课堂"共提供网络直播课 868 节，参与人数达到 50 多万，课程收看总量超过 1 000 万次，收看区域还覆盖了其他省份地区，湖北共有 9 000 多名学子同步参与麓小"空中课堂"，共享教育资源。育人之师，重任在肩，麓小的"非常教师"在"非常时期"，体现了"特别能吃苦、特别能战斗"的责任与担当、大爱与奉献。

平日公益勇奉献。每年寒暑假，学校开展"名校名师公益行"项目，通过线上线下名师课堂、体育场馆开放、阅览室开放等，将优质教育资源免费向社会开放。每个周末，学校开展"我为群众办实事"项目，免费开放阅览室、自习室，由学校学科教师亲自辅导。每个假日，学校遴选一批麓小优秀名师走进各社区开展家庭教育指导、学生实践活动指导、儿童阅读指导、家长心理健康指导等一系列的公益课程。通过"公益服务进社区""公益课堂进社区""红领巾进社区"等活动，让"家校社共育"从概念变成了学校的新常态，建立长效的、科学的、规范的工作机制，使之能推动并实现学校、家庭、社区（社会）教育目标趋同，教育理念融通，教育资源共享的新育人模式。

在 2020 年新冠肺炎疫情期间，麓小开展"停课不停学"网络教育活动，正是三方闭环融合，有效促进的典型。

一方面，麓小教师"特别能吃苦、特别能战斗、特别敢担当"的文化精神，让麓小教师在非常时期，迅速反应，学校市级卓越教师、骨干教师、党员教师主动承担授课任务。在非常时期的历练中，教师成长迅速，专业精进。

【案例 3-12】

第一课：校长的思政课

迟日江山丽，春风花草香。

春如约而至，在这个特殊的春日（即 2020 年春）里，我们以这样特别的方式在线上相聚。虽然悲感，但希望已被春的讯息唤醒。我们坚信，春的希望因爱而凝聚，因合作而联结，因教育而传承。

一、心怀感恩，爱我中华

李白诗云："谢公不徒然，起来为苍生。"说的是谢公在国有危难时毅然出山，拯救天下苍生。2020 年的这个春天，疫情突然袭来，从武汉席卷全国，危难之时，84 岁的钟南山院士挺身而出，再次临危受命、"挂帅出征"。本到了颐养天年的年纪，却"起来为苍生"。

1 月 28 日，钟南山院士接受媒体采访时，几度哽咽，眼含泪光！他坚定地说："武汉本来就是一个英雄的城市。有全国、有大家的支持，武汉肯定能过关！"《人民日报》评论说："这个判断，安定人心也温暖人心。"网友送上一句话：火神山，雷神山，钟南山，三山齐聚克难关！

可见，钟南山院士在大家心目中的分量。在非典的时候，我们看到他就看到了希望。在这一次疫情中，我们看到他，又看到了希望。其实，这位优秀的院士，之所以能一路成长为人民依赖的"疫情战士"，主要得益于他所接受的教育。钟南山有两句人生格言，分别来自父亲和他的老师。父亲告诉钟南山："一个人能够为人类创造点东西，那就没有白活。"老师告诉钟南山："人不应单单生活在现实中，还应生活在理想中。人如果没有理想，会将身边的事看得很大，耿耿于怀；但如果有理想，身边即使有不愉快的，与自己的抱负相比，也会变得很小了。"这两句人生格言，对钟南山的影响，特别大。因此，多年来，哪怕在工作中遭人非议，遇到被人误解的时候，钟南山都坚持着自己的信念和理想——治病救人！

孩子们，哪有什么岁月静好，只不过是有人为你负重前行。

救人良医，育人之师，卫国之士，国之脊梁。请心怀感恩，爱我中华。感恩奋战在一线的医务工作者，感恩为大家坚持上直播课的老师，感恩父母保护你周全，感恩出生在强大的祖国。国家强大的最大意义是让我们以共同体的方式有能力去达成共识，去迎接单靠个人、家庭、企业、学校、社区乃至城市都无法面对的危机与挑战。用一句俗话说就是"集中力量办大事"。

孩子们，你怎样你的国家就怎样。你直面挑战，你的国家就能战胜灾难；你自己担当，你的国家就祥和宜居；你推卸责任，你的国家就会混乱无序；你的健康不仅取决于自己的生活方式是否健康，还取决于远在千里之外的人生活是否健康。

二、敬畏生命，保护自然

这场新冠肺炎疫情带给了我们困扰和危险，但也是树立人生观、价值观的最好的课堂。随着调查的深入，人们发现新冠肺炎疫情或许与野生动物有脱不开的关系。以前的非典疫情，同样也是这个原因。

让人类的小家幸福团圆，让万物的大家和谐共生。这次新冠肺炎疫情过去后，孩子们，我们应该怎么做？善待生命、善待自然，敬畏生命、敬畏规则。请给生命一个活下去的机会。这，就是我们能为这个星球付出的最大的善意。因为我们为它们所做的一切，也终将回馈在我们自己的身上。

孩子们，每一个生命都值得尊重，每一个生命都值得呵护。因为大自然是母亲。

三、崇尚科学，遵守规则

74岁的中国工程院院士李兰娟说："这次疫情结束以后，希望国家给年轻一代树立正确的人生导向！把高薪留给德才兼备的科研、军事人员……只有少年强则国强，为祖国未来发展培养自己的栋梁之材！希望媒体、教育部门乃至全社会能够形成一个共识，那就是教育我们的孩子要崇尚科学，要尊重科学家，要努力成为科学家。"

孩子们，在疫情面前，无论一个人多么富有，无论位居何职，都显得那么脆弱、渺小、微不足道。那些具备专业知识和能力、勇攀技术高峰的人，才是真正的强者。那些冲锋在前、攻坚克难的科研人员、医务人员、志愿者，才是民族的脊梁。

少年强，则国强。孩子们，你们是国家的未来和希望。未来，你会成为谁，并不重要，重要的是，你拥有对信念的坚守，对常识的尊重，对习惯的养成，对能力的积蓄。

四、勇于担当，知行合一

疫情就是命令，现场就是战场。当国家需要、人民需要之时，挺身而出，勇往直前，这就是责任，这就是担当。

为救治患者，解决现有医疗资源不足的问题，武汉决定兴建火神山医院，建筑面积34 000平方米，可容纳1 000张床位。自1月23日以来，建筑工人夜以继日加紧施工，10天时间，交付完工。这就是"中国速度"。

在新冠肺炎疫情面前，我们见证了"中国速度"，泪目"中国医生"，感恩全国人民。我们看到了一个国家的号召力和执行力，看到了中华儿女的责任与担当。

一声令下，1 000多万人口的城市一夜封城。

一个号召，春节全民不出门！

一声动员，几天建一所医院！

一道命令，人民子弟兵，召之即来，来之即战，战之即胜。

振臂一呼，成千上万医务人员奔赴同一座城市！

孩子们，这就是责任，这就是担当。自古以来，中国人就有"为天地立心，为生民立命，为往圣继绝学，为万世开太平"的志向和传统。你们要做一个高尚的人，一个有道德的人，一个纯粹的人，一个有益于人民的人。今天社会为你遮风挡雨，明天你为国家撑起蓝天。

同学们，让我们心怀感恩，爱我中华；敬畏生命，保护自然；崇尚科学，遵守规则；勇于担当，知行合一。待到春花烂漫之时，你我逐梦共远，共同迎接万象更新的新学期！

（黄　斌）

另一方面，"停课不停学"期间，麓小"空中课堂"与外省市共享教育资源，这充分体现了麓小教师的担当受益的不仅是自身，更多是校内校外、省内省外的学生。

【案例 3-13】

空中课堂，走向未来教育新生态
——长沙麓山国际实验小学"停课不停学"实践探索

"空中课堂"是长沙麓山国际实验小学（以下简称"麓小"）依托长沙市中小学人人通云平台，通过长沙市中小学在线学习中心，在麓小智慧虚拟学校创建的网络学习空间。它利用现代教育技术和信息化手段，结合学生年龄特点和学科特色，探索适合于利用移动终端教学的学习内容，实现了"互联网＋"学习资源、学习方式、教学方式等多元互动式的"空中课堂"教学模式。学生通过"空中课堂"可以自主选择个性化学习，可以现时收看或回看学校老师直播课程以及其他丰富的网络课程资源，可以开展小组合作学习、讨论交流、团队活动，可以提交作业，和老师互动答疑交流，提高学生学习的主动性……教师通过"空中课堂"实现教师在线教研，开展集体备课磨课、团队研讨、作业批改、课后辅导答疑、班级活动指导等教育教学活动，使教师在课程执行力和科研创新力、信息技术水平等方面得到发展和提升。

一、案例提出的背景

2019 年 12 月 10 日，长沙麓山国际实验小学一年级 1914、1915 班出现几例流感情况，为避免交叉感染，学校响应疾控中心建议，决定立即采取停课措施。由于临近期末，为保证孩子的学习进度，解决家长的后顾之忧，学校紧急做出安排——启用现代化空中课堂。得益于学校建校以来智慧校园的建设、落实和普及，学校建设有 1 间网络联校教室、1 间微课教室、1 间校园电视台、2 间创客实验室、3 间录播教室等完整的智慧校园体。在各部门高效联动和迅速反应下，短短几个小时，将原有的微课教室和录播教室进行改造升级，搭建好空中课堂平台，并第一时间向家长公布微信、电脑的空中课堂观课地址。第二天上课的老师们功底扎实，根据课堂临时调整教案，保障每一位孩子都能够学有所获。课后认真细致批改钉钉班级群内作业，并一一进行反馈，充分落实教学任务。三天课程结束后，家长们好评如潮，原本担忧孩子学习落下的家长们心中的石头纷纷落下，为麓小的"空中课堂"竖起了大拇指。"这样的学校，我也想去！""麓小太牛了，不仅直播语数外三门课程，连音乐课、美术课、体育课都有！""昨天晚上才说有可能上网络直播课，今天竟然就上起来了，老师颜值高，上课形式丰富多彩，虽是网课，师生互动却很好，效果超出我们的预期。停课却不缺课，麓小做得真好！"截止到12月13日，课堂总计近六千人次观看。

所以，鉴于上次"空中课堂"积累的宝贵经验，此次新冠肺炎疫情的突然暴发并没有让我们措手不及，学校果断、迅速地制定多种预案，在上级文件刚刚抵达之时，就已经配置并搭建好了"6+1"间空中课堂直播教室和平台（1间备用），分别组织授课教师、技术保障人员、后勤保障人员进行培训，以确保"空中课堂"的顺利进行。

二、案例实施的举措

（一）依托智慧虚拟学校，确保运行机制

学校统筹规划，立足实际，科学谋划，进行顶层设计，合理配置"空中课堂"硬件，整合录播教室、微课教室、网络联校教室、校园电视台以及便携式移动录播设备等，设立了"6+1"间（1间备用）"空中课堂"直播教室，形成完善的"云＋网＋端＋平台"的"空中课堂"整体解决方案。"空中课堂"采用麓小智慧虚拟学校校长室（党总支）为领导的扁平化管理模式，各处室紧密围绕"空中课堂"核心工作，各司其职，实现在线管理、在线教学、在线教研、在线德育（含综合素质评价）的大融合，达成"空中课堂"运转的体系构建。

（二）构建直播操作体系，做好技术服务

为了保证"空中课堂"直播效果，学校从教师和学生两个横向维度出发，精心制作了《教师操作指南——课前篇》《教师操作指南——课中篇》《教师操作指南——课后篇》和《学生收看指南》，让教师快速熟悉上课流程和直播的注意事项，让学校以及外校、外省的学生与家长了解学习途径与渠道。学校在每间直播教室安排了一位技术员，负责导播、技术维护、录像后期剪辑等工作。从技术员的纵向维度出发，制订了《技术员每日操作流程》，细化到每一个时间点的具体工作，让每个技术员加入对应的直播工作群，主动跟老师沟通，预约试课，及时回答老师的问题，帮助老师尽快熟悉直播操作。制订《空中课堂导播操作方法》，何时推流、何时切全景、何时切VGA、何时切画中画等程序分明。正因为有精细的技术保障和精准的操作流程，"空中课堂"直播课一直保持了课堂品质高、音质画像效果好、收看流畅的优势。

（三）根据在线教育特点，设置丰富课程

本次抗疫期间，根据在线教学特点，学校科学设置课程和作息，以学校骨干教师为授课主体，同时还邀请了李兵、汤素兰、张祖庆、郭史宏光等国内外专

家、学者、教育工作者及外籍学者加入"空中课堂"上课，丰富课程资源，开阔学生视野。第一阶段（2月10日—3月6日）"空中课堂"采用专题模块教学形式，主要从防疫抗疫、生命教育、公民教育、传统文化、逻辑思维、语言训练等方面开展专题学习；3月9日起为第二阶段，按照国家课程设置要求开课，按教材上新课。课程设置中特别注重美育熏陶、体育锻炼和劳动实践指导。如：每周星期一举行在线升旗仪式，每天上午组织在线眼保健操和课间操，每天下午安排体育锻炼一小时指导以及家务劳动实践活动，多次举行在线中队会、大队会。课程设计贴近儿童生活，丰富多彩，深受学生喜欢。

作息时间表

时间段	项　目	时　　间	内　容
上午	晨诵 15'	8:10—8:25	自主安排
	上课准备 5'	8:25—8:30	每周一 8:25—8:30 进行网络升旗仪式
	第一节 20'	8:30—8:50	课堂学习
	课　间 40'	8:50—9:30	国学操、计时计数跳绳 5 组
	第二节 20'	9:30—9:50	课堂学习
	大课间 30'	9:50—10:20	眼保健操、窗前远眺
	第三节 20'	10:40—11:00	课堂学习
午休			
下午	第四节 30'	14:30—15:00	小组讨论、学科知识答疑
	第五节 30'	15:00—15:30	年级组特色活动
	体育锻炼 1 小时	15:30—16:30	体育锻炼 1 小时

空中直播课程安排（略）

（四）撬动师生内驱力，推动学习新样态

1. 探寻在线教学规律，提升教学质量

（1）以学生为中心设计课堂教学

在教师开展在线教学过程中，教师始终站在学生的角度来思考，以学生为中心来设计教学流程，组织教学活动，给学生自主学习提供更充分的机会和更充足的时间。设计时注重启发、鼓励互动、及时留白，尊重学生的差异及个性发展，了解学生的需求，从而让学生看得有趣，听得明白，做得轻松，学得自信。

（2）打造在线备课与教研新模式

为了在互联网环境下实现学科教学的学习资源、学习方式、学习资料的多元化，提高教师备课的效率和教案的质量，实现教、学、研的一体化，学校实行在线个人备课和集体备课有机结合的新型教学教研模式。将教学准备、教学实施、教学反思等环节融合起来，形成定位到课堂的教案库、素材库、习题库，组建校本资源库。支持集体备课、二次备课及多次备课；支持优质教案一键共享收藏，可以指定共享范围，可以设置校内或对外共享、实名制评论和痕迹检查。此外，老师们还通过长沙市人人通引进的 101 网校、北京四中、科大讯飞等资源平台，综合选择优质丰富的在线教育教学资源，构成了学校学科教学多元互动的教学新形态，有效促进了教育教学方式的变革和教学质量的提升。

（3）运用在线交流构建多元学习

为保障学习效果，各任课老师每天固定时间进行在线答疑，对直播课进行小结，解答学生在课堂学习中的疑惑。每天及时在线批改作业，采用书面评语、语音点评等方式反馈作业信息，指导错题更正。同时组织学生分团队在线交流讨论，学生轮流当小老师，帮助有疑问的同伴。采用电子积分卡予以激励，定期评选最佳小老师和优秀团队，有效激发学生的学习热情，构成了学校多元互动的学习方式新形态。

（4）采集分析数据巩固学习效果

用大数据采集系统采集用户数据，进行分析与回馈，并将其运用于学习全过程，以此进行差异化教学。如：每一节课的教学效果如何呢？老师可以通过学生课堂反馈、作业情况数据来了解教学情况，如果全班答题正确率低于 90%，教师首先通过回看教学视频，对自己的教学设计、教学流程、教学目标落实等进行客观而全面的反思，通过补充教学视频、微课等及时进行在线再辅导。如果只有少数学生未掌握，则针对学生具体情况，予以个别指导，使学生个性化学习得以进一步实现，使得在线学习效果得以进一步巩固。

（5）分享经验推进在线教育教学工作成效

学校定期召开"在线教育教学经验分享会"，鼓励全体教师及时总结在线教学经验，专题分享《空中直播课教学初探》《用心就会专业》《落实空中课堂教学效果反思》《抗疫期间，班主任一直在线》等一线教师分享激发了教师探索"空中课堂"内驱力。教师作为"空中课堂"的组织者，最初是被迫接受教育新方式，被迫迎接巨大挑战，逐渐变为主动尝试运用新技术备课、上课、批改作业、组织班级活动等。"空中课堂"在改变教师的教学观念、教学方式、教学方法的同时，也大大提升了教师信息化素养，为教师适应未来教育新方式奠定了良好的基础。

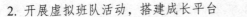

2. 开展虚拟班队活动，搭建成长平台

"空中课堂"满足了师生教学需求，为学生个性化学习提供了良好的平台。同时，师生也充分利用"空中课堂"，探索在线班队活动方式，培养学生的爱国情怀，增强学生爱护大自然、敬畏生命的意识，为学生全面发展营造更好氛围。

（1）推出每周在线班主任沙龙

针对虚拟班级管理及活动组织、开展，班主任们在线交流经验，年级组组长在各班级"在线巡视"，及时分享优秀管理经验、班队活动。同时关心家长的居家情况、工作状态，提供家教策略，鼓励家长之间互相取经，形成家校合力。

（2）举行丰富多彩的在线班级活动

每周各个班级都会召开"云班会"，班主任们进行团队建设和分工，做好前期筹备工作。班级各团队精诚合作，汇报内容丰富、形式多样。多彩的班队活动丰富了学生的宅家生活，促进了学生的互动交流，提高了班级凝聚力，也为学生提供了展示自我的平台，实现了全员育人、全程育人的效果。

三、取得的成效

（一）课程辐射面广，促进教育均衡发展

除了学生用户，很多学校以麓小"空中课堂"直播课为教研载体，开展观课、评课、议课等教研活动，提升学校教研水平。"空中课堂"实施期间，学校根据在线课程授课特点，制定评价标准，开展优课评选。各教研组积极组织在线听课评课，促进老师不断反思，不断调整教学设计，不断优化在线教学机制，共评选出优课856节。

（二）课程形式多样，推动学习方式变革

我们也欣喜地发现"空中课堂"这种互联网＋手持移动终端的运用，使得学生的学习方式发生了巨大的变革。虽然没有如期开学，但是"空中课堂"为学生提供了丰富的课程资源，精心设计的云班会、中队会、大队会，丰富了学生的居家隔离生活，培养了学生家国情怀，也减轻了家长的负担和焦虑。在线学习为学生的自主学习提供了更多空间和平台，让学生体会到了新的学习方式，为学生打开了通向未来学习的一扇窗户。

（三）原创校园歌曲，创新眼保健操，筑牢"生本"理念

由学校教师作词，音乐教研组作曲的原创歌曲《空中课堂》，用欢快的旋律、轻松的语调，再现"停课不停学"期间师生的线上生活，记录空中课堂的神奇，表达与未来世界紧紧相依的美好愿景。

特殊时期，为了尽量减少手部和眼部的接触，秉承"学会生存，学会关心"的校训，学校推行一套新版眼保健操——"沐浴阳光"视觉运动眼保健操。它融入了国学经典的"声律启蒙"，让学生视力得到保护的同时，感受国学文化的魅力，感受声韵格律的启蒙，培养学生诗词歌赋的基本素养，从而与天地和谐，与万物共生，与自我统一。这套眼保健操，手不会直接接触眼睛，眼睛根据手指的方向进行转动，极大地减少了病毒通过眼睛接触等方式传播的可能性，卫生又安全。

（四）开展多样问卷调查，家长、教师满意度高

学校两次面向家长和教师群体发放问卷调查，及时了解学生需求、追踪课程效果、收集师生建议，不断调整优化实施方案。在教师问卷调查中，设置了这样一道题目："通过本次'停课不停学'网络教育教学活动，您觉得自己在哪些方面有提升？"教师选择如下：

选项	小计	比例
强化心理素质	177	90.77%
提升信息技术水平	174	89.23%
强化责任担当	167	85.64%
提升教研能力	166	85.13%
提升教学基本功	153	78.46%
提升沟通协调能力	129	66.15%
本题有效填写人次	195	

我们在家长问卷中设置了这样一道问题："经历了一段特殊的时期，感觉学生在以下哪些方面有明显成长与进步？"家长选择如下：

选项	小计	比例
对自然万物的敬畏意识	1562	56.41%
和家人相处的能力	1351	48.79%
自我控制能力	1080	39%
合理安排时间的能力	1175	42.43%
无明显变化	502	18.13%
没有特意留心学生是否有变化	101	3.65%
本题有效填写人次	2769	

我们面向家长进行了"空中课堂"的优点和满意度调查："您觉得'空

中课堂'有哪些优点?""您对'空中课堂'直播课的效果满意吗?"家长选择如下:

第9题 您觉得"空中课堂"有哪些优点?　　[多选题]

选项	小计	比例
整合优质资源，实现教育共享	3696	84.15%
作息时间符合学生身心特点	2295	52.25%
课程设置符合学生发展需求	2495	56.81%
上课教师素养较高	2258	51.41%
直播平台较流畅	1175	26.75%
本题有效填写人次	4392	

第10题 您对"空中课堂"直播课的效果满意吗?　　[单选题]

选项	小计	比例
很满意	2770	63.07%
满意	1530	34.84%
一般	92	2.09%
本题有效填写人次	4392	

（五）媒体多方报道，社会评价高

麓小空中课堂，受到了社会的肯定和赞扬。前后有新华社、湖南卫视芒果tv、长沙教育、潇湘晨报、新湖南、中国教育新闻网等多家新闻媒体报道并赞扬了麓小名校名师公益行空中直播课堂。怀着大爱，致力公益，让孩子幸福成长，让教育资源共享，促进教育公平。

四、自评

长沙麓山国际实验小学在本次新冠肺炎疫情防控期间，做好统筹规划，各部门联动，充分整合现有信息技术设备，从授课教师遴选、教案设计与研讨、教师形象设计、技术与后勤保障、视频制作与审核等方面制订详细推进方案，保证了高品质的线上课程资源。课堂辐射全国各个省市，学生参与人次达1 700多万，一定程度上促进了教育公平及优质均衡发展。

学生通过"空中课堂"，开阔了视野，获得了多样的课程资源，丰富了居家生活，培养了自己的意志品质。网络教学的特殊性和便利性也使学生的个性化学习和教师对学生的个性化辅导得以实现，促进了学生的个性化、自由化生长。

在"停课不停学"期间，麓山国际实验小学以"空中课堂"为核心，主动探索线上教育教学方式，不断累积经验、优化方法，在信息化与教育教学深度融合方面跨出了坚定而有意义的一步，推动了未来学校建设及发展。

【案例 3-14】

"停课不停学"线上直播课教学设计
——精神文明新风尚

学习主题	精神文明新风尚	课时：一课时
学习目标	1. 初步了解什么是精神文明，通过了解人民群众丰富多彩的精神文明创建活动，知道国家、社会、个人对提升精神文明建设水平所做的努力。 2. 知道精神文明建设对于国家发展、社会进步和人民生活有重要影响。 3. 把对精神文明建设的认知付诸行动，从身边的微文明做起，积极参与精神文明新风尚建设中。	
学习重点	初步了解什么是精神文明，通过了解人民群众丰富多彩的精神文明创建活动，提高学生参与社会实践的能力。	
学习难点	知道精神文明建设对于国家发展、社会进步和人民生活有重要影响。	
资源与建议	资源与建议涉及教材分析、重难点分析等内容，为学生提供一个整体而有序的学习思路。这与国际课堂呈现中开篇介绍学习目标及方法类似，但更重要的是，以文字对话的方式提前让学生了解重难点及攻克方法，引起学生重视。	
课前准备	针对学生的起点，以问题引导学生课前阅读教材，设置"课前准备"，类似课前预习，但是要给出明确的思考方向。	

课 中 学 习		
学习任务	学习活动	评价方式
一、激发中国精神自豪感	1. 学习习近平总书记讲话中的句子 习近平总书记在 2018 年 "进博会"演讲所说的："经历了无数次狂风骤雨，大海依旧在那儿！经历了五千多年的艰难困苦，中国依旧在这儿！面向未来，中国将永远在这儿！" 2. 共同交流 中国文明作为世界上唯一一个历经五千年而没有中断的文明，是什么使得它源远流长？	口头表达
二、了解精神文明内涵	学习资料：精神文明含义 精神文明：人类在社会历史发展过程中所创造的、体现社会发展进步的精神成果，包括思想、文化、道德、教育、科学、艺术等。 个性理解：我所理解的精神文明	照样子，举例谈对"精神文明"的理解。 （富强、民主……这24 个字是社会主义核心价值体系的内核，也是社会主义精神文明内核。）
三、探究精神文明建设	1. 精神文明建设国家在行动 提供资料：精神文明建设发展视频和《小学道德与法治》活动园内容。 一个国家的强盛离不开精神文明的支撑，一个民族的进步有赖于文明的成长。文明的创建需要国家政策的保障和社会的推动，请同学们结合书本中的活动园内容，在小组内说一说你的发现和体会。 归纳总结：小组讨论 精神文明改变着人们的生活，使人们生活得更有道德，更有文化，更有价值。 2. 精神文明建设人们在行动 （1）走进 2008 年，感受坚忍勇敢、众志成城的民族力量	谈自己的见解： 小组汇报

续表

课　中　学　习		
学习任务	学习活动	评价方式
三、探究精神文明建设	精神文明建设，不管国家如何号召和推动，最终落实，还在于每一个人的自觉与行动。 　　在 2008 年"感动中国"人物颁奖典礼上，有一份特别奖是全体中国人，这在"感动中国"人物评选上是从未出现过的，为什么 2008 年全体中国人能获得这份殊荣？课前，老师要同学们查找 2008 年自己感兴趣或者已经有所了解的事件的信息，现在请同学们四人小组合作交流，补充信息，做好批注，待会儿请同学代表来分享。 2008 年： 冰灾 汶川大地震，全力以赴抗震救灾 中国成功举办第 29 届奥运会和残奥会。 神舟七号载人飞船发射成功 　　（2）走进 2020 年，感受志愿者的平凡和伟大 　　2020 年，新冠肺炎疫情暴发，一大批医务工作者奋斗在抗疫一线，我们把他们叫作"逆行者"，往大了说，他们面对的是生死的考验；往小了说，他们是选择了挑战亲情，挑战身体极限的付出，包括没办法与亲人团聚、没日没夜的连轴转、24 小时包裹着密不透风的防护服等。 　　"哪有什么岁月静好，不过是有人替你负重前行。" 　　（3）同学们，学到这里，你们对精神文明有更深的了解了吗？ 　　3. 爱国主义是精神文明建设的最强音 　　同学们，爱小我，老师把这种情感叫作人之常情，爱民族爱国家，老师把这叫作大爱，有国才有家，这是很简单的道理。所以，不管什么时代，爱国主义是精神文明建设的最强音。 　　中华民族是一个了不起的民族，却也是一个多灾多难的民族，她几次面临着覆灭，但是又得以幸存。这燎原的火种就是"爱国"。爱国可以是陆游的"王师北定中原日，家祭无忘告乃翁"，岳飞的"待从头，收拾旧山河，朝天阙"，文天祥的"人生自古谁无死，留取丹心照汗青"，叶挺的"我希望有一天，地下的烈火，将我连这活棺材一齐烧掉，我应该在烈火和热血中得到永生"。爱国，也是"清澈的爱，只为中国"。 　　爱国，是中华民族实现伟大复兴的坚强力量，爱国是精神文明建设的最强音。爱国，永远正当时！	谈自己的见解： 小组汇报
课后作业	必做作业	选做作业
学后反思	请尝试总结本主题的重要知识和思维方法，或写下自己还有哪些困惑，或分享学习的策略，等等。	

（游　恋）

每年寒暑假，学校开展"名校名师公益行"项目，通过线上线下名师课堂、体育场馆开放、阅览室开放等，将优质教育资源免费向社会开放。

每个周末，学校开展"我为群众办实事"项目，免费开放阅览室、自习室，由学校学科教师亲自辅导。每个假日，学校遴选一批麓小优秀名师走进各社区开展家庭教育指导、学生实践活动指导、儿童阅读指导、家长心理健康指导等一系列公益课程。虽然面对的是来自不同学校、不同年级、不同水平、不同性格的孩子，但老师们精心安排教学内容，目标突出，方法新颖有趣。他们的循循善诱和妙语连珠，让这群大孩子和小孩子们在快乐的氛围中感受到了学习的魅力。

【案例 3-15】

名师暑假公益课堂反馈

王老师的精彩课堂，让我对古诗故事汇编有了新认识。感谢王老师在交谈中对我的指导和帮助，希望今后能向您这样优秀的老师看齐。

——一名大二学生

虽然放暑假了，但是 7 月 17 号这天，我又回到学校上了一堂殷老师的作文课。在没有上课之前，我每次写的人物语言都很生硬呆板，自从上了这节课后，我终于学会了要想把人物语言写得生动，首先要有个性化的语言设计，同时还要写出人物在特定的环境下的心理活动和情绪的变化，还可以加入人物的动作和神态的描写，突出语言要表达的个性。课堂上殷老师不仅用生动有趣的语言吸引我们认真听课，还设计了很多互动体验的环节，让我们积极参与，踊跃发言。这真是一堂别开生面的作文课啊！

——1502 班刘羽桐

7 月 22 日上午，我前往长沙麓山国际实验小学观摩了杨池珍老师的阅读课《整本书导读——〈大头儿子和小头爸爸〉》，短短一个半小时，获益匪浅。令我感触颇深的，主要是以下三点：

第一，杨老师的教学方式令我佩服。作为课堂中唯一的一位"成人"同学，孩子们对我满是好奇。杨老师在课堂之初就点明我的身份，以"祝福大家认识新朋友"的方式消除孩子们的疑惑，专心投入学习。

第二，杨老师"授人以渔"的课堂内容令我赞叹。课堂上，杨老师不仅带领孩子们走进书本中的有趣故事，还传授给孩子们读封面、读目录、猜情节的阅读方法，帮助孩子们今后更有效地阅读故事。

第三，杨老师和孩子们平等对话的学习方式令我向往。课程改革中提出，教育和教学应该是对话式的。杨老师用亲切、谦虚的语气和孩子们对话，信任孩子们，于是孩子们的回答妙语连珠。课堂的最后半小时，在杨老师的悉心引导下，我也仿佛成了一名小学生，和孩子们一起津津有味地读起了这部妙趣横生的故事书。感谢杨老师为我们呈现的这一堂精彩的阅读课！

——龚粤

7月31日，我和堂哥去学校参加刘爽老师的《水妖喀喀莎》导读课。上课伊始老师就以"今天好热啊！"拉近了彼此的距离。"天气这么热，你们现在想干什么？"刘老师接下来的问题引起了大家七嘴八舌的讨论，我们的课堂兴趣完全被调动起来了。

刘老师讲故事的声调有高有低，让我们在场的所有学生都越听越有味。老师给我们讲了许多的故事情节，我也从中学到了三个读书的秘诀，分别为：提问、猜测、验证，为我以后的课外阅读提供了不少帮助！

——1608班汤文宇

名师公益行活动不仅能让孩子在假期保持正常学习的惯性，在提高学习积极性的同时又能开阔视野，而且在这酷暑，老师们的无私付出，对孩子们的关怀体贴更是让人感动！

——1608班汤文宇妈妈

2021年暑假我参加了学校组织的"名师面对面"公益课堂活动，选择了高业波老师的《汉诺塔的秘密》。汉诺塔中究竟是什么秘密呢？这可是五六年级的课程，我能不能学好呢？即便如此，好奇还是让我很想去探索一下数学知识海洋的神秘！在课堂上，高老师首先给我们讲述了一段关于汉诺塔的神奇故事，让我迫不及待地想去探究其中的神秘。通过多次操作演练，我很快发现汉诺塔移动的规律：每增加一个金盘，它移动的次数就是原来金盘移动次数的两倍+1。

发现汉诺塔规律的我就像是发现了新大陆，兴奋不已，这一次的学习不仅让我获得了学习数学的乐趣，更让我获得了学习数学的方法。

——1609班周哲宇

我的孩子在这样一所有梦想、有追求的学校里学习是幸运的！这里的每一个老师爱岗敬业、爱生如子，时刻谨记以培育"学会生存，学会关心，做豪迈的中国人"的优秀学子为己任，以"追求卓越，永不满足"的精神鞭策自己前行！在此由衷地感谢学校及各位老师的辛勤付出！感谢名师公益活动！

——1609班周哲宇家长

本次课的内容是：Five little men in a flying saucer。主讲老师是我们最最喜爱的游老师！课堂上游老师带我们欣赏歌曲，观察图片，一步一步启发我们去描述，她语言清晰幽默，我们也听得入神，都争先恐后地回答问题，我回答了好几个呢！愉快的时间过得真快，以后有这样的机会，我还要积极参加！

——1602 班李暖暖

今天有英语老师 Jasmine 的公益课堂，我兴奋地来到了录播教室上课。Jasmine 一开课就利用了美术课堂中颜料变化进行了破冰设计。随后在 Jasmine 的带领下，我们学习认识了奥运五环的颜色，更重要的是我们知道了奥林匹克精神。五大洲中的颜色——黄色，已烙印在我心中。最后，通过"colour"单词的写法，Jasmine 让我们了解了英式英语与美式英语的文化。

Jasmine 公益课堂兴趣感爆棚，让我傻傻不想下课。"下次我还要来公益课堂学习"的想法在我脑海里更加清晰，妈妈告诉我，这要感谢长沙麓山国际实验小学这样优质而亲民的大平台，让我们在快乐中学习，幸福中成长。

——1816 班周永燊

第四章

霁宇涵空，展翼拿云

——搭建多元成长平台，教师精神文化建设的主要抓手

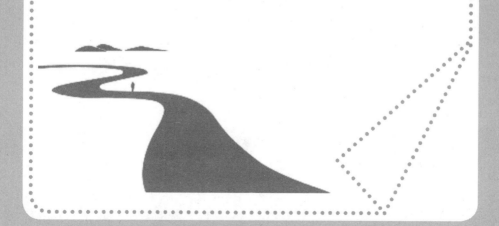

长沙麓山国际实验学校（含小学和中学）自 1993 年创立以来，始终重视教师精神文化建设与专业素养提升，致力于为青年教师、骨干教师、卓越名师精神与专业成长搭建多角度、全方位、立体化、大视野的成长平台，促使教师实现精神与专业双向成长。主要抓手为强基入模、壮骨出模、通络超模三大师训工程。

一、强基工程：引领青年教师迅速"入模"

"入模""出模""超模"是教师专业成长的三重境界。"入模"的过程，其实就是"养"的过程。对于刚刚走上工作岗位的青年教师来说，学校文化就像水一样，无形、透明、润物无声。青年教师进入学校后，必须通过学校文化之水的浸染，方能理解学校的价值观和行为方式，才会自动融入集体，与集体同频共振。

入职之初，帮助青年教师树立规范意识、加强基本功修炼是帮助其入模的第一步。为了帮助青年教师实现从师范生到教师角色的顺利转变，长沙麓山国际实验学校（含小学和中学）采取了相应的培养措施。

（一）岗前培训明规矩

岗前培训指的是以学校新录用的教师为对象的集中培训。其主要目的是培养新教师对学校的荣誉感和归属感，促使其认同学校所提倡的价值标准和行为规范，了解学校的基本情况，掌握必要的工作要求和制度流程，帮助新教师规划、设计今后的个人发展。对于刚刚入职的青年教师，岗前培训的主要目的在于帮助他们清楚规矩、明白要求，为他们站稳讲台、迅速融入学校提供行动指南。岗前培训授课人员有科室主任、教研组组长、备课组组长等；培训内容大到学校管理制度、教师绩效考核制度、课堂教学评价指标、集体备课及课后分层作业要求，小到教案本、听课本书写要求及课件制作、试题命制要求等。岗前培训对青年教师而言，能帮助他们熟悉单位的管理制度和纪律要求，树立正确的教育教学理念，并知道采用何种方式适应岗位。对学校而言，岗前培训可以快速提升教师队伍整体素质，增强团队凝聚力，提高教师队伍战斗力，缩短青年教师成长时间，减少教育教学事故发生以及学校管理中不必要的损耗。

【案例 4-1】

"成长·从麓小出发"

——长沙麓山国际实验小学、长沙麓山国际第二实验小学 2022—2023—1 新教师校本培训

"露蝉声渐咽，秋日景初微。" 8 月 17 日，长沙麓山国际实验小学、长沙麓

山国际第二实验小学、长郡天心实验学校、长郡湘潭高新实验小学的新进教师齐聚麓小文华报告厅，开始了为期三天的学习培训。古麓山下，新的故事，从这里开始。看今朝，湘水为伴，麓山为证，以心育新，薪火传承。待明日，奋楫扬帆，乘风破浪，以梦为马，不负韶华。

培训在学校的宣传片中拉开帷幕，全体新教师聚精会神，沉浸其中，底蕴深厚的学校文化、先进卓越的办学理念、高端智能的教学设备、多姿多彩的学校活动……无一不在冲击着全体教师的心弦。"扎根麓山，茁壮成长"的信念，悄悄在心里生根发芽。

以心育新，薪火传承

最好的时代在今朝，最美的遇见在当下。本次培训由长沙麓山国际第二实验小学教师发展中心主任黎雁主持，她说道："我们在麓小相遇，彼此靠近，同生共长，希望麓小的文化在教师们未来的实践中得到传承、创新，开启麓小文化的新篇章。"

麓山毓秀，湘水悠长，麓小文化源远流长。学校党总支书记龚拥军用三句心里话为老师们深度解读了麓小文化内涵：教育是一场双向奔赴，我们选择了教育，教育也会温暖我们的岁月；今天的集结是为了明天更好地出发；要有看得见的成长。同时，龚书记对大家提出三点殷切期盼：做有底的老师，守底线，打底色，有底气；做有情怀的老师，爱学生，敬职业，懂生活；做传承麓小文化的人，讲服从，善服务，敢担当。一腔真情为教育，一路耕耘著华章。在麓小文化的熏陶下，相信各位老师必能怀揣共同的教育理想，度过丰厚而精彩的教育岁月。

黎主任细细解读了此次培训方案，新教师们充满了期待。而后的破冰游戏紧张又欢乐，了解团队、互认成员，在倒计时的紧张中现场气氛被充分调动，在阵阵欢笑中新教师们彼此更为熟悉。

若校园为骨，文化为魂，教师则是摸骨寻魂的探路者和践行者。为清晰直观地探寻麓小文化之魂，本次培训设置了独具特色的"沉浸式"校园文化探索活动——"说说我眼中的麓小"。烈日灼灼，挡不住新教师们遍览校园、探索校魂的步伐，他们拿着学校平面图，走遍了校园的每个角落，于细节处寻找麓小文化的代表元素。最后，各个团队或诗歌朗诵，或情景剧表演，或歌舞并茂，或播报解说，形式多样地展现自己眼中的麓小，分享中不乏见解独到之处，充分展示了新教师们的热情和素养。通过这样的活动，麓小文化如清泉般流进了新教师的心里。

各组汇报结束后，长沙麓山国际实验小学教务处主任、长沙麓山国际第二实验小学副校长向春芳对汇报进行了点评。她旁征博引，带领大家从汇报中总结教育教学经验，要敬畏每一寸空间，敬畏每一秒时间。

规则是自由的第一条件。下午，长沙麓山国际第二实验小学教师发展中心副主任罗平凡对教学常规管理及学校相关制度进行了细致解读。他指出：我们要做文明得体、明礼守纪的麓小人，遵守教职工行为规范，在传道授业解惑的同时，也要用自己的言行举止感染孩子们；我们要做爱岗敬业、追求卓越的麓小人，有学生的地方就有教师的管理，压实每一处、每一分钟的责任，确保学生度过快乐又安全的校园时光。河堤约束河流，才有河流的奔腾，希望每位麓小人在规则的河流里奔腾不息。

教研是教师成长的基石。长沙麓山国际第二实验小学教师发展中心导师廖慧芳从学校的备课制度、备课流程等方面，为新教师的教研工作提供了思路指导。在麓小的校园里，教师们智慧共享，抱团成长，用匠人精神精益求精，看得见的成长必将真实发生。

"湘水滔滔流，岳麓青又青……"报告厅里传来了动听的校歌旋律。新教师代表吴晓晗老师现场教唱麓小校歌，逐字逐句，悉心指导。新教师们认真学唱，积极昂扬，唱出了麓小人的激情豪迈，唱出了麓小人的精神风貌。

此次培训内容丰富，敦本务实，新教师们全神贯注，奋笔记录，不愿错过每一个瞬间，写下了满满的笔记。培训中穿插了随机提问抽测环节，新教师们均能快速准确地回答。边学习边思考边内化，之后必将帮助新教师们更好地学以致用。

潜心育人担使命，坚守初心绽芳华。虽然第一天的培训时间有限，但包含的内容无限，给新教师们带来的思考无限。相信新教师们定能赓续麓小精神，坚守教育初心，勇担育人使命，踔厉奋发，笃行不息，不负壮丽年华。

培训心得

学会敬畏

通过今天的学习，我学到最多的是敬畏。

敬畏时间

时间是每个人独有的财富，不占用他人的时间，也是一种尊重和自我的底气。在这次培训中，无论哪个环节都有时间节点，不会拖沓任何一分钟。我印象最深的是上午培训并没有按照培训表，但是向校长和黎主任都没有拖一分钟，从这件小事以身作则地告诉我们，对待孩子们也是一样，上课不能拖堂，要早2分钟到教室，自己有时间观念，从而带领孩子们树立时间观念。这也提醒着我，无论是在课堂上，还是在其他工作中，都要有时间意识，要对时间有敬畏之心，这样时间才会优待于你。

敬畏教育

龚书记的讲话犹如夏日热浪里的一汪清泉，给我注入了新的教育观念，也更加坚定了我要为教育事业发出自己的光亮的信念。我记忆最深的是这句话：教育是一场双向的奔赴，选择了教育，教育也会温暖你的岁月。并且龚书记也语重心长地告诉我们接下来应该如何做好自己，如何让自己的成长看得见：做有底气的老师，做有情怀的老师，做一个传承麓小文化的老师，这也将是在麓小这片热土上，我要始终学习和保持的风向标。敬畏教育不是嘴上说说，希望在今后的工作当中，始终保持着教育初心，踏踏实实地走好每一步，实实在在地让自己快速成长起来。只有心正了，路才会变宽，变远。

敬畏孩子

向春芳校长在采访中曾用一句话谈了谈她眼中的麓小："一切以孩子为中心，让孩子站在舞台中央。"这次的培训，更让我深刻地感受到了这一点。在活动中需要我们游览校园完成"我眼中的麓小"任务的时候，随处可见的孩子们的美术作品、书法作品，还有他们的成长故事、照片、优秀事迹展示，都让我感受到了学校是因为学生而存在，学生才是学校的灵魂。要以爱之心、敬畏之心、爱生如子之心去对待这份事业。同时内心也开始有些忐忑，也更加激励自己，如何以最好的状态去对待每一节课，对待每一个学生，而不是敷衍，不是搪塞，让每一个孩子在自己的教育中得到成长和进步，需要我去思考和努力。

敬畏制度

规则是自由的第一条件。在这次培训中，我更加深有体会。麓小之所以在社会和家长心中有如此高的地位，获得诸项荣誉，离不开麓小的文化，离不开麓小有序而严谨的制度。罗主任在下午的培训中，就教学常规管理要求、课堂常规要求、每日常规要求等方面进行了详细讲解，也让我收获满满。知道了在麓小该干什么，怎么干，如何干得更好。

敬畏课堂

在今天的学习当中，感受最深的就是要敬畏课堂、敬畏教学。我是老师，我的本职工作是上好课，给予孩子充分的养分，让他们茁壮成长。那做好这份本职工作就需要有一颗敬畏之心。而如何去做好，廖主任在培训中也给我指明了方向。麓小有非常严谨和有效的教研常规制度，围绕集体备课、个人备课、观课评课三个维度展开，特别是廖主任制作的八卦图，已经深深地印刻在我心中，指导着我接下来的工作与学习。

"路漫漫其修远兮，吾将上下而求索。"加入麓小这个大家庭，是幸运的；但同时我深感自己身上的不足。如何有底气的代表麓小的风采，我还需要努力学习，往下扎根。好在年轻，不要怕，不要犹豫，大胆地向前冲！最后用一句话勉励自己：道阻且长，行则将至。行而不辍，未来可期！加油吧！永远的少年！

——谭志平

校无文化不强

学习是最美的姿态，培训是最大的遇见，成长是最美的风景。罗兰曾说过："成年人慢慢被淘汰的原因不是年龄的增长，而是学习热情的减退。"而此次走进麓小的文化之旅却再次激起我对教育的热情、学习的热情。

他山之石，可以攻玉

在培训之前，大屏幕上滚动播放的一张张麓小的图片深深吸引了我，我就在想：这到底是一所怎样的学校呢？果然，团队的第一次展示让我们以"我眼中的麓小"为主题完成。我迫不及待地跑进校园，游览麓园、参观校史馆、观看训练奔跑的孩子们，这些无一不都在展示麓小文化。其实，麓小文化也在每时每刻告诉我们每个学校、每个班级都应该创造属于自己的特色文化，让文化成为一个个鲜活的人，让教育在文化的浸润下更具人文情怀。就像龚书记所说：做有情怀的教师。我想，有情怀的教师才能传播文化，才能培养有情怀的学生。

三人行，必有我师焉

第五团队在今天的展示中有一句话说得很好：一个人可以走得很快，一群人可以走得更远。在60分钟时间内，一接到任务，两位组长迅速召集我们聚在一起：分组、分配任务、行动。那一刻，每位组员都像上了弦的发条，带着各自的任务奔走在麓小的各个角落，排练节目、做ppt、主讲人熟记流程，到最后的舞台呈现。在这个过程中，我都会想到这样一句话：一群人，一件事，一起做，一定赢！

夯实常规，砥砺前行

老子说："天下大事，必作于细。"今天下午罗主任的教学常规、廖老师的教研常规，都证明了这句话。教育就是藏在我们经常容易忽视的细节里。所以，通过今天的讲座，我更加坚定了夯实常规的信念，让自己能够砥砺前行。

今天的培训，我感受到了学校文化、团队文化、常规文化，也深深理解"校无文化不强"的道路，也让自己比原来站得更高、看得更远了，有一种"天更蓝、山更青、水更绿"的感觉。

——刘智慧

静水流深，心存梦想

我与麓小的不解之缘

第一次来麓小是六年前的九月份，当时是教育局派我们来听清华附小团队的"1加x"的课程。为期两天的学习让我深切感受到了麓小的孩子们在课堂上的精彩纷呈、侃侃而谈的表现。而今天，我以新进老师的身份再一次走进麓小。缘分往往就是这样妙不可言，我的教师成长之旅就从麓小出发。

精彩的培训活动

今天上午，我印象非常深刻的活动是"我眼中的麓小"。以前参加培训都是老师在上面讲，我们坐在下面忙忙碌碌写个不停，今天让我感受到了一个完全不一样的形式。活动要求每个团队在一个小时内了解自己眼中的麓小，可以上网查询、游览校园，或者咨询别人。这是个大的命题，怎么样在短时间内了解到有用的信息、怎么样分工、怎么呈现，是时候考验大家的智慧和团结了。

紧张而又忙碌的一个小时很快就过去了。等到各个小组一一上台展示的时候，真是让人大开眼界啊！我印象最深的就是"一飞冲天组"，他们以情景剧的方式，以一个刚上一年级小学生的角度来呈现麓小的文化。孩子从这里出发，也在这里成长和收获。虽然他们现在不懂得这些誓词的意思，但是我相信经过六年的学习，这些会融入他们的血脉里，根深蒂固并潜移默化地践行在生活的每一处，我想这就是麓小的魅力。

当然，每个组都有每个组的特点。老师们精美的课件制作、视频剪辑、串词讲解、选题角度等都异彩纷呈。这些老师大部分都是刚毕业的老师，他们身上散发出来的魅力真是吸引到我了，既有个性，又有才华。每个老师身上都有值得我去学习的地方。

我与麓小的双向奔赴

最后用麓小书记开头的一句话来勉励自己和所有新进教师：教育是一场双向奔赴。我也一直认为，教育一定是一种双向奔赴，也只有双向奔赴，所有的一切才能有意义。我此刻看见所有新老师们的眼睛里闪耀着求知的光彩，对于未来或许已经有了清晰的规划。不管如何，相信在麓小的每一天，遇见的每一位老师都愿意和我们一起成长。愿我们无悔这选择，跨越这山海，奔赴这热爱。

——甘梦兰

立志成为一个有情怀的麓小人

昨晚失眠了，想象了无数个版本的入职培训，但真正参加了培训后，我百感交集，很慎重地对自己过去几年的教书事业进行了反思，并有了一些感悟，明白了最重要的一点：我要成为一名怎样的老师！

　　今天的培训，我见到了很多的麓小人，从老中青三代人身上我感受到了书香校园的魅力。龚书记的讲话对新一代麓小人提出了高标准和深期许。还有向校长，在入职之前，我曾经读过向校长整理的关于课堂实录的一本书，字里行间充满了语文趣味，也饱含深厚的语文素养，今天她在台上的简短点评，更是让我无比佩服。她举手投足之间，温婉大方，只言片语却宽严相济，直击人心！还有一个小细节也深深地留在了我的心中，当工作人员给领导们发水的时候，黄斌校长竟郑重地回以了"合掌礼"。还有今天给我们培训的罗老师、廖老师的专业、敬业，以及一起参训的新麓小人，他们朝气蓬勃，敢想敢做！初识麓小，我便从心底里感受到了学校的人文魅力，并为之着迷！学高为师，身正为范，好老师他不必开口，立在那里便是学生学习的楷模！我告诉自己，要成为像他们一样的麓小人！

　　借着今天的机会，我也参观了一下这个美丽的校园，最让我惊讶的是校园和教室的布置处处彰显着个性，从环境上就让人不得不爱这个校园！有幸在校园里和几个来训练的孩子们聊了聊，他们都是刚刚下训的孩子，烈日炎炎，高温让街上都变得冷清，可是麓小的校园里，身着统一校服的孩子还不少，汗流浃背的他们是那么有序，毒辣的太阳并没有熔化他们的学习热情，他们脸上的笑容比阳光还灿烂，一下就笑到了我的心里。孩子们告诉我："训练不苦，为了拿第一名，他们还要继续训练。"甚至他们争先恐后跟我说："太喜欢这个学校了！"他们是那么阳光，那么有礼，那么懂事！中午参观教室布置的时候又偶遇了几个孩子，同样有礼，同样求知若渴……过去的几年，我总是埋怨自己班上的孩子不听话，屡教不改！什么时候我变成了一个连自己都讨厌的老师？可是，孩子们原本是那么可爱，此刻我才意识到罪魁祸首是我自己。是我的懒怠遮盖了他们的聪慧！此时此刻，我反复在心里告诉自己："爱生当如此！"我也反复告诉自己：

　　从今天起，做一个善于学习、笃志践行的麓小人！

　　从今天起，做一个爱生如子、有教育情怀的麓小人！

——张　瑶

麓小匠心，笃志常做杏坛人

　　人间春色本无价，笔底耕耘总有情。甘将心血化时雨，润出桃花片片红。2022年秋天，有幸与一群志同道合的教育人扎根麓小教育沃土，以新起点开启新征程。聆听龚拥军书记讲话，品味麓小的教育真谛："用最好的年华，做有温度的教育"，受益良多……

麓小精神文化的薪火相传，师者匠心的躬耕细作，润泽了湖湘之教育。每一位麓小人心存敬畏，以初心为磐，奋楫笃行，致力成为麓小学子生命里的贵人。让学生成为豪迈的中国人，想必是爱，是尊重，是情怀。爱，让学生快乐成长；尊重，让学生在拥有卓越的学科素养的同时具备独立健全的人格……教育是一场温暖的修行，需要的是追风赶月莫停留，平芜尽处是春山的从容与笃定。

师者，如泽如炬，虽微致远。作为一名新麓小人定心向往之，无问西东，笃志常做杏坛人。

——杨玉湖

行而不辍　未来可期

又是一年开学季，我们有幸聚到一起为即将开启的教育生涯充电赋能。今天满满一天的学习下来虽有些许疲惫，现在静下来回顾今天的学习，我的脑海里浮现了这样几个关键词：

文化滋养人——更豪迈

有人在的地方就有文化。校园作为培育人的地方，校园文化就更显其重要的价值和意义。一所学校的文化有显性的和隐性的。长沙麓山国际实验小学的校舍建筑、每一座楼栋的命名，包括校园小景（麓园）、文化墙（世界地图墙、社会主义核心价值观文化墙），无不向校园里的教师和学生展现着其"面向世界、博采众长、发展个性、奠基人生"的办学理念。在参观校园时我也发现这些文化的营造汲取了我们中华民族悠久历史文化的精华，如"博学、笃学、敏学"等楼栋名，取自先贤圣人的治学名言，读物墙则取自清朝车万育的《声律启蒙》。这两点足以启示我们，中华文化博大精深，源远流长，我们中国人必须有这样的文化自信，因为我们每个人都根基于中国文化这片沃土。但是光有自信是远远不够的，我们还需要"面向世界、博采众长"，这样校园文化才会更多元，因此我们在校园可以看到不同的元素，如"攀岩、法语、国际象棋等"。"各美其美，美美与共"，以开放的态度迎接世界，以这样的姿态做豪迈的中国人。作为语文教师和班主任，我们更应该重视和利用班级文化，让教室的每一面墙发挥其作用，让他们悄悄与孩子对话。

制度塑造人——更卓越

罗平凡老师和廖慧芳老师从"做文明得体的麓小人""做爱岗敬业的麓小人""做明礼守法的麓小人""做追求卓越的麓小人"四个板块为我们解读了麓小的教学常规、教研常规和学校制度，让我们更加明确了我们的职责所在。因为教育这项劳动是特殊的，所服务的对象是人，所以我们更需要精益求精，科学合理地呵护每一株幼苗。教师只有让自己的专业能力更精进，让自己的职业素养更高尚，才会得到同事的认可、学生的喜欢、家长的支持。"问渠那得清如许，为有源头活水来。"教师是源头活水，所分出的每一条支流也会走得更远。

团队凝聚人——更长远

"一个人走可以走得很快，一群人走可以走得更远。"上午的团队破冰行动再次向我们诠释了这句话的内涵。一个小时不长不短，展示麓小文化确实是一个大的主题。28个伙伴，分工合作，户外拍照，室内制作剪辑，到最后上台呈现。28个人奔着同一个目标，分工合作。让不可能成为可能，让可能成为优秀。这启发着我们作为一名教师在与同事相处时不要忘记集体的力量，要善于团结同事，因为我们不是一个人在奋斗。在教学时我们除了要关注个体，更要面向群体。学校给我们的是一个班级而不是一个孩子，涓涓细流，汇聚成海。

今天的培训有很多收获和感悟，感谢学校提供高品质的学习机会，"一切过往，皆为序章，行而不辍，未来可期"，我将重新、从心出发，砥砺前行。

——张 齐

做一个幸福的教师

教师的职业幸福是一种心态和状态，也是信念与追求的体现。教师要拥有好的心态面对工作和社会，这与我们的幸福"鱼水情深"。心态决定状态，有了好心态就有了好心情，心情是可以传递的，教师是爱的事业，有了好心情，就能笑对生活，就能爱每一个学生。

今天的培训中龚书记的发言让我印象最深的一句是："作为教师，当把责任转化为情怀，带着敬业爱岗的专业情怀去工作时，教师自身心情愉悦，幸福感、满足感提升，学生也会幸福地学习！"龚书记还从解读立德树人、好老师标准等方面来谈自己的认识，现在的老师们更多是注重知识，但是品德才是做人的根本。教育不等于教学、教师不等于教书，品德才是总开关。我非常赞同，假如一个人连最基本的道德都做不到，有再多的知识也是没用的。什么是好老师？有理想信念、道德情操、扎实学识、仁爱之心，这才是一位好老师的体现。

廖慧芳老师介绍了备课分为集体备课、个人备课以及评课议课，集体备课与评课是教师专业成长的方法之一，集思广益、吃透课标、驾驭教材、整合知识、情境创新、巧设习题，与个人创新相结合，以便更好地备课！新课标、新思想、新理念、新方法这些变化曾让老师们有些迷茫，感到教学有很多新的挑战，廖老师对新课程标准、新教材的解读仿佛是一把金钥匙，为老师们解开了迷茫，让我们在感悟中拨云见日、豁然开朗。教师的专业化水平是成功实施课程的关键保障。教师专业发展所需要的知识、方法、信念和态度，除了通过外部培训和培养形成，还要通过自主和合作探究、试错、反思逐渐形成。要善于从实践中发现意义与价值，吸取教益，实现改进，在持续的反思实践中实现自己专业的可持续性发展。

我相信，不急不躁，潜心学习，我定会遇见更好的自己！

——肖佩玲

（二）集体备课保质量

集体备课指的是以备课组为单位，组织教师集体研读课标和教材、分析学情、制订学科教学计划、分解备课任务、审订教学计划、反馈教学实践信息等系列活动。集体备课以教师自主钻研为基础，结合集体讨论，从而通过备课组全体教师的教育教学智慧共同完成教学任务。青年教师在课堂教学中遇到的主要问题是把握不好重难点，课堂组织没有章法，教学效果难以保证。为了确保教学质量，学校严格执行集体备课制度，规定每个备课组每周必须在固定时间、固定地点进行集体备课。集体备课主要商讨过去一周教学任务落实情况、教学过程中的疑难问题、解决办法以及下周教学任务、教学重难点、任务分工等。学校要求集体备课有中心发言人，其他教师则对中心发言人的内容进行完善。学校对集体备课实施痕迹管理，由教务处、教科室或年级组派专人考勤。各备课组每周需向教务处或教科室提交集体备课纪要并在学校内网公示，学校每学年末评选优秀备课组。集体备课让备课组成员群策群力，为提高课堂教学效率提供了根本保障。同时，通过集体备课统一教学进度、教学重难点、教学资源，以老带新，有利于青年教师迅速入模，快速成长；而青年教师接受新事物快，信息技术应用能力强，在集体备课过程中可以帮助老教师提升信息技术水平，实现以新促老、共同提高。

【案例 4-2】

立足常态教研，打造富有生命的语文课堂

——记二年级语文备课组集体备课活动

春来了，很轻很暖，蛰伏了一冬的心，于季节的拐角处，盈了一眸绚烂，轻舞飞扬。春风暖，吹绿了大江南北，也吹红了校园里那绽放着笑脸的山茶花。麓小的校园里书声朗朗，学生在此般美好的春天里成长着。作为他们的引路人——教师，怎可辜负这美好光景？

第一周

主持：殷瑛

研讨主题：制订学期教学计划

春悠悠，意浓浓。学期伊始，刚刚回归工作岗位的二年级全体语文教师在备课组组长殷瑛老师的组织下，第一周周四便齐聚在麓小会议室开启了二年级语文组的第一次集体备课。会上主持人殷老师带领大家根据本学期教材、学科课标制订了教学计划，分析重难点；规划了全期学科教学教研活动，深入讨论了古诗文诵读校本课程和二年级特色"课前三分钟成语故事演讲"活动如何在二年级组安排和推进等问题。殷老师说，年轻老师在教学中遇到了任何困难，可以随时请教她和咱们团队经验丰富的邹老师和向老师。听了殷老师一席贴心鼓励的话语，作为备课组的一分子，在感受到我们团队如此专业的同时，更是感受到了阵阵暖意。相信如此敬业有爱的一支团队，定将不负孩子们最好的时光。

第二周

主持：廖丽

研讨主题：研读教学大纲

初春的第一次相聚，让我们有了新的方向；有了方向，我们的努力便更有意义。第二周主持人廖丽老师细心为老师们准备了一份《全日制九年义务小学语文教学大纲》材料，在会上和大家分析了二年级现状并且一起潜心研读教学大纲。廖丽老师指出在教学中要紧扣教学大纲，分层落实有效教学，切实提高课堂教学效率。老师们就此展开了热烈的讨论，在集体的智慧中进一步完善和明晰了二年级组语文课堂教学研究的思路。

第三周

主持：杨柳

研讨主题：探讨国学入课堂

在接下来的每周周四早上我们如约相聚在会议室。第三周集体备课，杨柳老师作为主持人带着大家走进《学记》《师说》，探求古人的教育大智慧，感悟人生的哲理。热爱读书的杨柳老师还为大家推荐了一份有关国学的小书单。国学博大精深，积淀了几千年的优秀传统文化，让国学入课堂，让经典文化滋润着孩子们纯洁善良的心灵。

第四周

主持：陈琪

研讨主题：研究口语交际教学策略

语文新课标指出："口语交际能力是现代公民的必备能力。应培养学生倾听、表达和应对的能力，使学生具有文明与和谐进行人际交流的素养。"足见口语交际的重要性。当大家正为每个单元"口语交际"课堂的设计和安排犯愁时，第四周集体备课主持人陈琪老师便为大家带来了十足有料的"干货"——《口语交际解读》和《口语交际初探》，系统详尽地解读了低年级阶段口语交际的目标以及实施目标的教学策略。陈琪老师更是别具匠心地以具体的案例《伸出我们的双手》，跟大家分享交流口语交际课堂的具体设计和实施方法。直到离开会议室，老师们还意犹未尽地热烈讨论着。

集体备课旨在给教师提供教学研究的平台，充分发挥教师的集体智慧，达成集思广益、资源共享的目的，提高教师备课和教学研究的效率。从此每周四的早上便成了我们一周的期待！一元复始，我们将信步起航。让孩子们最初接触的东西成为他们生命成长的一部分，让他们的母语文化之根扎得深些，再深些！麓小的语文老师一直坚实地行走在路上……

（三）导师领航知方向

对于青年教师而言，他们在课堂管理及教学实施中或多或少存在问题。基于此，学校实施"青蓝工程"师徒结对，为每位青年教师配备一名德育及教学导师。德育导师指导青年教师做好班级建设、树立个人威信、处理师生关系等；教学导师指导青年教师设计教案、落实教学重难点、组织课堂教学、课后辅导等。学校对导师的教和青年教师的学提出了明确要求，同时制定了相关奖惩政策。在导师层面，学校对用心指导青年教师且富有成效的导师实施精神和物质奖励，并将优秀典型推荐到"教师专业发展论坛"分享经验。青年教师层面，对积极进取、虚心好学、进步快且教科研成绩突出的老师，学校授予"优秀青年教师"称号，并给予精神和物质奖励；对于不虚心好学、教育教学绩效不佳的青年教师则不予出师。这些措施确保了"青蓝工程"的实效，让青年教师少走很多弯路。

【案例 4-3】

"青蓝工程"师徒结对仪式

"见人善，既思齐。纵去远，以渐跻。"为了充分发挥学校骨干教师的引领、示范、辐射作用，促进青年教师、新进教师的专业成长，进一步打造学校最优质教师团队，全面提高教育教学质量，全校老师齐聚文华报告厅，隆重地举行了

"青蓝工程"师徒结对仪式。

　　教科室邹玲静主任主持本次"青蓝工程"师徒结对启动仪式。

　　聂琴副校长为本次"青蓝工程"培养方案进行解读。"五育并举，德育为先"，学校一直以来极为重视德育工作的重要性，本次德育类师徒将以年级组为主阵地，结合班主任日常工作，引领青年教师迅速成长；本次教学类师徒结对最大程度地利用学校现有教师资源，采用"卓越—骨干—新苗"三个层级，建构教师专业成长团队，打造学习共同体、研究共同体、成长共同体，以期发挥学校特级教师、首席名师、卓越教师、骨干教师"传帮带"的作用，促进青年教师专业水平迅速提升，实现学校教师队伍团队研修、捆绑发展、共同提高。

　　接下来，语文组刘爽老师团队用"敬献香茗、互赠礼物"的方式进行了庄重的拜师仪式。一杯香茶一对师徒，一份尊敬一份情缘。弟子奉上的是孝敬与信任，师父喝下的是责任、承诺与期望，从此前行路上携手共进。教科室邹主任动情地说："谆谆如父语，殷殷似友亲。寄望后来者，成功报师尊。"师徒结对的过程是一个有目标、有计划、分阶段的经验传授过程；是一个一招一式地学，继而认真揣摩、自成风格的过程；更是一个双方互动，不断开拓、不断创新、不断提高的过程。希望师父严格要求、倾囊授艺；徒弟虚心求教、善问勤思，师徒共成长。

　　最后，黄斌校长肯定了本次活动组织得十分成功，并对"青蓝工程"所有师徒寄予了殷切希望，期待麓小成为"名师的摇篮"，期待每一位教师成为"最优秀的人"，更要眼中有光、心中有爱，在麓小的沃土上培养"更优秀的人"，让麓小少年"根深中国，花开世界"！

（四）专业测试促成长

　　何为师？学高为师。师者，即为学识渊博，向未知者传授知识的人。因此，作为教师，需要具有较高的专业知识素养，必须精通所教学科的基础知识，熟悉学科的基本结构和各部分知识的内在联系，了解学科的发展动向及最新研究。年轻教师刚上讲台，普遍存在学科知识量不足或教学不成体系的问题。这将直接影响学生的学习效率和全面发展，间接影响学校的办学品质和社会声誉。渊博的学识、扎实的专业功底、过硬的解题能力是教师赢得学生尊重与信任的前提。为了防止青年教师因专业知识欠缺、解题能力不强而遭受学生质疑和家长责难，学校本着爱护青年教师的宗旨，要求青年教师夯实专业功底、完善专业知识。为了推进这项工作，学校教务处每学期都会组织35岁以下及入校未满三年的教师进行专业测试，成绩优异者颁发证书并予以经费奖励，测试成绩还将作为青年教师能否胜任初三或高三教学工作的依据。这项措施促使青年教师不断充电、努力提升专业水平，让他们在轻松应对教学的同时赢得更多更好的发展机会。例如，在长沙市一年一度的青年教师解题能力大赛中，学校青年教师因突出的解题能力屡创佳绩；在教育局组织的教师公开招聘笔试中，学校青年教师大多具有明显优势。专业知识提升为青年教师的可持续发展提供了根本保证。

（五）青蓝工程精技艺

针对青年教师的培养，长沙麓山国际实验学校成立了"青蓝工程"专题研究项目组，项目主持人由德高望重、业务精湛的骨干教师竞聘产生。"青蓝学堂"定期聘请专家或学校优秀教师为青年教师开展专题讲座或业务培训，帮助青年教师提高业务能力、更新教育理念。"青蓝学堂"为青年教师的持续学习提供了平台。

长沙麓山国际实验小学为了形成教师培养梯队，加速培养一大批中青年骨干教师和学科带头人，造就一批在省内外具有较高知名度的专家型教师，制订了"种子教师培养计划"。学校成立了由校长牵头的"种子教师培养工程"领导小组，制订了青蓝工程培养计划，将种子教师的培养分四个阶段进行：新苗计划、展翼计划、逐梦计划、领衔计划。通过一级导师、二级导师"传帮带"，制定了青蓝工程师徒结对团队成长计划书，通过青蓝工程个人成长评价表提高教师专业自主性。努力将学校教师打造成为有包容情怀、反思意识和责任担当、合作精神，有职业幸福感和专业知识技能的研究型教师。

长沙麓山国际实验小学"金字塔"形梯队如图：

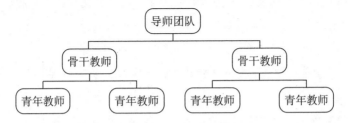

第一层级：导师团队（特级教师、市级首席名师、首批市级卓越教师）；
第二层级：骨干型种子教师、校级名师工作室首席名师；
第三层级：青年教师成长团队（教师新秀）。
以下为长沙麓山国际实验小学种子教师培养工程实施方案。

【案例 4-4】

长沙麓山国际实验小学种子教师培养工程实施方案

第一条　《中共中央　国务院关于全面深化新时代教师队伍建设改革的意见》明确提出把教师工作置于教育事业发展重点支持的战略领域。教育大计，教师为本，学校要发展，必须把教师队伍建设摆到学校工作重中之重的位置，根据学校"十四五"发展规划蓝图，要形成教师培养梯队，加速培养一大批中青年骨干教师和学科带头人，造就一批在省内外具有较高知名度的专家型教师。依据《中华人民共和国教育法》《中华人民共和国教师法》《中国教育改革和发展纲要》及上级相关政策，制定本方案。

第二条　本方案适用于麓山国际实验小学的任课教师、兼课教师和从事与教学工作有关的专业技术工作的教辅人员。

第三条　成立"种子教师培养工程"领导小组。（略）

第四条　种子教师的培养分四个阶段进行：新苗计划、展翼计划、逐梦计划、领衔计划。

第五条　长沙麓山国际实验小学教师要做有理想信念、有道德情操、有扎实学识、有仁爱之心的"四有"好老师，努力成为有包容情怀、反思意识和责任担当、合作精神，有职业幸福感和专业知识技能的研究型教师。

1. 讲政治：全面落实立德树人根本任务，积极拥护党和国家的路线、方针、政策，加强思想修养。

2. 重师德：认真履行《中小学教师职业道德规范》，乐于奉献，团结协作，工作服从安排，加强师德修养。

3. 强基础：基本功扎实，专业精湛，知识面广。

4. 研课堂：深耕课堂，强化课堂主阵地，注重启发式、互动式、探究式教学，倡导合作式学习，切实提高课堂教学质量。

5. 促发展：坚持五育并举，全面关心学生的健康成长。

第六条　新苗计划（面向全体新教师，入职年限为 1—3 年）

（一）培养目标

1. 了解学校文化，传承"追求卓越、永不满足"的麓小精神；

2. 了解儿童，能较好地承担班主任或者副班主任（少先队辅导员）工作；

3. 各项教育教学常规优秀，初步形成教育教学特色，受学生欢迎；

4. 具有良好的课堂教学组织能力，课堂常规优秀，能主讲校级公开课，积极参加校、市级青年教师优质课竞赛并获奖；

5. 有论文发表或者在教研组等研讨会上交流并获好评；鼓励参与省市级论文评比；

6. 积极参与校级课题研究。

（二）培养措施

1. 新教师培训，教务处牵头制定详细方案；

2. 教师发展学校，教科室牵头制定详细方案；

3. 青蓝工程，教科室牵头制定详细方案；

4. 新教师座谈会，办公室牵头制定详细方案；

5. 新教师汇报考核，于入校后第一学期第15周左右进行课堂展示。前三年每年进行一次新教师专项考核，考核内容含教学基本功、汇报课、教育教学常规、教案作业专项检查等。由教科室牵头组织，考核方案另行制定。

第七条　展翼计划

（一）培养目标

1. 职称：经过"展翼计划"培养期，具有一级职称的任职资格；

2. 教育教学：基本形成自己的特色；班主任工作和教学工作居年级和本学科前列，受学生的欢迎和学校肯定；

3. 课堂：主讲市级公开课（或竞赛课）并获奖；

4. 论文：每年有论文在市级专业报刊上发表或市级以上获奖；

5. 课题：能主持校级微型课题，或者成为市级以上课题的主要研究成员；

6. 指导能力：能指导新教师的教育教学工作；

7. 工作能力：能胜任备课组长（团队长）工作，能组织好本年级（团队）本学科的教改和教科研活动。

（二）培养措施

1. 工作上尽量给予挑重担的机会；

2. 担任青蓝工程二级导师，接受一级导师指导，并能指导新教师开展教育教学及教科研活动；

3. 提供学习进修的机会，对工作认真负责，教学效果好的教师推荐外出学习；

4. 鼓励教师积极参加校外各级教科研、教学展示活动；

5. 学校定期开展教师基本功比武、优质课竞赛等各类竞赛及展示活动，提供施展才华舞台；

6. 具备条件的可推荐参加市级名师工作室学员；

7. 具备条件的可推荐参评"卓越教师—教学能手"。

第八条　逐梦计划

（一）培养目标

1. 职称：经过"逐梦计划"培养期，努力具有中小学高级职称的任职资格；

2. 教育教学：班主任工作和教学工作形成了自己的风格，深受学生欢迎和学校肯定；

3. 课堂：主讲省市级公开课（竞赛课）效果好（获奖）；

4. 论文：每年有教改和教科研论文在省级专业报刊上发表、获奖或在省级研讨会上交流并受好评；

5. 课题：能主持市级以上课题，或者成为省级以上课题的主要研究成员；

6. 著作编写：参与或者主持与教育教学改革密切相关的著作编写；

7. 指导能力：能指导青年教师开展教育教学教改及教科研活动，指导青年教师参加各级各类比赛；

8. 工作能力：能胜任教研组长、行政工作；能组织好本组的教改与教科研活动和本学科的大型集体活动。

（二）培养措施

1. 提供自修和进修的机会。优先安排到外地或上一级对口业务部门（高等学校）进修学习；

2. 优先安排成为高校导师工作成员，优先安排参加省市级学术交流和专题讲座等活动，促进不断更新知识，提高科研和业务工作水平；

3. 明确教改和教研的目标：每年由学校指定或自行设计教改（教研）课题进行研究攻关；

4. 担任青蓝工程一级或二级导师，在集体备课和指导新教师方面发挥骨干作用；

5. 每学年最少主讲一次校级示范课；

6. 每人争取主持一个市级以上课题，或者优先安排成为省级课题研究成员；

7. 具备条件的可推荐参加市名师工作室名师、首席名师、"卓越教师"、"骨干教师"、"学科带头人"，或者更高级别评选。

第九条　领衔计划

（一）培养目标

1. 职称及荣誉：经过"领衔计划"培养期，使"逐梦计划"中的优秀教师努力达到"正高级教师""特级教师"标准，成为在省内外具有较高知名度的中青年专家；

2. 教育教学：班主任（少先队辅导员）或教学工作业绩名列全市前茅；

3. 课堂：有鲜明的教学风格，主讲省、市级示范课；

4. 论文：每年有两篇以上教改或教科研论文在省级以上专业报刊上发表，每两年要有一篇以上论文在国家级核心期刊上发表；

5. 课题：能胜任省、市级教改或教科研重点课题的负责人工作；

6. 著作：有与教育教学教改密切相关的专著出版或担任该著作的主编或副主编；

7. 指导能力：能指导学生参与国家、省市级比赛；能指导青年教师在省市级比赛中获奖；

8. 经验推广：积极参与教学改革，积极提炼教科研成果并得到推广，在市级以上进行经验介绍；能组织大型教改或教科研活动；在活动的计划制订、过程实施及效果评价等方面发挥主要作用；

9. 工作能力：所负责或者主管的工作在省市处于领先水平。

（二）培养措施

1. 优先安排成为高校导师工作室核心成员，支持其参加高端学术交流或讲座活动，鼓励进一步提高学术层次和知名度；

2. 认真研究课堂，有自己的教学特色及风格，争上省市级示范课；

3. 要求有省级以上课题，提炼教科研成果；

4. 积极推进教育均衡，关注特殊儿童成长及社区教育；

5. 必要时可适当调整教育教学及管理的工作量，使其在教改、教科研及培养青年教师等方面取得更大的成绩；

6. 学校争创条件，积极推荐优秀者参加正高级教师、特级教师评选。特级教师中的优秀者推荐参加全省、市级专家的评选。

第十条　新苗计划面向全体新教师，实施完新苗计划培养期的老师自动进入展翼计划。逐梦计划、领衔计划采取个人申报与校务会审核批准的办法，每三年进行一次培养计划调整。学校每年根据本方案和《教师成长档案》，组织一次考核工作，分为优秀、良好、合格、不合格四个等次。

第十一条　本方案根据上级部门的政策要求进行调整。本方案调整权和解释权在校长室。

此外，长沙麓山国际实验小学为培养一批中青年骨干教师及行政管理后备干部，成立了青年教师成长营。本着重师德、重能力、重发展的思想，以 2 年为周期，对 30 名左右的青年教师从教学、教研、管理等方面进行系统、专业的培训，建立一支师德高尚、格局开阔、专业精进的骨干队伍，在学校青年教师中发挥引领、示范和辐射作用。在此基础上，逐步培养若干名在本省市有较高知名度和较大影响力的青年教师，稳固金字塔型教师团队的建设。

（六）研赛结合强内功

为帮助青年教师提高课堂教学水平，学校推行每周研课制度，每位教师每个学期至少上一节公开课。听课过程中，教师可以学习他人的教育教学智慧，取人之长，补己之短。同时，通过自己研课，青年教师渐悟教学真谛。研课之后，同行教师的及时评议让青年教师对自身教学有更清醒的认识，从而知晓努力的方向。学校每学期还会组织骨干教师、青年教师开展教学比武活动。教学比武活动由粉笔字、信息技术应用和课堂教学三部分组成，旨在促进教师板书、信息技术应用能力和课堂教学水平的提升。

通过以上举措，学校青年教师的专业素养和水平得到快速提升，很快成为推动教育教学改革的精干力量。同时，通过自身专业成长，青年教师的专业自信和职业幸福感得到大幅提升。

【案例 4-5】

青年教师成长营培养方案

黄斌校长写给青年教师成长营的开班寄语：

致亲爱的我们

亲爱的小伙伴：

您好！欢迎加入长沙麓山国际实验小学"青年教师成长营"！

水本无华，相荡乃成涟漪；石本无火，相击乃发灵光。在这里，我们将共同学习，在思维碰撞中生成智慧火花；在这里，我们将抱团成长，共创一段美丽的时光，探寻未来教育新可能。

成长，源于彻底的自我管理。时间是成长最好的磨刀石，自律是人生高度的叠加器。我们将构建"青年教师课程培养体系"，提供进修学习、岗位实践机会，以小组捆绑式、任务驱动式、导师引领式进行整体性学习。我们的学习无处不在，无时不有，让自己真正融入，不做旁观者。懂得学而后慧，努力脚踏实地，敢于迎接挑战，以最佳角度转弯。记住，所有优秀背后，都是苦行僧般修行；所有自由不是随心所欲，而是源于自律，自我主宰。

成长，源于不断的自我挑战。这是一条充满花香的荆棘之路，有困难，我们挺起胸膛，不退缩，不回避，不害怕；知难而进，才是我们继续前行的动力。请你于繁忙中抬起头，清零过去的种种，积极投入，用心参与。越投入，越积极；越努力，越幸运。我们将进行专题课程学习辅导、定期开展阅读分享、驱动式任务研修等活动，充分发挥班委会和学习小组管理作用，坚持自治管理。记住，你不是一个人在战斗，同伴互助，共同成长，一群人、一件事、一条心、一起拼、一定赢。

请你珍惜，参与的过程。学习是一种福利，更是一种不断发展自己、完善自己、塑造自己的途径。希望大家在严肃活泼的氛围中感受，在谦虚谨慎的态度下学习，在真学实学的时光里收获。

请你享受，成长的幸福。鸡蛋从外面打破是食物，从内部打破是生命，无人替你成长，自助者天助。既然选择了破壳成长，唯有风雨兼程，同心、同向、努力向前奔跑，筑牢教育梦想，接续麓小基因，才能一路风景相伴，诗意人生！

期待我们携手穿过生命散发的芬芳，静默而不张扬，奋勇而不退缩，潜滋暗长成亭亭华盖。

从这里，再出发！

去寻找最美好的自己，尽最大的努力，成为更好的自己！

青年教师成长营宣言

我以青春的名义，以青年的担当，在此庄严承诺：

秉承教育初心，牢记教育使命，扎根麓小，花开教育。

勇担教育责任，赓续麓小基因，为党育人，为国育才。

我是麓小之师，

我是麓小青年教师，

敬业奉献，结伴同行。

开拓进取，向阳而生。

我是麓小之师，

我是麓小青年教师，

青春有我，麓小有我。

追求卓越，逐光而行！

青年教师成长营学员行为准则

工作状态	提前到会
	为人鼓掌
	嘴角有笑
	不添麻烦
	主动承担
学习研修	准备充分
	交流积极
	笔记翔实
	思考深入
	作业优质

青年教师成长营培养指南

教育大计，教师为本。根据《新时代基础教育强师计划》及学校"十四五"发展规划蓝图，特制定本培养指南。

一、项目简介

2020年12月，长沙麓山国际实验小学颁布《种子教师培养工程实施方案》，方案明确了学校教师的四级培养梯队，以青蓝工程导师团队引领捆绑发展，形成了良好成长态势。为加速青年骨干教师的培养，为学校的稳步和持续发展培养后备力量，经党总支、校务会研究决定，成立"青年教师成长营"，遴选学员30名左右，培养周期为2年。

二、遴选原则

1. 重师德：全面落实立德树人根本任务，有理想信念、有道德情操、有扎实学识、有仁爱之心。

2. 重能力：基本功扎实，专业素养良好，具有一定教育教学能力。

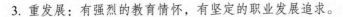

3. 重发展：有强烈的教育情怀，有坚定的职业发展追求。

三、学情分析

"青年教师成长营"（第一期）于 2022 年 5 月启动实施，培养人数为 35 人（含二小 5 人）。平均年龄 30.8 岁，其中 30—40 岁 22 人，24—29 岁 13 人。学科方面，语文 10 人，数学 5 人，英语 4 人，音乐 3 人，体育 3 人，美术 3 人，科学 4 人，道德与法治 1 人，信息技术 1 人，心理健康 1 人；职称方面，中小学一级教师 21 人，中小学二级教师 11 人。目前工作岗位分布为教研组长 2 人，处室干事 7 人，普通一线教师 26 人。

四、培养目标

对学员从教育、教学、管理等方面进行系统专业的培训，打造一支师德高尚、格局开阔、专业精进、综合能力强的青年骨干教师队伍，在学校青年教师中发挥引领、示范和辐射作用。

五、培养模式

1. 课程研修：学校将整合全国教育领域高端品质内容，采用线下＋线上组合模式，固定集中研修时间，构建青年教师课程培养体系。包括格局视野开拓课程、管理能力提升课程、教学教研能力提升课程、综合类学习实践课程等。

2. 进修学习：整合知名院校、科研院所、发展中心、名优学校（园所）等多种资源，提供进修的机会。优先安排到上一级对口业务部门（高等学校）进修学习。

3. 团队推进：以班委会为核心团队，以任务驱动为引领，以团队捆绑式评价为导向，大量开展小组研修活动，用团队差异化资源助推培养对象成长。

4. 导师引领：充分利用学校现有导师资源，并聘请教科研院所专家、学校行政干部担任导师。根据培养对象的实际需要和培养特质，进行个性化培养。

5. 岗位实践：具备条件的可安排到班组、处室进行岗位适应性锻炼，完成各项实践任务。

六、管理模式

1. 管理责任：本项目由校务会统筹策划，青年教师成长营班委会管理自治。包括设计整体方案，制定管理制度和考核办法，负责培养对象的培训、管理、考核等过程性监管、跟踪培养，尽可能为培养对象提供锻炼和成长的平台。

2. 自治管理：充分发挥班委会和学习小组管理的基础性作用，建立班委会负责制，班干部及小组长的作用发挥贯穿整个培养周期。

3. 考核评价：采取过程性评价与终结性评价相结合、个人任务驱动式评价与小组捆绑式评价相结合的方式，对培养对象进行年度考核与结业考核评价。分为优秀、良好、合格、不合格四个等次。（见《青年教师成长营学员考核评价方案》）

七、其他情况

本方案根据上级部门的政策要求进行调整。本方案调整权和解释权归校长室所有。

长沙麓山国际实验小学

2022 年 5 月 4 日

长沙麓山国际实验小学青年教师成长营学员考核评价方案

一、考核评价原则

1. 采取过程性评价与终结性评价相结合、个人任务驱动式评价与小组捆绑式评价相结合的方式，依据课程学习、课程作业、资源开发、研讨交流、参与活动、研修成果等情况对培养对象进行年度考核与结业考核评价。

2. 结业考核评价分为优秀、良好、合格、不合格四个等次。

二、年度考核评价细则

考核维度	考核内容	评 价 标 准	自评得分	考核得分
个人任务驱动式评价	课程学习（20分）	1. 课程学习迟到或早退扣2分/次 2. 因个人原因请假未能参加培训扣2分/次 3. 课程学习时做到手机静音，专心听课。如因个人原因导致课程学习受影响扣2分/次 4. 听课记录翔实，能够根据听课内容积极主动思考。听课记录评为不合格扣2分/次		
	课程作业（10分）	1. 根据课程学习内容缺交作业扣3分/次，迟交作业扣2分/次 2. 根据课程学习内容提交的作业质量评为不合格扣2分/次		
小组捆绑式评价	团队建设（10分）	小组团队成员分工明确，积极学习。小组团队在活动评比中获得优秀等组组长计5分/次，组内其他成员计4分/次；良好等第组长计3分/次。组内学员计2分/次		
	资源开发（10分）	积极主动参与小组研修活动。在小组活动中积极承担小组工作任务，承担汇报工作或活动负责人计2分/次；承担活动主要工作任务计1分/次		
结果性评价	阶段性成果（50分）	根据阶段性成果展示、汇报情况，由项目培训老师进行考核评分		
个人突出贡献	附加分（10分）	1. 承担学习课程、研修活动开发等活动按照贡献程度计1—5分/次 2. 其他突出贡献计1—5分/次		

三、结业考核评价

培养周期内年度考核评价分达到标准的培养对象，可申请结业考核。结业考核评价按照两年年度考核评价得分划分为优秀、良好、合格、不合格四个等次。获得"合格"及以上等次的培养对象，由长沙麓山国际实验小学颁发"长沙麓山国际实验小学青年教师成长营"结业证书。

二、壮骨工程：助推骨干教师成功"出模"

经过八到十年的打磨之后，青年教师逐渐成长为各岗位挑大梁的骨干教师，教育教学得心应手，获奖、受表彰几成常态。慢慢地，这批教师刚入职场时的新鲜感和积极性渐渐消退，自我认同感和成就感逐渐降低，有的教师甚至对职业选择产生怀疑。为了帮助这部分骨干教师度过专业成长高原期，再次激发他们的潜能，促成他们职业生涯的第二次成长，学校实施"壮骨"工程。"壮骨"工程旨在让骨干教师实现再成长，走向特色化、个性化发展。

（一）名师工作室——让骨干教师实现再成长

经过二十多年的发展，学校教师队伍中逐渐涌现出一批道术一统、知行合一的优秀骨干教师。为了使这批骨干教师将心思放在关注自身发展、成长为名师上，学校需要搭建富有竞争力的成长平台，名师工作室在此背景下应运而生，如邓智刚名校长工作室、黄斌名校长工作室、邹玲静小学语文名师工作室、张好小学科学名师工作室、余理名团干工作室这五个均为市级名师工作室，另外还有马慧萍、梁勋、王春光等三个均为市级农村名师工作站，校级名师工作室九个。名师工作室、名师工作站全体成员在首席名师和驻站名师的带领下锐意进取、大胆创新，在促进学校教育教学改革中发挥了积极作用，同时有效助推了相关学科教师队伍的成长。

名师工作室的组建，建立健全了名师发展平台和培养机制，充分发挥名师的示范、引领和辐射作用，促进教师队伍整体素质的提高，推进教育事业科学和谐、优质均衡发展，使名优特教师得以专注自身专业发展，骨干教师实现捆绑发展、抱团成长。

【案例 4-6】

长沙市邹玲静小学语文名师工作室三年发展工作规划

一、明确工作室的具体定位与目标

我们的成长诺言：聚心合力　温暖同行

我们的研究策略：聚焦课堂　共同成长

（一）定位

工作室是专业引领下中青年教师实现专业成长的平台。中青年教师的主体参与性与自主发展性是获得专业发展的根本动力。

1. 工作室定位：

研究的平台、成长的阶梯、辐射的中心

2. 教师成长定位：

＊做研究型、智慧型、学者型、专家型的名师；

＊做学生潜能的唤醒者、教师成长的引领者、教学内容的研究者、教学艺术的探索者。

名师工作室以名师（或名师培养人）为引领，以学科为纽带，以先进的教育思想为指导，旨在搭建促进中青年教师专业成长以及名师自我提升的发展平台，打造一支在全市乃至全省、全国学校教育领域中有成就、有影响的高层次教师团队。工作室要建立优秀教师培养长效机制，名师要发挥示范、引领、带动、辐射作用，工作室成员每学期需通过建立名师工作站、送课下乡、承担国家省市培训研修项目等途径，承担教学、教研、科研任务，以研训、教科研一体化的方式开展活动。名师工作室的运行，在教育教学实践和教科研活动中加强学习型、研究型、专家型名师的培养，使每位工作室成员都成为学生潜能的唤醒者、教师成长的引领者、教学内容的研究者、教学艺术的探索者，使工作室成为"研究的平台、成长的阶梯、辐射的中心、师生的益友"。

（二）目标

1. 以课题研究为重要方式、教学研讨为主要内容、网络平台为主要依托，聚焦课堂，深研课题。在长沙市教育局"名师工作室领导小组"的领导下，在专家顾问的支持指导下，开展系列教学教研工作。通过工作室全体成员的共同努力，"新课改背景下的小学语文教学与学生核心素养发展"的研究成果在省市形成一定的影响力，形成从理论到实践到反思的系列研究成果，并努力在三年的周期内辐射到全国。

2. 确保每次教研活动的有效性和针对性；加强过程性资料的搜集和整理，形成教学设计集、论文集、读书心得集、活动集锦、规划总结，力争整理出书；加强工作室网络的日常管理。

3. 发挥名师工作室每一位成员的创造潜能，使其在理论与实践层面上获得更快更好的发展，重点指导20名左右的中青年骨干教师的培养任务，努力培养其教育教学和科研能力，大幅度提高综合素质，使不同层面的教师都有较大幅度的提升，力争培养出3—5名区级名师（杰出、十佳青年教师），培养出2—3名市级名师。

4. 加强对工作室成员所在学校语文学科的定向业务指导，使其教育教学水平在原有基础上有大幅度提高。通过本名师工作室实现优质教师资源共享，为教师专业成长搭建平台，提供支持和服务。

二、工作室研修活动时间安排

1. 每月组织教研活动一次，活动时间至少为一个上午。

（备注：《长沙市中小学名师工作室组建方案》要求至少每两周开展一次教学研究活动，考虑到工作室成员来自不同的区县，路途遥远，故将每两周2小时的教研活动时间合并为每个月4小时的教研活动时间。）

2. 周四上午为固定在线学习、交流、实践、反思、分享的时间，每两周一次。

三、工作室成长平台建设

1. 确定工作室人选（包含专家顾问团队、名师团队、学员团队，具体见相关文档），打造学习研究共同体。

2. 工作室进行责任的明确分工，进行考勤及研修过程记录。

3. 了解名师及优秀中青年教师培养后备人选特点，确定其主攻方向和研修计划，建立其考核档案。每年每人一册个人专业成长记录册。

4. 工作室集中教研活动与分片教研活动相结合，工作室全体成员的教研活动与小范围内的手把手地教的教研活动相结合，让首席名师与名师对中青年教师的引领与辅导作用落在实处。

5. 工作室成员轮流进行微型讲座和上课。各成员要各尽其能，各显其才。首席名师的引领课、普通名师的观摩课、骨干教师的展示课，成员要一起参与，一起思考，一起实践，一起成长。

6. 工作室成员每月向工作室提交体现学习培训的相关资料，每月向工作室网页提交资料至少一项。

7. 工作室成员每学期至少共同阅读一本书，并利用业余时间博览群书，做好读书笔记，进行读书交流活动。

8. 工作室成员除积极参加工作室活动之外，还要积极参加省、市、区、校的教研活动，特别是要主动参与学校的教研教改，主动磨炼自己，发挥引领作用。

9. 利用现代信息技术建立网络平台，实现管理、交流、宣传、辐射功能：①建立工作室网页，使之成为工作室的动态工作站、成果辐射源和资源生成站。②建立工作室微信群、QQ群，使之成为工作室内部的交流、指导、反思、分享的平台。③建立微信公众号，推出当前教育理念、全国小语教学动态、工作室研修情况、各位成员的论文等，形成信息的集结地、发散地，实现中青年骨干教师们的再成长。

10. 计划推出一份工作室内部纸质刊物，观点交锋，思想碰撞，书墨飘香，资源共享，分享成长的快乐。

四、确定工作室成员专业成长的主要措施

1. 成长规划。每位成员依据工作室方案和年度工作目标，制定切实可行、操作性强的三年发展规划，高质高效地完成规划目标和内容。

2. 理论学习。名师工作室的每位成员要依据自己的情况制订读书计划，每年完成一定数量的读书目标，并撰写心得体会。

3. 外出学习。组织外出听课，参加教研活动，实地参观考察，加强学习和交流。

4. 主题论坛、会谈交流。定期集中就读书心得、成长经历及在教学中遇到的实际问题各抒己见，互相讨论，互相启发。

5. 十分钟讲坛。每次活动前或活动后用十分钟的时间，交流新近发生的事、新闻，所读书籍，教学感悟，所见所闻等。

6. 教学实践。立足于自己的课堂，积极进行课堂教学的实践探索。

7. 教学研讨、送课下乡。通过举办市级教学观摩研讨会、送课下乡、承担国培、省培任务等活动，促进教师成长。

8. 课题研究。工作室以"新课改背景下的小学语文教学与学生核心素养发展"为总课题，每个团队或成员确立子课题，扎实有效地开展课题研究。

9. 总结提升。养成总结反思的习惯，认真撰写反思日记、教育教学论文、个人研修总结。

五、工作室各梯队成员的基本架构

1. 专家顾问团队：

职责：全面指导工作室小学语文教学的理论与实践研究

吴亚西——湖南省教科院小学语文教学专业委员会主任研究员

段晓宏——长沙市教科院小学语文教学专业委员会主任研究员

朱爱朝——长沙市人民政府督学、芙蓉区育才小学校长

李素洁——长郡教育集团长郡中学校长

黄　斌——长沙麓山国际实验小学校长

2. 名师引领团队：

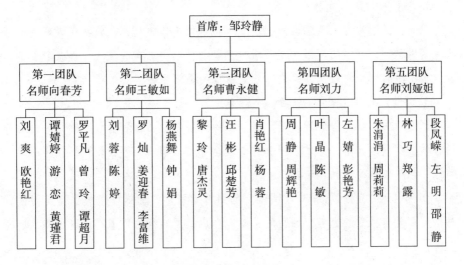

职责：聚心合力，引领团队成员专业发展

邹玲静——长沙麓山国际实验小学

　　　　长沙市首批骨干教师、长沙市优秀教师

　　　　教学设计国家级一等奖获得者

　　　　湖南省小语会理事、"一师一优课"部级评课专家

向春芳——长沙麓山国际实验小学

　　　　长沙市教师素养大赛一等奖获得者

　　　　全国"亲近母语"阅读推广人

刘娅妲——芙蓉区双新小学

　　　　湖南省第二届教师素养大赛一等奖

　　　　第九届全国青年教师阅读教学比赛一等奖

　　　　芙蓉区名优特教师引进人才

曹永健——天心区青园教育集团中信小学

　　　　天心区教学名师　著有教学专著《萤火虫的光》

　　　　天心区教学比武特等奖获得者

刘　力——芙蓉区育才小学

　　　　长沙市青年岗位能手

　　　　长沙市巾帼建功先进个人

王敏如——长沙县百熙二小

　　　　长沙市骨干教师

　　　　长沙市"党和人民满意教师"

3. 学员研修团队成员：

职责：通过学习、教学实践、研究等常规性工作方式，扎扎实实做研究，认认真真做学问，在潜心研磨中生长教育的智慧，获得教育的文气，提升教育的力量，享受教育创造的激情，促进工作室成员的全面发展。

①阅读，是语文教师成长的第一要务：

热爱读书，有足够的阅读量。每学期阅读规定的书目和篇数。阅读的视野涉及哲学、美学、文学、艺术、历史、心理学等诸多领域，开放视野，获得心灵的顿悟，积淀起丰厚的文化素养。

②自主独立的品格和哲学头脑。面对日常教学，面对学术报告，面对同伴意见，都要有独立的思考、独特的见解，养成慎思笃行的习惯。拒绝克隆，回避雷同。

③学习先进的教育理论，通过"基于标准的教学"研究，提高自己的课程建设能力，并把自己的实践与理论相结合，付诸笔端形成文字；融入课堂，形成富有特色的教学风格。

六、预期成果（三年的周期成果愿景规划）

1. 成就教师：引领工作室成员在专业上提升，努力形成自己的教学风格，在省、市、区各级教学评比中获奖，并在名师评选中有所斩获，使不同层面的教师都有较大幅度的提升，力争培养出2—3名区级名师（杰出、十佳青年教师），培养出1名市级名师。

2. 课题研究：工作室成员要有自己的课题，能够获得市级以上教学成果奖。

（1）《在小学语文课堂教学中弘扬中华优秀传统文化实践研究》课题研究报告。

（2）《统编教材弘扬优秀传统文化优秀案例集》，含《古诗文教学优秀课例》《神话故事教学优秀课例》《寓言童话教学优秀课例》《经典名著教学优秀课例》文集。

3. 结集成册：注重过程性资料的搜集和形成等。

（1）教案集、论文集、活动掠影集、教学光盘集；

（2）每人每学年一册个人专业成长记录册。

4. 邹玲静语文工作室网页；微信公众号；内部研修刊物。

5. 工作室成员在各级赛课中获奖、在各类刊物上发表论文等。

七、工作规划

1. 准备阶段：做好本工作室其他名师的选聘工作和优秀中青年教师培养后备人选的选拔工作，拟订三年工作规划。

2. 启动阶段：通过看材料、对话等方式，了解工作室成员特点，确定其主攻方向和研修计划，建立其考核档案。

3. 实施阶段：

（1）坚守课堂教学主阵地，深入课堂，与青年教师一起研讨，进行校本教研、课堂实例研讨，开展学术研究，指导青年教师撰写教学案例和教学论文。

（2）带领青年教师开展课题研究活动，撰写一批优质的教育科研文章。

（3）建立名师工作室网页，积极开展在线研讨，从而达到资源的共享与辐射。

（4）通过论文交流、研讨会、报告会、名师论坛、公开教学、专题讲座、送课下乡、现场指导等形式，将工作室成果在全市进行推广、介绍，引领全市语文学科课程教学改革。

（5）负责对工作室成员的考核、评价工作，主要从师德修养、理论提高、教育教学能力、研究能力等方面考察是否达到了培养目标，建立"名师工作室"学员档案。

4. 汇报阶段：以课堂教学研讨会、课题研究报告会、专题讲座、现场指导等方式向外汇报，总结自身教育教学经验及"名师工作室"经验，提升理论，推广经验，充分发挥工作室辐射作用。

名师工作室反馈评价
——三年之行 一朝酬之

三年前，为了共同的专业追求，一群同道之人怀揣着一个教育梦想，加入小学语文教育教学研究征程中。这三年，在首席名师邹玲静老师的带领下，小语人深耕课堂，聚焦小学古诗文课堂教学研究，硕果累累；这三年，在工作室名师的指引下和同伴的互相扶持中，我们扎根课堂，聚焦统编教材大单元统整教学研究，成果斐然。

湖南省教科院小学语文教研员刘亚雄、首席名师邹玲静为优秀名师、优秀学员颁发奖状及结业证书。

会后，《中国教师报》副社长吕同舟先生高度评价："一园花木春长在，漫天雨露四时新。但凭园丁勤努力，莫嫌耕耘二字轻。这是一场诗歌语言的盛宴，更是一场中华传统文化的盛宴，也是一场语文教师教书育人的展示。一个名师工作室，六年的探索跋涉，让名师成导师，让新苗成名师。聚是一团火，散作满天星。可染山河绿，留住满园春。成长的教师，受益的学生，诗性之美，育人之魂，邹玲静长沙市小语名师团队成长的案例，折射出名师工作室带动教师培训的强大生命力和成材率，值得更好推广和总结。"

回头，有一路的故事；低头，有坚定的脚步；抬头，有清晰的远方。一首师生合唱《世界等我出发》，引发思绪万千，催动出发的脚步。

"却顾所来径，苍苍横翠微。"六年来，在邹玲静老师的带领下，一群志同道合的小语人悟本求真，潜心问道，用脚步丈量成长；守正创新，专心精进，用眼光开阔视野；心无旁骛，做好学问，用思考提炼经验；物化成果，引领示范，用专业辐射全国。

（二）专题研究项目组——让骨干教师实现特色化、个性化发展

在麓小，随着学校的发展，教师队伍中涌现出了一批特长型骨干教师。他们有的擅长课堂教学，有的擅长课题研究，还有的在学科教学中有行之有效且深受学生喜爱的独特做法。为了使这部分教师的特长得到充分发挥、成果得到有效推广，学校组建了 12 个专题研究项目组，内容涵盖"青春悦读""艺体双效""生物实践研学""教师信息素养提升""奥赛与强基融合"等。项目主持人通过自身号召力凝聚一批具有共同兴趣爱好和追求的教师参与研发，使其进一步发展壮大，形成广泛影响。学校对专题研究项目组进行年度绩效考核，依据工作实绩评奖，成果突出的给予经费奖励并允许延续下去，项目研究已经结束或是绩效不佳的则予以取缔。

专题研究项目组使骨干教师的优势得到发挥、个性得到张扬，既为骨干教师自身成长搭建了平台，也为其他教师创建了学习共同体。专题研究项目组的设立是学校推动特色化、个性化教师队伍建设的一大创举，也是学校教师队伍建设的亮点工程。

在长沙麓山国际实验小学，积极推广"教师发展学校"工程，以"青蓝工程师徒结对"培养模式，专家引领、名师指导、自我研修等学习方式提高教师团队整体水平。教师发展学校每学年根据实际需要开设公共类培训科目和学科素养类培训科目，以提升全体教师的基本功，夯实专业基础，丰富教师的生活情趣，升华教师文化底蕴。引导学校教师走专业精准化成长之路，追求卓越，逐步实现人才强校的发展计划。

（三）教师专业发展论坛——倒逼骨干教师凝练专业智慧

在组织校本培训过程中，学校应充分挖掘内部资源，让教育教学特色鲜明、成效显著的教师担任培训师，因为他们来自一线，所讲内容针对性强、接地气、好操作、易借鉴。基于该理念，学校每学期开学初及期末都会举办"教师专业发展论坛"。很多在教育教学科研方面卓有成效的教师被请上论坛，为其他教师传递经验与智慧。

经过几年的尝试与不断完善，教师专业发展论坛在全校教师心目中已成为教育智慧与教师荣耀的殿堂，有机会登台即意味着自己在某一方面有过人之处，值得推而广之，供全校教师学习。

教师专业发展论坛的举办，一方面让名优骨干教师有了展示教育教学智慧的舞台，另一方面也倒逼他们及时梳理教育教学心得，为未来成为名优特教师奠定思想基础。

三、通络"超模"工程：赋能卓越名师"超模"

教育教学的过程，也是发现问题、解决问题的过程。长沙麓山国际实验学校（含小学、中学）办学近三十年来，从民办到公办，从默默无闻到享誉三湘，每走一步都在思考，每走一步都在发现问题、解决问题。这一过程恰如医生诊病，先是把脉拿准病症，然后对症下药、打通经络，最终消除病灶。学校把化解教育教学难题的工程称为"通络"工程。

（一）专家把脉引领

没有理论指导的教育是盲目的、低效的。基础教育课程改革进行到现在，新课程、新课标、新教材、新评价对教师的教育理念、知识结构、思维方式、教学能力、教学手段等均提出了新的要求。此时，专家的引领和指导显得尤为重要。为了让教师了解最前沿的教育思想、教改动态，学校一方面派教师赴北上广深等教改前沿阵地进行实地考察，让教师有机会深入沿海城市课堂进行观摩、聆听专家讲座、与专家面对面交流，另一方面邀请专家来校问诊课堂，把脉教学。一直以来，学校教师外派学习是常态。近三年因疫情原因，教师外出学习明显减少。在此背景下，学校为教师购买了国家行政管理学院和明德 e 学堂的网络课程，让教师足不出户也能与专家面对面。专家引领让教师的教育教学、专业与精神成长及学校的整体发展始终运行在正确的轨道上。

【案例4-7】

迎四方远客，共享科学盛宴
——小学科学名师课堂教学观摩会在麓小盛大举行

2018年4月21日、22日两天，"走进新时代——小学科学名师新课堂教学观摩研讨会"在长沙麓山国际实验小学盛大举行。全省各市300多位科学老师从四方赶来，齐聚麓小，共享科学盛宴。老师们在听课观摩的同时也参观体验了麓小校园、屋顶农场、科学专业教师以及创客教室，对麓小重视科学学科发展和大量投入建设高度赞扬。

这一次的观摩活动，实为难得：被公认的科学教育三剑客之一、全国著名特级教师、中国教育学会小学科学专业委员会副会长、原浙江省教研室小学科学教研员章鼎儿，全国著名特级教师、上海科学与技术教育研究中心研究员李子平，全国知名特级教师、课程与教学论博士生、国标本苏教版小学科学教材教参编写专家、教育部"国培计划"培训团队研修项目培训者李霞，教育部课程专家委员会委员、江苏省科学特级教师、中学高级教师曾宝俊，湖南省教育科学研究院小学科学教研员、湖南省创造学会副理事长、湖南省基础教育教师培训专家库专家张敏；江苏省小学科学特级教师、江苏省名教师、江苏省"333高层次人才培养工程"培养对象徐杰。

本次观摩活动共展示了8节课例、4次说课、3堂讲座、1场沙龙。专家引领，名师示范，内容丰富，颇有收获。麓小学子，动静皆宜，表现出众，展现出良好的科学素质与素养，多次发言均让现场掌声雷动！

值得一提的是，本次观摩活动麓小科学组教研组长——特级教师张好，受邀带来一节课例《点亮小灯泡（二）》，并且在课后就"如何在教学过程中培养孩子创新思维能力以及辅导孩子参加创新大赛"进行了说课，让听课老师直呼干货满满。另青年教师李志鹏也有幸展示自主研发课例《磁浮小车》，获章鼎儿老师点评：虽有不足，但极具教学意义。

正如副校长戴伍军在开幕式中所说的那样：小学科学课程是一门基础性课程，诚然，它将成为继语文、数学之后的第三大学科。本次"走进新时代——小学科学名师新课堂教学观摩研讨会"由麓小承办，也是对麓小科学教育教学的肯定与激励。麓小科学教育的未来，可期亦可见！

【案例 4-8】

课堂教学及学科建设调研活动

为贯彻落实《中共中央 课堂教学及学科建设调研活动国务院关于深化教育教学改革全面提高义务教育质量的意见》，提升教育教学质量，推动学校教育优质均衡和高质量发展，4 月 13 日上午，学校邀请省教科院基教所的领导及学科专家进校，组织了关于课堂教学及学科建设调研活动。

本次活动得到了湖南省教科院基教所的高度重视与大力支持。由基教所支部书记、副所长曹汉庆领队，所有小学学科教研员——曹汉庆、刘巧叶（道德与法治）、吴亚西（语文）、黄泽成（数学）、夏春娥（英语）、张敏（科学）、薛晖（音乐）、潘洪彪（体育）、朱小林（美术）、杨玲（信息）、曾放（综合实践）一同莅临学校，对课堂教学及学科建设进行调研、诊断与指导。

Part 1　开幕仪式

开幕仪式由学校党总支书记龚拥军主持。龚书记代表学校对领导及专家的到来表示热烈欢迎，对专家团队带来的强大力量表示衷心感谢。

随后，校长黄斌致欢迎辞。他指出，在过去的几年里，省教科院各学科的专家们一直坚持深入学校指导教育教学工作，为学校的迅速发展注入了强大的动力。在以后的日子里，麓小将会一如既往把学科建设、课程建设和教师成长放在学校高质量发展的战略位置，在省教科院领导及专家的指引下，努力谋求高质量发展。学校会始终坚持按省教科院各学科教研员的要求，做好相关服务工作。

省教科院基教所黄泽成主任在讲话中说到，麓小提出的"做豪迈的中国人"这一誓词令人振奋，让人印象极为深刻。学校的办学理念先进，具有鲜明特色，紧密贴合国家教育政策与教育规划，办学成效显著。黄主任对本次活动的目的及意义进行了阐释，并希望麓小继续不忘初心，砥砺前行。

省教科院基教所支部书记、副所长曹汉庆对本次活动寄予了很高的期待。曹书记高度肯定了学校在校本教研、课程建设、教师发展等方面做出的许多有意义的探索和尝试。时代在发展，教育教学面临新的挑战，希望麓小在今后的工作中，为建设高质量教育全面推进、全面发展的体系做出新的积极探索，并形成系列成果，推广辐射，引领发展。

Part 2　聆听课堂

开幕仪式后，各学科教研员与学校教研组组长、备课组组长一同深入 10 个教室进行观课。

Part 3　把脉问诊

听课结束后，各教研员与学科老师们针对课堂教学的亮点与不足进行了深度分析与交流。专家们认为，学校教师基本功扎实，理念先进，教学设计站位高，讲究方法与策略，能很好地秉承课标相关要求，"以学定教""顺学定导"，发展学生学科核心素养。之后，专家们根据课堂实施情况，就如何更好地优化课堂教学提出了切实可行的建议，希望教师们能通过一个课例研究，掌握一类课例的教学方法与特色，并鼓励教师们多上课、上好课，在上课的过程中激发学生的深层次思考，提升学生的核心素养。

Part 4　专家引领

在交流过程中，专家们认真翻阅了各学科组提交的工作计划、教学计划、集体备课纪要、教案及听课本、作业等相关资料，同时结合老师们的现场提问，从教学实施、课程建构、教学评价、教师培养等方面进行了深入探讨，并进行了主题微讲座。专家们高屋建瓴的答疑和讲座让老师们深受启迪，获益匪浅。

在这乍暖还寒的时节，专家团队的指导犹如缕缕春风，带着阵阵暖意，为学校"十四五"期间在学科建设方面如何谋求高质量发展指明了方向。"千淘万漉虽辛苦，吹尽狂沙始到金。"麓小全体师生将在各级领导及专家的指引下，不断精进，推动学校教育教学质量再创新高！

（二）自主学习探路

专家引领为教师的教育教学指明了方向，但以怎样的方式实现目标取决于教师本人的自主学习和自我修炼。为了引领教师通过自主学习更新理念、增强专业知识、提升专业技能，学校大力倡导教师专业阅读。学校定期向教师推荐阅读书目，鼓励教师撰写读后感、进行读书分享，并在教师中实行读书打卡活动。每年寒暑假，学校教科室都会精心为教师设计假期作业，作业内容除撰写教育教学专著读后感、经典教育演讲、电影观后感、教育心得、教育随笔外，还有微课、微视频制作及教学软件学习等内容。学期初，学校对教师假期作业进行评比，对表现优秀的教师予以精神和物质奖励，通过校园网及官方微信平台对优秀作品进行推送，并以学期为单位将教师作品结集成册。截至目前，学校已编印教师作品九辑，如《书韵流香》《我的教育故事》《我的教育智慧》《我的教学智慧》《书影时光》《教海泛舟，读思为桨》《教师研修心得》等。通过自主学习，教师不断更新理念、增进智慧，其专业素养和业务能力得到不断提升，学习型教师队伍逐渐形成。

【案例 4-9】

【教育故事 1】

尊敬的胡教授、伍教授，各位领导、同人：

大家下午好！

我又站上来了，感谢学校今年单独把我们信息组拎出来，给予我这个机会。以前都是分享，今年改成比赛，还要团队协作共同研讨备赛，这有点内卷了啊！不过后来我仔细看了一下方案，最差好像也是一等奖，也就没压力了。今天我的演讲题目叫"我和我的武林秘籍"，事先声明，以下所讲秘籍纯属一派胡言，大家不要一个人偷学，小心走火入魔哟。

第一篇章　毛头小子初入江湖

从象牙塔里出来，还未经社会毒打的我乳臭未干，不知天高地厚、人外有人，一副独步天下、唯我独尊的姿态，上敢叫板老天，下可挣脱枷锁。

2016 年 6 月 29 日，长沙市教育系统庆祝中国共产党成立 95 周年暨"两学一做"学习教育公开课在学校举行，我在后台负责技术保障。一个个鲜活的事迹在我眼前浮现，当特殊教育学校的老师讲述她与孩子们的故事时，泪水不自觉地一直往下流，那是我第一次体会到教育人的责任和使命，坚决不放弃一个孩子。

第二篇章　各大门派齐聚武当

2016 年 9 月 24 日深夜 2:10，再过几个小时全国语文、数学的名师就要齐聚麓小开始授课了。这是学校第一次承接如此大型的教学观摩活动，报告厅、体育馆两个会场同时开工，上课用的笔记本电脑是否都装了软件，笔记本电脑怎样连接一体机并且投到舞台大屏幕，电脑是否能正确安装实物展台驱动，视频信号如何传输、怎么接线等，都是需要考虑的问题。当时部门只有我一个人，我凭着稚嫩的经验打电话咨询厂家技术人员，一点一点地尝试，在不断"尝试—失败—再尝试"的循环中，最终成功。但是，报告厅的视频信号不稳定，经常容易闪屏丢失信号，我只能打电话给视频处理器的厂家技术员，恰好他刚从外地坐飞机落地长沙，经过一番劝说，答应过来看看。此时已是晚上 11 点，我才想起自己没吃晚饭。在等待的过程中，我点了外卖。1 个小时后，技术员拉着个行李箱来到了报告厅，经过一番讨论，还是决定从 5 楼后台重新接一根高清线到 4 楼舞台上，但是线又不能明走，只好从各位头上断断续续的天花板里穿过。这时我想，要是我会凌波微步该有多好。

两天的观摩活动如期举行，中途偶有突发状况，我也只能在两个场馆间来回奔波，当然，我也不是纯粹打工。语文名师窦桂梅团队和全国数学名师齐聚"武当论剑"，我怎能错过这各大门派的精彩比武？你若是问我："无忌，都记住了吗？"我想答案大家都懂的。

第三篇章　再忙也要修炼

2016 年到 2018 年，是麓小蓬勃发展的快速期，也是我日夜加班的单身时期，每天过得如痴如醉，事情多得怀疑自己有健忘加呆痴，晚上回到家里连哈欠都不用打就倒在床上直奔"主题"，周末如果不加班甚至可以睡到中午才起来。睡不着的夜，我扪心自问：现在过的什么日子？这是自己想要的生活吗？于是我决定改变这种生活。正好，传来我被研究生录取的消息。我非常高兴又能回到母校，见到老朋友。暑假，思思送我去重庆上学，看我一口地道的重庆话，对我更加喜欢了，是姐姐对弟弟的疼爱。之后，顺便去了趟大西北散散心，感受祖国的幅员辽阔和壮丽山河。

第四篇章　乾坤大挪移

2021 年，有很多故事带给我们感动和力量。有"请党放心，强国有我"的青春誓言，也有"清澈的爱，只为中国"的深情告白。星光不负赶路人，这一年，在踔厉奋发中，我也完成了几件大事。11 月，"三座大山"同时压在我面前：国家教育事业统计、硕士研究生毕业、中级职称评定，怎么办呢？事情只能一件一件做。首先，我选择完成上级交代的任务，为了成功报送统计数据，每次去教育局盖一个章，一去就是半天，跑了 4 趟，终于完成。而后的两件事也得以宣告胜利。在整理职称材料的过程中，回顾了至今收获的成绩单，也还令人满意。在外人看起来我这个"适合摸鱼"的后勤岗位，怎么还在业务上混得有声有色、有模有样呢？答案就是这"乾坤大挪移"。

——廖书斌

【教育故事 2】

尊敬的胡教授、武教授，亲爱的麓小家人们：

大家好！

我是数学组的刘劲柳。还记得那天晚上 6 点多接到何老师的电话，何老师说话很温柔："劲柳，这个感动麓小的主题演讲你去说一说吧。""啊？！"没错，这就是我当时的第一反应。我去讲吗？要不选个更敬业的代表吧！诚恳地说，我对待工作确实兢兢业业，何老师交办的事情几乎从不犹豫。但这次，我迟疑了。

挂了电话，何老师把这次演讲比赛的具体方案发给了我。看到活动主题上写着"爱心　责任　合作"，我突然明白了，我从未做过什么感动麓小的事；相反，我是一直被感动着，被身边麓小人的敬业与付出感动着，被身边麓小人的责任与合作感动着。今天站在这儿，我只是作为一个讲述者，跟大家分享那些我经历过、参与过或是见证过的暖心故事。

　　时间回到 2021 年 4 月，我接到消息将要准备一堂跟实小的交流课。自己选定课题之后大概有了一些想法，写了个初案发给师父们，想先就教案大概讨论一下各个环节该如何实施。当时何晓老师正好是代理班主任，带着学生在外研学，收到教案后说晚一点再细聊。零点 17，在我打算睡觉的时候，何老师发来了消息，此时她才有空停下来指导教案。零点 45，我实在不好意思拖着何老师跟我一起熬夜，想着先就这样，看看效果再说。4 月 24 日，星期六，李晓莺老师专门利用周末的时间带着我梳理思路，把每一个提问每一个细节都抠到极致，甚至每一个语气词都有讲究。在后来的磨课过程中，虽然在设计上把探究过程融入更好玩更有意思的抽奖活动，但试教时总感觉差点意思，甚至前一天修改的教案到了第二天上课竟慌了神记不清流程。试教完走下讲台，我都不好意思面对帮我磨课的师父团队，大家都是百忙之中调了课抽出时间来陪我磨课，结果上成这样……我都有点丧气了，杨文婷老师安慰我说没关系，时间这么匆忙难免不尽如人意。4 月 25 日下午，杨老师和高老师带着我一字一句地修改教案，给我示范……我记不清那天晚上搞到几点了，只记得杨老师把家里的孩子妙妙送到舞蹈班又折回来陪我继续修改，高老师那天下午才忙完学校招聘考试的评委工作，饭都没来得及吃就急匆匆跑过来陪我改课了。一天又一天，改了一稿又一稿。4 月 28 日，在实小的这堂交流课效果还不错，老师们也给了我很多肯定和鼓励。小伙伴夸我有进步，我想说，没有师父们这样一点一滴的指导，一字一句地指正，一次又一次地带着我调整状态改进学具，就不可能有这样的呈现。

　　我由衷地感慨，所有看得见的成长都是大家扶持的结果，所有成绩的取得都是众人托举的呈现。

　　紧接着，2021 年 6 月，高业波老师正紧锣密鼓地备战长沙市星城杯课堂教学竞赛。这个比赛的赛制是参赛教师一共要准备 10 堂课，现场随机抽取课题进行 15 分钟的无生授课和说课。平时我们准备一堂精品课就够难的了，现在要准备 10 堂课，还都得有创新、有亮点，可想而知这是一个多大的挑战。沈毅主任、何晓老师、谭利萍老师、彭琦老师、黎宇清老师、杨文婷老师……数学组的导师们全都聚在一起出主意想点子。大家经常为了某一个教学难点翻遍各种资料，查阅各种文献，只求在教学设计上有突破、有亮点。为了在规定的时间完成说课并体现教学亮点，磨课团队多次修改说课思路。每一次方向上的调整就意味着整个说课设计要推翻重来，也意味着高老师又要重新背下 10 篇说课稿，在高强度的磨课过程中还要保持清楚记忆，这真的太难了。可是即便难，也得迎难而上啊。6月16日，我跟高老师一起为第二天的校内模拟赛做准备，一直到晚上11点半，我先回家了，高老师还在继续。模拟赛后，我问高老师是啥时候回家的，已经记不清高老师说的是具体几点了，只非常确切地记得高老师说的这句话：最近我老婆都以为我晚上没回家，只有家里的老人知道我半夜回来过。大概就是没怎么休息，回家洗个澡换身衣服稍微打个盹吧。跟高老师磨课之前，我一直以为像高老师这么聪明的人，上课就是灵光闪现、轻轻松松、随便动动脑子的事情，经历了那段时间，我才深刻地体会到，所有看起来毫不费力，其实背后都做出了十分努力。

让高老师这样坚定地一往无前不惧困难的，我想，还有一群人。这个表格里列出了备战星城杯时每天应做的事情和10堂课的具体分工。跟高老师一起努力的还有很多人，资深老师为教学设计献计献策，年轻一点的老师就帮着做课件、"打印板书"、准备教具等。这些是我在准备这次演讲时搜集的一些照片，看，这里有一个小娃娃，这是何老师的小孩小雪糕，晚上10点多了，别的小娃娃大概已经躺在床上睡着了，小雪糕此刻还在陪着妈妈加班。虽然是跟妈妈在一起，但没办法跟妈妈玩一玩，只能自己一个人看动画片。

这儿，是彭琦老师的女儿小树苗，又是一个陪妈妈加班的乖女儿。谁不想利用下班时间好好过过自己的生活带带娃呢？可是啊……我想，大概是麓小延续在心中那份深深的责任心和团队意识让她们选择了留在学校陪着高老师一起磨课吧。

2021年上半年的不少时间，我是先忙着自己的课，又忙着跟高老师一起磨课，作为跟我搭班的班主任江英姿老师，常常是一个人承包了一天三四次的放路队。黄校长说不给别人添麻烦，可事实上，每一次磨课都无形中给搭班老师增加了不少事情。但姿姿老师从来都是爽快地答应支持着我，我想，这应该是麓小善于合作互帮互助的文化浸润着大家，让我们彼此都能在重要的时刻安心踏实地往前走。因为，麓小，身边的麓小人，就是我们坚定向前的底气和依靠。

身在数学组这个积极进取、温馨有爱的集体，我很幸福；身在麓小这个精诚团结、互帮互助的集体，我很幸运。是大家对教学教研孜孜不倦的追求感染着我，是大家对身边人的倾囊相授与无私帮助感动着我，是大家对这份工作的责任与敬业感召着我，感召着像我这样的年轻一辈，做有爱心、担责任、善合作的麓小人。

谢谢大家！

——刘劲柳

（三）课题研究活络

在教育教学过程中，每位教师都会遇到不同的问题，有的关乎管理，有的关乎教学，有的关乎师生关系。如何扫清教育教学障碍、破解这些难题？课题研究是很好的途径。一直以来，学校秉持"问题即课题、教学即研究、经验即成果"的科研理念，通过发现问题确立课题，在解决问题中完成课题。每学期，教师都会对教育教学问题进行归总，选取关键问题确立课题。围绕这些课题，学校组织教师通过专家引领、同行互助及个人自主探究等方式开展研究、解决问题。通过课题研究，教师科研能力和论文写作水平得到提升，学校科研氛围越来越浓，研究型教师队伍逐渐形成。更为重要的是，问题的破解为学校教育教学工作的平稳推进和学校的可持续发展打通了经脉。

教师成长的核心是重视教师的精神处境，促进教师精神世界的丰盈。教师专业发展不是简单地接受新知识、掌握新技能、运用新方法，而应关注教师精神提升，激发教师意识觉醒，赋予教师充分自主权，这样才能帮助教师走上精神成长之路。学校的强基、壮骨、通络三大师训工程，立意不只是教师专业能力提升，而是将教师精神文化建设与精神成长融入其中。正因如此，学校教师队伍发展呈现出蓬勃之势，青年教师成长迅速，骨干教师发展良好，卓越名师各领风骚，为长沙乃至湖南的教育做出了卓越贡献。

【案例 4-10】

路漫其修，玉汝于成

2018 年 9 月 10 日，习近平总书记在全国教育大会上强调，坚持中国特色社会主义教育发展道路，培养德智体美劳全面发展的社会主义建设者和接班人。9 月 20 日，时任教育部党组书记、部长陈宝生带着总书记的嘱托和全国教育大会精神，将全国教育大会精神宣讲的第一站、考察的第一所学校放在长沙麓山国际实验小学。陈宝生部长听取了学校办学理念、发展沿革、课程设置、合作交流和师资队伍情况介绍，对学校各项工作给予充分肯定："介绍得很好，关键是做得好！""时间虽短，看的都是精华，不虚此行！"

一、教学科研，吹尽狂沙始到金

常态教研，促进发展。高效、高质量的教学离不开扎扎实实的教学常规，少不了认认真真的教学研究。学校领导、教学督导走进青年教师课堂，以促进青年教师专业成长；行政下放跟组，落实各教研组正常的教科研活动；以备课组为单位，每学期开学初，从教材内容、教学目标、教材重难点、教学措施、教学进度等各方面对教材进行全面分析，并通过头脑风暴，筹划全期学生学科实践活动，为顺利推进全期教学打下坚实基础；每周以备课组为单位进行集体备课，并完成备课纪要。

锻造名师，辐射引领。名师是校内的资深教师，对教育教学有深入的研究和探索，对学科的发展有透彻的了解，可以说，他们就是一本活的"教师参考书"。打造名师一直是学校一项重点工作，通过种子教师培养工程中的领衔计划，在"十三五"（2016—2020年）期间，造就了一批在省内外具有较高知名度的专家型教师。邹玲静老师担任长沙市小学语文名师工作室首席名师、大瑶完小农村工作站导师，特级教师张好老师担任长沙市小学科学名师工作室首席名师、特级教师工作站导师。邹玲静、张好、廖米佳、杨文婷、聂琴、向春芳、刘爽、王建军、黎雁、沈毅、袁超智、王春光、黄思思、高业波、毛剑波、刘妮、谢懿英、张鑫、廖慧芳等19位老师被认定为长沙市卓越教师，长沙市小学语文名师工作室、长沙市小学科学名师工作室落户学校，分别由邹玲静、张好担任首席名师；黄斌被评为"长沙市名校长"，获评"全国五一劳动奖章"，向春芳被评为"全国优秀少先队辅导员"，龚拥军被评为"长沙市优秀党务工作者"。他们都是有"理想""情怀"和"境界"的教育人，他们目中有"人"，内心有"道"，课上有"技"，为青年教师提供了很好的榜样示范，在学校发挥着示范引领作用。

《墨子·兼爱》中写道："视人之国若视其国，视人之家若视其家，视人之身若视其身。"一个仁爱的人，是一个以"博施济众"为己任的人，是一个努力提升自己，并乐于助人的人。学校教师在努力提升自身能力的同时，也通过在线直播分享教育理念与策略。《名师来了》是一档由FM105.0长沙新闻广播倾力打造的教育类谈话节目。面向全市小学生及家长而量身打造，节目致力于分享名师智慧、关注教育动态、解决细节问题、传播教育思想。学校多位骨干教师作为主讲嘉宾参与节目录制，获得广泛影响。

队伍建设，系统规范。天上星多黑夜明，地上树多成森林。教师是一所学校发展的中坚力量，教师的发展决定着学校的前景。学校着力打造系统规范的校本培训，新教师入职前有入职培训，每学期开学前开展新学期培训。通过师徒结对（青蓝工程）、推门听课（新苗工程）、优课展示（琢玉工程）、教师发展学校及各类培训，帮助教师专业成长系统提升。"青出于蓝而胜于蓝"，对于青年教师来说，能让自己快速成长起来的方式就是多参加各类竞赛。学校大力鼓舞、推动青年教师参加各类竞赛，几年来教学竞赛成果显著，成绩喜人。

教学科研，课题驱动。对于教师来说，每天除了研读教材、教参，批改作业，辅导学生，还有什么事情是可以更有意思的？课题研究便是。学校坚持以课题研究为载体，提高教师教学水平和科研能力。历年来学校各级课题纷纷成功立项，全国教育科学"十三五"规划课题《新时代中小学教师精神文化建设实践研究》，省级课题《家校合作有效途径研究》《在小学语文课堂教学中弘扬中华优秀传统文化实践研究》，市级课题《在小学科学教学中培养学生的实践创新能力的研究》《基于小学生核心素养的团队合作学习方式研究》《基于体态管理的小学形体课程优化研究——预防少年儿童不良体态的"认知疫苗"》等都在主持人的带领下深入推进。在积极完成规划课题的同时，各教研组围绕"教学一体化、学科特色化"申报校级微型课题，开展校本研究。老师们带着娴熟的教学技能，投入富有挑战的研究中，进行大量教育理论的阅读、实践和反思，再从更高层面审视自己的教学。每一天，每一堂课，每一个学生，都会变得不一样，看似重复的教学生活也可以如此精彩。

二、立德树人，天生我材必有用

埃里克森人格发展阶段理论指出，人在青少年阶段最重要的是通过学习、活动找到自己的兴趣，并获得相应的成就和成绩，得到家长和老师的赞许与支持，从而获得勤奋感，最终实现自我同一性。活动，是兴趣的土壤，也是梦想的翅膀。通过活动，兴趣会悄然萌芽；通过活动，梦想会展翅飞翔。学校组织了各类大大小小、精彩纷呈的活动，给学生参与的机会，让学生自己去发掘，去寻找内心真正的兴趣所在。经过多年的发展与沉淀，学校还创造出一套成熟的校本课程体系。学校目前开设书法、形体、美术、民乐、足球、武术、厨艺、国际象棋、定向越野、劳动实践等20多门校本选修课程，开展科学文化、国际文化、生命健康、体育文化、人文阅读和校园艺术等主题活动课程，为学生搭建全面发展与彰显个性的平台。校本课程体系的开发，不仅进一步拓展了学生的能力，还解决了学生三点半去哪儿的问题。孩子想学、乐学、好学，家长中意、满意。

三、美丽校园，环境育人细无声

青春与活力是麓小的明信片，魅力与幸福是她的代言人。走进麓小校园，树木苍翠，花吐芬芳。教学楼里，一面面班级文化墙熠熠生辉，一朵朵班级之"花"竞相开放。成长之"树"上，学生灿烂的脸庞似春日的阳光，让整个校园愈发明亮；教室的展板上，五彩缤纷的画作如他们七彩斑斓的童年，绚丽夺目；展示柜中，一盆盆绿植生机盎然，一个个手工艺品惟妙惟肖……麓小校园里最多的是书籍，温馨、漂亮的图书室是学生最爱去的地方，在那里，他们可以尽情地吮吸知识的甘露。校园的每个角落，触手可及的便是书本。当学生想停下来时，他就可以坐下来，捧起手边的一本书，静静地读。当校园环境让每位师生感到舒适、亲切，当学校的文化与管理充分融合，师生的归属感、幸福感便会大大提升，学校的吸引力和感召力也会增强。

四、人本管理，一片冰心在玉壶

《孙子兵法》有云："上下同欲者胜。"治校之道便在于此，不仅仅要管好学生，更需要关注教职员工的需求和成长，教职员、学生齐头并进才能使学校得到最好的发展。麓小着力让教师快乐工作，幸福生活。学校努力营造幸福的校园氛围，让教师找到"家"的归属感，提高教师的幸福指数。坚持"以教师为本"的管理理念，进行民主管理，以激发教师的工作动力。坚持开好教代会，尊重教师的发言权、参与权。设立"爱心母婴室"，为哺乳期妈妈提供方便。开设健美操、篮球、摄影、插花、烹饪等教职工兴趣社团，让老师们在繁忙的工作之余放松身心。每学期开展趣味盎然的工会活动，并精心策划教师节、三八妇女节等重要节日活动，以凝聚人心，增强力量，助力发展。

学校荣获"全国五四红旗团支部""全国优秀少先队集体""湖南省五一劳动奖状""湖南省职工职业道德标兵单位""湖南省青年文明号""湖南省五四红旗团支部""湖南省五星级红领巾示范学校"等多项荣誉称号，是全国少工委"少先队改革直接联系示范单位"，获批教育部"全国中小学中华优秀文化艺术传承学校""全国青少年校园足球特色学校"等。执着远方，风雨兼程；奋勇拼搏，载歌载舞。斐然的成绩得益于对麓小"追求卓越、永不满足"的精神和文化的传承。在千变万化的当代世界，要立足于世界发展潮流，须学习众人之长处，发展自身之个性，"面向世界，博采众长，发展个性，奠基人生"是麓小的办学理念，既包含着对学生的期待，也代表着学校的发展方向。校训"学会生存，学会关心"，深深根植于心，我们都是矢志前行的逐梦人，志之所趋，穷山距海，不可阻挡！

——黄　斌

第五章

青史着痕，铭文铿锵

——有序多元的系统工程，教师精神文化建设的集群架构

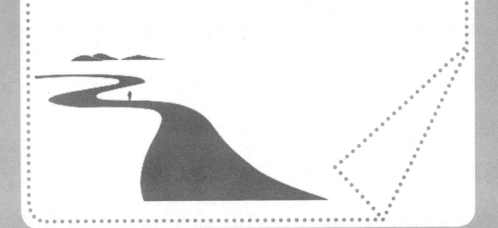

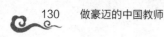

我们认同教师精神文化往往具有一定的潜隐性、弥散性、持久性和发展性，总觉得它看不到，摸不着，却又真真切切、时时刻刻地存在着，无时不在，无处不在。一种教师文化一旦形成，便不会轻易消失，当然，它更是可发展和可塑造的，科学地培育、引导有助于健康的教师文化建设与发展。

因此，中小学教师精神文化建设不是散漫无边的高谈空论，也不是流于形式的三两句口号，在长期的研究实践中，学校摸索出了一套有序运作的系统工程，它具有发挥各集群功效的科学架构，具备多元融合、辩证统一的和谐关系，充分体现科学性、适合性、典型性的特点。它不仅是外显可见文化的建设，还是内隐可生文化的滋养；不是单一诉求的满足，而是多方需要的有机相融；不仅是制度文化建设的规范拔节，更是活动文化建设与之相辅相成的共生共长。

一、科学性："学会学习"显性文化与"麓碌有为"隐性文化的相辅相成

"麓共体学校"的教师精神文化建设，注重"学会学习"显性文化与"麓碌有为"隐性文化的有机统一。

（一）建设"学会学习"的显性文化

"学会学习"是新时代教师的必备品格，在中小学教师精神文化建设研究中，我们充分营造学习氛围、搭建学习平台、组建学习团队、提供学习机会、总结学习经验、筑牢学习成果，形成"学会学习"的显性文化。

1. 党史主题教育学习，营造学习氛围

我们引导广大教师具有坚定的政治方向，认真落实党的教育方针，为党育人、为国育才，将党的教育方针落实在教育教学实践和教师队伍建设过程中。广大教师围绕"学史明理""学史增信""学史崇德""学史力行"四个专题开展学习研讨，于办好实事中做到知行合一。我们认真开展三会一课、主题党日活动、党员培训等，开展红色观影、读书竞赛、行走的队徽等系列主题活动，浸润式引导，红色基因，革命薪火，代代传承。

【案例 5-1】

抓好"七心"工程　筑牢党建之基

——"不忘初心、牢记使命"主题教育活动专题调研报告

根据长沙市教育局党委的指示要求，结合学校《深入开展"不忘初心、牢记

使命"主题教育的实施方案》及其部署安排，进一步落实将调查研究贯穿主题教育全过程的有关要求，经学校党委"不忘初心、牢记使命"主题教育领导小组研究，学校党委要求全校 7 个支部创建"七心支部"。

经讨论调研，听取各方意见建议，得出以下调研结论：

（1）调研情况概述

此次调研紧扣"守初心、担使命，找差距、抓落实"的总要求，突出教育教学中心工作，通过深入开展调查研究，真正把情况摸清楚、把问题带上来、把症结分析透，研究提出解决问题和改进工作的办法与措施，奋力开拓学校品质发展与内涵发展新局面，着力推动学校党建工作和教育教学工作高质量发展。

调研时间分为三个阶段。第一阶段：2021 年 9 月 10 日—9 月 30 日；第二阶段：10 月 8 日—10 月 31 日；第三阶段：11 月 1 日—11 月 30 日。此次调研活动以党委领导班子成员为重点，分组深入年级组、班级、师生开展专题调研。调研由党委杨革非书记牵头，邓智刚校长总策划，纪委杨德成书记总体统筹，刘卫靖和张博文等行政和党员教师具体协调，学部党员老师广泛参与。

调研形式以听课、问卷调查、访谈调查、实地观察和会议调查为主要形式。

调研主题任务分工情况：初一年级支部："初心"；初二年级支部："知心"；初三年级支部："恒心"；高一年级支部："全心"；高二年级支部："匠心"；高三年级支部："慧心"；行政支部："暖心"。

各调研组明确调研目的、任务、方法、预期效果等具体内容，确保调研活动有序、高效开展。明确调研的三大板块：现状分析、挖掘问题、对策建议。抓住调研重点内容：结合学校党委部署的任务，着眼解决教育教学实际问题。

（2）对调研主题的认识和理解

通过深入调研，各支部对调研主题认识和理解如下：

主题	调研支部	对调研主题的认识和理解
初心	初一年级支部	调研中，同志们谈到了我们教师党员的初心与使命：办人民满意的教育，做人民满意的老师，满足人民对优质教育的需求，为中华民族伟大复兴和社会主义培养接班人和建设者。从教的初心是对教师这一崇高的职业的向往和传承。在麓小从教是对自己不断追求上进的初心践行。其中也谈到了初一学生的"初心"，努力学习、勤练本领，学会生存、学会关心，做豪迈的中国人，做受欢迎的世界公民。
知心	初二年级支部	1. 学校层面：学校做好学生心理教育顶层设计，做好相关的宣传工作，将学校、学部、年级和班级几个层面有机结合。 2. 学生层面：初二学年是学生心理转变的关键时期，学生有一定的独立意识，同时需要其他人对他们加以关心，必须加强对他们在情感态度价值观上的引导，让他们朝着正确的方向发展。

续表

主题	调研支部	对调研主题的认识和理解
知心	初二年级支部	3. 党员教师层面：以"知心"守初心，"知心"指人与人之间的相互关心。对教师而言，主要是针对教师和学生之间心灵上的沟通，教师对学生要有正确的价值引领，让学生能够正确面对青春期的问题。 4. 家庭层面：家长在家多陪伴学生，做"知心父母"，积极配合学校老师的教育工作，做到家校合力。
恒心	初三年级支部	1. 学生层面：培养学生持之以恒的毅力，持久不变的意志，鼓励常存善心。 2. 党员教师层面：以"恒心"守初心，"恒心"是信仰，是忠诚的品格，是过硬的作风，是不惧考验。对教师而言，"恒心"体现在对教育事业的坚守，积极倡导从事教育工作，拥有对本职工作永恒的自豪感和幸福感。全体党员教师要有正确的三观，要有共同的价值追求和价值准则。 3. 学校层面：学校持之以恒地支持年级的工作，做好年级的后盾。激励政策不要随便修改，要有延续性。 4. 家庭层面：家长要一如既往地支持学校的工作，经常关心和关爱自己的孩子，不要时冷时热，要持之以恒地关心孩子的学习和生活。
全心	高一年级支部	全心全意为学校发展服务，全心全意为学生发展服务。不断提升自己，努力教书育人。
匠心	高二年级支部	教师层面：匠心教师只有拥有严谨细致的工作态度和精益求精的职业精神，并把其精神理念落实到教育教学的各个环节，真正履行教书育人的职责，才能培养出国家需要的"大国工匠"，这是实现教育"立德树人"的最高境界。对于麓小党员教师，只有本着"匠心"的教育教学状态，扎扎实实一步一个脚印，才能符合新高考对于教师和学生的新要求。 学生层面：匠心筑梦，梦想进行时。"匠心"是"书山有路勤为径，学海无涯苦作舟"，努力学习为人生理想提供支撑；是"千磨万击还坚劲，任尔东西南北风"，扎实坚毅地为成长平台提供支撑；是"长风破浪会有时，直挂云帆济沧海"，辛勤打拼为实现梦想提供支撑。对于新高考的首届学生，这种持之以恒的学习"匠心"显得更加重要。
慧心	高三年级支部	教师教育教学能力与教育教学艺术的和谐统一，使学生各项发展潜能更进一步激发和表现。
暖心	行政支部	通过支部全体党员的努力，在行动或语言上给服务对象以扶持与帮助，让他们从内心感到温暖，从而对学校产生强烈的归属感和认同感。

（3）现状分析

各支部现状分析如下：

主题	调研支部	现 状 分 析
初心	初一年级支部	1. 面对学生生源变化，教师期望收获与投入存在一定的差距。教师需要自省，寻找更多的驱动力。 2. 初一学生刚进入初中，学习任务加重，学习内容增多，需要更多的学习方法指导。学生年龄增长，开始进入青春期，人生观、价值观、世界观逐渐形成，需要更多的引导。部分学生对学习无目标，比较迷茫。
知心	初二年级支部	1. 帮扶情况：初二党支部有党员与学困生一对一帮扶活动，对于在学习上和心理上有困难的学生进行帮扶，但是帮扶的效果、效率还有待加强。

续表

主题	调研支部	现 状 分 析
知心	初二年级支部	2. 学情挑战：由于长沙市微机派位政策，这届初二学生的层次差距较大，家庭背景情况比较复杂。 3. 会考压力：初二学生面临生、地会考，学习压力较大，初二工作任务繁重，教学节奏紧张，教师党员在开展工作时难以做到忙而不乱，对学生心理方面的辅导容易受到时间等因素的影响。 4. 专业提升：心理问题具有很强的专业性，学校心理专业的教师比较缺乏，在初二教师党员当中具有心理专业知识背景的较少，在开展对学生心理辅导方面还有待加强。
恒心	初三年级支部	1. 麓小初三年级中考成绩历来名列长沙市前茅，如何在较长一段时间内都能保持这一传统，需要一代一代初三党员教师去传承。 2. 初三工作任务繁重，教学节奏紧张，使教师党员分身乏术，难以做到忙而不乱，因而工作的恒心受到冲击，容易使工作陷入被动。 3. 学生的各科也不平衡，不稳定，容易导致全A人数减少。部分学生太懒，不爱学习，学习习惯差。恒心需要动力，此困惑未及时解决。学生的层次也不一样，接受能力差异大。
全心	高一年级支部	1. 高一新生入校后整体表现较好，但在思想、行为上还存在着一些问题，亟待解决。 2. 教师爱岗敬业，同时普遍认为工作压力大，家庭压力大，奖惩机制还需要完善，特别是中青年教师，因为事务繁杂，导致工作有心无力。
匠心	高二年级支部	新高考从选拔到选择、从课堂到课程、从成绩到成长的转变，促使学校基于核心素养重构更加优良的育人生态、更加完善的课程体系、更加丰富的课堂形态，以及更加多元的教育评价方式。年级组层面更要本着教育"匠心"，不断打磨，促进学生综合发展。
慧心	高三年级支部	1. 为真正落实"以人为本"的教育理念，全力做好育人工作，充分发挥高三全体老师的力量，真正挖掘每位高三学生的潜能，支部与年级倡导所有党员及教师全力配合实施"导师制"。 2. 导师制的施行，充分调动一切可供调动的教师资源，明确权责，让所有科任老师和班主任携手，一同加入对学生的教育教学管理工作，让每个学生都能被关注，有助于高三学生身心及学习各方面的均衡发展。
暖心	行政支部	行政支部共有28名党员，主要由办公室、总务处、保卫科、教科室等部门的同志组成，共设立了4个党小组。主要工作任务是对全校师生提供人事、教研、后勤等方面全方位的服务，全体支部党员具有一定的服务意识和工作能力，能顺利完成学校各方面的工作任务，全校师生评价较好。

（4）问题清单

通过这次深入调研及日常掌握的情况，找准工作短板和问题症结，总结出学校问题清单如下：

① 自觉意识不强，思想观念不到位

部分党员对"不忘初心、牢记使命"主题教育活动的自觉意识不强，观念上跟不上，思想上不重视，行动上比较被动。比如初一支部的部分教师对"初心"意识不强，党员的身份意识淡薄，先锋模范作用体现不足，参加活动的主动性不够，深入实际不够。又如初三支部、高一支部在"恒心"与"全心"上意识不强，有些党员同志工作不够积极，某些方面消极应付，加上每日事务繁杂，导致有一定的情绪，在新事物的接受方面存在较长的思想斗争周期。

②支部堡垒功能不强，党员先锋模范作用不到位

党支部在学校和年级组的教育教学工作中战斗堡垒作用体现不足。党支部的工作主动性、创造性不强，存在感不强，对优秀人才、骨干教师的吸引力不够。比如"初心"支部宣传工作开展不足，党支部的工作、优秀党员的事迹宣传少。

党内组织生活方式不具时代性。少数党支部对党的政治生活制度的理解比较狭隘，往往把党内生活制度仅限于"三会一课"，在开展党内生活上缺乏创新。

党小组未形成合力。比如初二支部对于"知心"有关工作存在的问题没有沟通交流，也没有及时进行反思和提出相应的改进措施。

有一部分党员党性意识不强，对党的认识不足，也有的教师党员业务发展滞后，没有在教育教学一线发挥党员先锋模范作用。

③思想不重视，理论学习不到位

部分党员在学习上有态度不端正、学用脱节的问题。部分党员对党的理论知识学习坚持不够，不能按理论学习制度定期学习，比如"慧心"支部有部分党员因为教学任务紧张，党的理论学习不及时，缺乏对党的基本理论知识的学习和理解，对我党建立和建设社会主义的艰苦奋斗历史缺乏深刻认识和理解。没有充分利用党的基本理论武装自己，认识世界，没有用理论指导教育教学实践，工作创新性不足。

部分党员自主学习不深入。各支部学习形式不多样，只是集中学习，自主学习不够，用理论指导工作操作性不强。比如"恒心"支部一些同志没有树立好终身学习的意识，到了一定的年龄阶段有贪图安逸和懈怠的思想。从"学习强国"学习情况来看，各支部除"知心"支部和"暖心"支部党员学分普遍较高外，其他支部党员学分需抓紧提高。

④党性不强，思想建设不到位

部分党员缺乏党性修炼。部分党员没有以优秀的党员标准严格要求自己，思想上放松，淡化党员的身份，工作主动性不足，对主题教育活动有应付、拖延、事不关己等消极思想。部分教师满足现状，缺乏创新及开拓进取的精神。

部分党员服务意识不强。部分党员干部和教师没有把"为人民服务"这个宗旨贯穿始终，没有贯彻落实"以人民为中心"这个理念，在工作中缺乏孜孜不倦的毅力，缺乏细心周到的耐心，在生活中对同志关心不够。各年级支部对教师群

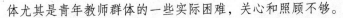

体尤其是青年教师群体的一些实际困难，关心和照顾不够。

部分党员责任担当不力。工作中干事创业遇到困难时，在担当责任方面存在推诿，回避矛盾和问题。

部分党员创新能力不够。工作中因循守旧，存在一定的形式主义，缺乏务实创新的意识与能力。

⑤ 不能与时俱进，队伍建设不到位

部分党员缺乏"因时而进"的思想。面对新高考，党员干部和教师发挥先锋示范引领作用的典型人物和典型事迹总结材料不及时不丰富，党员教师对推进学校新高考改革的有序有效推进没有强有力且富有影响力的对策解读。比如，"初心"支部和"匠心"支部在听课和访谈过程中，还发现部分教师尤其是个别党员教师存在随意换课和作业批改不及时或者评价不到位的情况。

部分党员缺乏"因势而新"的格局。对于避免教师的职业倦怠，激发全体教师的教育教学热情，全身心投入并为学生创造更好的发展平台和学习生活环境。"知心""恒心"和"全心"支部党员代表在调研访谈时谈到，对于"如何进一步提升教师的职业素养，加强全体教师的业务能力，以更好的状态适应新时代对于教师的要求"心中无数，手中无招。

部分党员缺乏"因事而化"的智慧。"恒心"和"匠心"支部调研时，对于"供需不均衡，教师数量有限""指导不到位，教师能力不一""时间分配不合理，统筹管理欠缺"等问题，存在"等靠要"的思想局限，没有在创新的策略与途径上下苦功夫。

⑥ 争先创优意识不强，活动落实不到位

党支部对支部工作的计划部署周密完善，但行动执行的能力还有待加强，落实工作之初积极性较强，但要长久支持的恒心还有待提升。

⑦ 没有实事求是，方式方法不到位

支部党建工作方式方法简单，有时候甚至是走过场。部分支部存在重视业务工作，党建工作走过场的心态。比如"初心"和"慧心"支部教师党员重视学生的心理沟通，但在方法上不够到位，问题没有得到真正落实，一些问题在处理的过程中被搁置，很多学生仍然难以处理好自己学习和生活之间的关系。

（5）对开展"不忘初心、牢记使命"主题教育的改进措施

学校党委突出问题导向，聚焦主题主线，把主题教育与学校教育事业发展密切联系起来，着力整改工作中存在的突出问题。

具体改进措施如下：

① 明确职责，切实履行主体责任

始终坚持把党的政治建设摆在首位，认真履行党风廉政建设"第一责任人"制度，督促落实"一岗双责"。组织党员干部带头讲党课，认真把党的主张、路线方针政策传导到每一个支部、每一个党员。

② 学做结合，深入开展主题教育

以"不忘初心、牢记使命"为主题，通过"新思想进基层"微宣讲、读书分享会、观看爱国影片、"麓枫"党员进社区志愿服务、参观革命圣地等活动，教育引导党员干部悟初心、守初心、践初心。

通过搭建多元学习平台和常态机制，深入打造以"组织学习与个人学习相结合、线上学习和线下学习相结合、支部学习与学科教研组学习相结合"为主要内容的"三结合"工程；通过开拓正面引导和沟通表达的渠道，深入打造以"思想交流和组织研讨进会议、进网络、进制度、进笔记、进考核"为主要内容的"五进"工程。党员教师要坚持读原著、悟原理、找差距、找问题、找方法、抓落实，寻找自己的初心与使命。

③ 建设堡垒，推进支部党建工作

认真贯彻落实《党支部"五化"建设标准》，全面实行星级评定。全面落实"三会一课"、党员积分管理、支部主题党日、民主评议党员等各项制度。充分发挥基层党组织战斗堡垒作用，以"七心"行动为核心，组建"初心""知心""恒心""全心""匠心""慧心""暖心"七心支部，引导全体师生胸怀家国、热爱人民、奋发上进，助推学校教育教学工作的开展。

加强党支部制度建设与落实，加强党员的日常管理。开展"六个一"系列活动：读一本好书、上一堂示范课、做一次志愿服务活动、参观一次校史馆、进行一次党性教育活动、解决群众的一个实际问题。

④ 注重引领，加强党员队伍建设

一支好的队伍在于引领，在于团队提升，在于扶持培养。

重视党支部的宣传工作。积极开展创新的支部活动，体现支部堡垒作用，体现党员模范作用，促进年级组和学校的教育教学工作高质量开展。设立以宣传委员为组长的宣传小组，及时宣传党支部的工作动态、优秀党员的事迹，扩大党支部在年级和学校的影响力，发挥支部的战斗堡垒作用。利用好党建信息化建设，革新教育手段。

提升党员教师团队专业化建设。提高教师自身的科学文化素养和思想道德素养，在教育学生上实现高效率的内化和外化。

推广党员先进典型。依托党员示范岗、示范班平台，全体党员亮身份、担责任，充分发挥模范作用，通过经验分享、主题班会、专题讲座等方式，加强对学生学习方法的指导，学习习惯的培养，学习目标的确立，人生观、价值观、世界观的引导，做好初一学生习惯养成、价值引领的引路人。

迎接教育创新挑战。对于新高考政策的落实推进，作为党员教师既要带好头做好先锋榜样，献计献策，及时就学生所面临的问题进行解答，本着埋头苦干的"匠心"精神，关爱学生，使学生快速适应新高考改革的节奏，把握先机。

应对新高考改革带来的管理难题，学校和年级组需制定一系列的实施方案和制度条例，建立行政班班主任、行政教学班任课老师、走班任课老师、年级考勤管理"四方"共管的学生管理体系，建立"确定教师、确定班干部、确定学生座位、确定个性化管理细则"的"四定"教学班级管理体系。

加强团队通力合作。为解决师资紧张的困难，学部和年级组加强对教师教育教学能力的监督，弥补教师短板。采用答疑名单预约制度，有效避免学生等候答疑的时间浪费。

解决教师后顾之忧。加强与年级组、学部和学校的沟通，了解一线老师的实际情况，增强人文关怀，增强教师职业幸福感。

⑤强化共建，切实推行"两促进"活动

促进与望月湖街道岳龙社区等共建社区的交流合作，续签区域化党建共建协议书，进一步完善了共建合作关系，实现了组织共建、资源共享、党员共管、实事共办与发展共促，开展的"区域化党建联席会议""麓山党课大讲堂进社区""垃圾分类环保宣传""社区志愿清扫""禁毒宣传"和"宪法宣传"等活动，进一步实现了学校与社区的资源共享、和谐发展、互相促进。促进"麓枫党团员志愿服务活动"品牌项目加强辐射力和影响力，党团员定期为社区困难群众如空巢老人、独居老人、低保老人、残疾人送去祝福。

促进教师和家长的沟通，发挥学校、家庭和社会三方面的作用，形成合力。让学生感受到更多的温暖，同时学会独立。有问题及时解决，不要拖沓。教师与家长及时对接，一如既往、想尽一切办法促进学生发展，特别是助其提高学科素养。

——长沙麓山国际实验学校党委

【案例 5-2】

党史教育学习摘录
学史明理，蓄力前行

在全党开展党史学习教育，是党的政治生活中的一件大事。

回望 100 年前，中国共产党刚成立时有 50 多名党员，身份涵盖教师、学生、记者、律师、职员、工人等，大多数人家境并不算差。是什么驱使他们集合到救国救民的红色旗帜下？ 1938 年，瑞士记者瓦尔特·博斯哈德来到延安，发现"愈是接近'红色首都'，背着行装、徒步而来的青年人也愈来愈多"。是什么让延安成为进步学者、进步青年向往的圣地？

信仰在召唤，青春有选择，马克思主义的真理力量和实践力量，赋予生命以使命。十月革命一声炮响，给中国送来了马克思列宁主义，让先进分子看到了解决中国问题的希望。以这一科学理论为指导，中国共产党完成了开天辟地的建党壮举，带领中国人民谱写了改天换地的新中国壮歌，绘就了翻天覆地的改革开放画卷。在迎来中国共产党成立 100 周年的重要时刻，脱贫攻坚战取得全面胜利，全面建成小康社会取得伟大历史性成就，中华民族伟大复兴向前迈出了新的一大步。历史充分证明，马克思主义是确保中华民族伟大复兴的巨轮，也是始终沿着正确航向破浪前行的强大思想战舰。

习近平总书记在福建考察时做出重要指示："要在党史学习教育中做到学史明理，明理是增信、崇德、力行的前提。"习近平总书记进一步指出："要从党的辉煌成就、艰辛历程、历史经验、优良传统中深刻领悟中国共产党为什么能、马克思主义为什么行、中国特色社会主义为什么好等道理，弄清楚其中的历史逻辑、理论逻辑、实践逻辑。要深刻领悟坚持中国共产党领导的历史必然性，坚定对党的领导的自信。要深刻领悟马克思主义及其中国化创新理论的真理性，增强自觉贯彻落实党的创新理论的坚定性。要深刻领悟中国特色社会主义道路的正确性，坚定不移走中国特色社会主义这条唯一正确的道路。"这四个"深刻领悟"既凝结着总书记对百年党史中蕴含规律的深刻思考，又是针对"学史明理"提出的具体要求，体现了深沉的历史自觉和强烈的历史担当，对我们学好和用好党史具有重要指导意义。

开展党史学习教育，是贯穿学校党总支全年工作的一项重大政治任务，各党支部要高度重视，加强组织领导，切实把党史学习教育抓紧、抓实、抓出成效。

一要认真领会党史学习教育的深刻意义，要明确开展党史学习教育是坚定信仰信念、在新时代坚持和发展中国特色社会主义的必然要求；

二要高度重视，尤其是党员干部要带头把学习党史与学校发展相结合，坚持两手抓、两促进，以学习教育成果推进中心工作开展，以改革发展成绩检验学习教育成效，在新的历史起点奋力推动学校教育教学再上新台阶；

三要坚持目标导向与问题导向相结合，清醒认识个人成长和学校发展面临的重难点问题，全力化解工作中的突出矛盾，把开展党史学习教育作为推动学校工作的重要契机和强大动力；

四要加强总结思考，不断总结提炼过程中好的经验做法并加以宣传推广，营造浓厚的学习和干事氛围，激励全校上下在学习党史中不断加强思想淬炼、政治历练、实践锻炼、专业训练，为推动学校和高质量发展贡献力量，以优异成绩庆祝中国共产党成立 100 周年。

看历史是为了看未来。历史中有信仰之根、精神之魂，也有烛照未来的光亮、辨明方位的指针。从党的百年奋斗历程中把握历史规律、汲取真理力量，做马克思主义的忠诚信奉者、坚定实践者，把党的百年奋斗延伸向未来。

学史增信，筑牢初心使命

心中有信仰，脚下有力量。

习近平总书记在参加十三届全国人大四次会议青海代表团审议时强调："党史学习教育的一个重要任务就是教育引导全党同志坚定理想信念、筑牢初心使命。"我们要深刻认识"学史增信"的重要意义，强化政治自觉，坚守初心使命，真学真思真悟真信。

习近平总书记在党史学习教育动员大会上强调："我们党的一百年，是矢志践行初心使命的一百年，是筚路蓝缕奠基立业的一百年，是创造辉煌开辟未来的一百年。""农村包围城市、武装夺取政权"的革命道路，"使马克思列宁主义的理论和中国革命的实际运动结合起来"的思想突破，"民主集中制是党和国家的最根本的制度"的政治建设，"社会主义也可以搞市场经济"的思想解放，坚持以人民为中心的发展思想，"管党治党一刻不能松懈"的治党态度，"绿水青山就是金山银山"的生态文明……100 年来，我们党坚持解放思想和实事求是相统一、培元固本和守正创新相统一，在实践中不断丰富和发展马克思主义，指导中国共产党完成了一个又一个被认为不可能完成的任务，取得了一次又一次"当惊世界殊"的胜利。

党的百年奋斗历程和伟大成就是我们增强中国特色社会主义道路、理论、制度、文化自信最为坚实的基础，学史增信，就要用党的光荣传统和优良作风坚定信念、凝聚力量，增强对马克思主义的信仰，坚定对以习近平同志为核心的党中央的信赖，增强对中国特色社会主义的信念，增强对实现中华民族伟大复兴中国梦的信心。

通过"学史增信"，深刻领悟马克思主义的真理力量，深刻理解习近平新时代中国特色社会主义思想，增强"四个意识"、坚定"四个自信"、做到"两个维护"，不断增强斗争精神、提高斗争本领，做到在复杂形势面前不迷航、在艰巨斗争面前不退缩。不论时代条件如何变化，我们必须始终坚守真理、坚守正道、坚守原则、坚守规矩，善于从党史里赓续红色传统、传承红色基因，在现实中加强思想政治建设、解决好"总开关"问题，练就共产党人的钢筋铁骨。

心有所信，方能行远。用信仰信念信心照亮奋斗之路，学出永不懈怠的"三牛"精神，涵养"功成不必在我，建功必定有我"的境界情怀，发扬"追求卓越，永不满足"的麓小精神，将学习教育成果转化为推动学校发展的实效，以优异成绩庆祝建党100周年。

学史崇德、知行合一，率先垂范、立德树人

国无德不兴，人无德不立。

我们党百年历史所培育的光荣传统和优良作风，构筑起中国共产党人的精神谱系，更是照亮前进征程的一面明镜。在学习党史中，为贯彻习近平总书记提出的"学史崇德"要求，我们应注重从优良传统、红色基因中汲取思想道德营养，在赓续精神血脉中坚定崇高价值追求、全面提升道德素养，鼓起踏上新征程、奋进新时代的干劲。

百年岁月峥嵘，百年奠基立业。一部党史，是前赴后继、百折不挠、创造辉煌的奋斗史，是坚守初心、求真务实、逐梦前行的创业史，也是勇于自我革命、自我重塑、自我超越的成长壮大史。一代又一代中国共产党人顽强拼搏、不懈奋斗，展现了崇高的精神品格和道德风范，所形成的红船精神、井冈山精神、长征精神、延安精神、西柏坡精神、抗美援朝精神、"两弹一星"精神等一系列伟大精神，正是共产党人精神血脉和道德风貌的生动展现；涌现出的一大批视死如归的革命烈士、一大批顽强奋斗的英雄人物、一大批忘我奉献的先进模范，正是共产党人作为时代先锋、民族脊梁、道德楷模的形象代表。明镜照形，知史鉴今。我们学习党史，不仅要了解仰慕革命前辈在思想、道德境界上所达到的高度，更要升华道德认知、强化道德自律、砥砺道德实践，增强学史崇德、赓续荣光、接续奋斗的思想和行动自觉。党性是共产党人最大的德，不是与生俱来的，也不是一成不变的，而是一个自觉的长期的修炼过程。身体力行、持之以恒地加强党性修养，勇于自我革命，提升道德境界，强化道德自律，才能"心中有党、心中有民、心中有责、心中有戒"，自觉抵制歪风邪气，自觉远离低级趣味，常想使命之责，常修为政之德，常做利民之事，常思贪欲之害，常怀律己之心，不断增强赓续荣光、接续奋斗的思想和行动自觉。

"大道至简，实干为要。"实干方能兴邦，实干方能强国，实干方能富民。学

史崇德，坚持知行合一，大力传承党的光荣传统和优良作风，撸起袖子加油干、只争朝夕争上游，我们就一定能够在构建新发展格局中展现新的更大作为，做出新的更大成绩。

作为长沙教育人，我们将秉承中国共产党人的伟大精神，加强学校师德师风建设，发挥党员教师示范引领作用，提升教师的终身学习能力。全体党员干部、党员教师要亮身份、担担子，无论是常规工作落实，还是特色工作创新；无论是青蓝工程导师示范，还是关心群众排忧解难，都要冲锋在前、做好榜样，不怕险阻、共克时艰。带头将学校各项工作一件一件落实好，主动思考问题，积极解决困扰，确保事事有回音。

"每一个不曾起舞的日子，都是对生命的辜负。"我们将发扬实干作风，同全校教职员工一起，践行教书育人使命，擦亮青春奋斗的光芒。站在儿童的立场，以儿童的视野，开展教育教学工作，以最大的力量鼓励每一位麓小学子，以最大的耐心聆听每一句童言童语，让他们在德育、智育、体育、美育、劳动教育的熏陶与沉浸中，拥有健康的身心、强健的体魄、自由的灵魂，男生阳刚率真，女生温婉大方，成为能够适应未来社会发展的智慧学习者。

著名诗人塞缪尔·厄尔曼在《青春》中写道："青春不是年华，而是心境；青春不是桃面、丹唇、柔膝，而是深沉的意志、恢宏的想象、炙热的恋情；青春是生命的深泉在涌流。"青春的我们，青春的麓小，将按照长沙市教育局党委描绘的宏伟蓝图，身先士卒，带领全校教职员工，坚持以德治校，立德树人，以饱满的热情、拼搏的勇气、充沛的干劲，大胆创新、智慧前行，办好家长和社会满意的学校。

学史力行办实事，聚焦发展解难题

根据湖南省委，长沙市委、市教育局党委关于党史学习教育的统一部署，深入学习贯彻习近平总书记关于党史学习教育的重要讲话指示精神，学习贯彻习近平总书记关于把握新发展阶段、贯彻新发展理念、构建新发展格局的重要论述，学习贯彻习近平总书记关于知行合一、狠抓落实的重要论述，自觉从党的百年历史中汲取砥砺奋进的精神力量，真正把明理、增信、崇德落到力行上，把学党史、悟思想的成效体现到办实事、开新局上，学史力行办实事，聚焦发展解难题。

一、坚决执行，自觉行动，贯彻落实党的教育方针

教育部关于加强中小学生"五项管理"（手机、睡眠、读物、作业、体质健康）的相关要求，是小切口、大改革，是全面贯彻党的教育方针，落实立德树人根本任务重要载体和具体行动。毛泽东同志在《党委会的工作方法》中指出：

"什么东西只有抓得很紧，毫不放松，才能抓住。抓而不紧，等于不抓。伸着巴掌，当然什么也抓不住。就是把手握起来，但是不握紧，样子像抓，还是抓不住东西。我们有些同志，也抓主要工作，但是抓而不紧，所以工作还是不能做好。不抓不行，抓而不紧也不行。"学校将充分认识实施"五项管理"工作的重要意义，坚持效果导向，坚持"刚性约束"和"柔性管理"相结合，提高工作精准化、精细化水平，进一步完善日常教育教学工作，切实减轻学生课业负担，促进学生身心健康发展，培养德智体美劳全面发展的社会主义建设者和接班人。

二、攻坚克难，推动发展，积极推进配套学校建设

习近平总书记在《正确认识和把握中长期经济社会发展重大问题》中指出，"十四五"时期是我国全面建成小康社会、实现第一个百年奋斗目标之后，乘势而上开启全面建设社会主义现代化国家新征程、向第二个百年奋斗目标进军的第一个五年，我国将进入新发展阶段。"凡事预则立，不预则废。"我们要着眼长远、把握大势、开门问策、集思广益，研究新情况，做出新规划。

"十四五"时期，学校将以辩证思维看待新发展阶段的新机遇、新挑战，增强机遇意识和风险意识，准确识变、科学应变、主动求变，攻坚克难，推动发展。在市教育局党委领导下，在岳麓区人民政府支持下，积极推进钰龙片区配套学校建设并在2022年秋季开学，同时做好2021年秋季钰龙片区业主子女借址就读工作。为满足老百姓对优质教育资源的需求，力争把钰龙片区配套学校办成与麓山国际实验小学齐名的家门口的好学校。努力实现学校更高质量、更有效率、更加公平、更可持续、更为安全的发展。

三、示范引领，为民造福，充分发挥名校名师作用

习近平总书记在关于把握新发展阶段、贯彻新发展理念、构建新发展格局的重要论述中指出，人民是我们党执政的最深厚基础和最大底气。为人民谋幸福、为民族谋复兴，这既是我们党领导现代化建设的出发点和落脚点，也是新发展理念的"根"和"魂"。只有坚持以人民为中心的发展思想，坚持发展为了人民、发展依靠人民、发展成果由人民共享，才会有正确的发展观、现代化观。

通过捆绑发展、委托管理、结对帮扶、合作共享、友好交流等多种形式，我校发挥了名校名师的示范引领作用，惠及了更多儿童及家庭。我校将着力加强革命老区、民族地区、农村山区学校在教师培养、教育教学管理、师生互访等方面的结对帮扶工作，继续做好对炎陵县鹿原学校、霞阳学校、水口学校、策源学校，浏阳市文家市里仁学校，湘西吉师附小、龙山县二小，长沙县龙家滩小学，望城区金塘小学、宁乡市莲花山小学的支持工作，推进教育均衡发展。

学史力行办实事，聚焦发展解难题。永葆初心，勇担使命，身体力行，矢志不渝，为实现中华民族伟大复兴而奋斗。

——黄斌

2. 项目化主题培训，搭建学习平台

项目化主题培训让学习的目标性更强，学习的效果更加凸显，成果的指向性更明确。例如，教师成长微论坛，市级骨干教师代表和各学科优秀教师代表登台发言，畅谈自己的专业成长之路。课题研究培训，提升了教师的教育教学研究水平，强化了创新精神，提高了科学思维与解决实际问题的能力，以研促教，树立了课题研究意识。微课制作培训、几何画板技术培训、运用 AI 软件开发课程培训等，让信息技术赋能教育，提高课堂教学效益。

3. 组建学习团队，提供学习机会

健全教师学习制度，学校统筹思想政治素质提升、师德师风涵养、业务能力提升，通过推行教师发展学校开设阅读、书法、信息化、体育、摄影、艺术等广泛的学习活动，拓展教师的文化底蕴。

学习团队的组建，提供互学互助的学习场域，将个人融入团队之中，让集体进步促进个体发展。学校先后成立了"教师发展学校"，既有公共类学习，又有学科素养类学习；"青年教师成长营"提升了教师基本功，夯实专业基础；"青蓝工程导师团队"以专家引领、名师指导、自我研修的方式，抱团成长；"麓小读书会"通过线上线下诵读活动，全学科教师参与，拓宽视野，涵养文化，促进素养提升，展示教师风采。各类学习组织，既丰富教师的生活情趣，又升华教师文化底蕴。

【案例 5-3】

长沙麓山国际实验小学教师发展实施方案

一、领导小组（略）

二、工作小组（略）

三、指导思想

国家的振兴在教育，教育的振兴在教师。教师专业发展是教育的永恒主题，是教师自我价值提升的需要，是学生发展的前提，是学校发展的动力源泉。以党的十九大胜利召开为标志，我国教育事业进入了新时代，也翻开了历史新的一页。以《中共中央　国务院关于深化新时代教师队伍建设改革的意见》为标志，教师队伍建设站在了新的历史起点上。党和国家将教师事业视为教育事业发展的重要增长点和促进教育改革的重要力量，提出了"百年大计，教育为本；教育大计，教师为本"的理念。要求教师做知识、思想、真理的传播者；灵魂、生命、人的塑造者；学习知识、创新思维、奉献祖国的引路人。

四、目标愿景

1. 培养教师成为"有理想信念、有道德情操、有扎实学识、有仁爱之心"的"四有"好老师；

2. 实现"教书与育人、言传与身教、潜心学问与关注社会、学术自由与学术规范"四统一；

3. 实现学校关于教师成长立校的三个计划。

五、培养对象：全体老师

六、发展规划

1. 五年计划（学校"十四五"发展规划：学校文化和教师发展）

2. 人才强校（三个人才培养计划：展翼计划、逐梦计划、领衔计划）

七、制度保障

1. 继续教育制度　2. 校本教研制度　3. 集体备课制度　4. 师徒结对制度

5. 业绩奖励制度　6. 绩效考核制度　7. 评优评先制度　8. 职称评聘制度

八、发展平台

1. 青蓝工程（师徒结对，指导教学设计、课堂教学、作业批改、听课评课、教学展示、论文撰写、课题研究、教学比赛等）

2. 素养提升工程（阅读、书法、信息技术、学科基本功、生活兴趣）

3. 开放工程（"请进来，送出去"专业培训；教育、教学、教研开放展示）

4. 团队工程（教研活动、集体备课、听课评课、课题研究、德育研训、小学课程中心研训）

5. 名师工程（培养特级教师、首席名师、学科带头人、骨干教师、教学能手 / 正高级、高级教师等）

6. 导师工作室（学校与高等院校教研合作）

九、培训内容

（一）基本素养类

1. 教师基本功类：阅读、书法（三笔字）、普通话、简笔画、信息技术

2. 学科基本功类：

　　文科组：语文（朗诵、阅读）英语（口语交际）音乐（器乐）美术（书画）

理科组：数学（思维能力）　科学（实践创新）　体育（球队、国际象棋）

　3. 生活兴趣类：摄影、插花、茶艺、有氧健身、手工、厨艺、武术

（二）专业能力类

1. 教育类（学生处）：班级管理、文化建设、活动开展等

2. 教学类（教科室　教务处）：教学设计、课堂教学、作业批改、听课评课、论文撰写、课题研究等

十、评价激励

1. 教师专业发展云管理平台

2. 考核、评比、奖励等制度（业绩奖励制度、绩效考核制度、评优评先制度、职称评聘制度）

十一、经费保障

专家经费、导师津贴、业绩奖励、绩效考核奖励、评优评先奖励

十二、培养具体计划（教研组团队讨论）

时　段	内　容	项　目	时　间	课程内容	培训对象	导　师	负责人
20-21-1	基本素养类						
	专业能力类						
20-21-2	基本素养类						
	专业能力类						

【案例 5-4】

"枫叶红了"读书会活动纪实

书香为伴，芳华自来——麓小读书会启动仪式

经历了近一个月的筹备，冬至这天，"枫叶红了"麓小读书会在学校文华报

告厅隆重启动。语文组教师张晋担任启动仪式主持。

启动仪式第一项，校长黄斌致辞。黄校长用幽默的话语，回想自己以前读书的岁月。他说，虽然已经过去了很久，但是从江畔风情茶吧中望见的湘江美景、读过的书，让自己的心灵在奔跑的时候，有了可以安静栖息的人生驿站。那些书中读过的句子，看过的真理，带给自己很多人生的感悟，激励了前进的步伐，指引了人生的方向，让自己的心静下来，沉下来，乐于在读书中与人交流。讲话的最后，黄校长提出：希望每位老师都能去读书，去领悟，将书中读到的收获分享给身边的人。

"没有一艘船能像一首诗，也没有一匹骏马能像一页跳跃着的诗行那样，把人带往远方……"启动仪式第二项，由来自各教研组的二十余名热爱诵读的老师带来的配乐诗朗诵——《一路书香》。最是书香能致远，伴随着优美的音乐，老师们用自己的声音，缓缓地诠释着从读书中品味到的真善美。

启动仪式第三项，颁发聘书。

启动仪式第四项：阅读点灯人读书微论坛。本次微论坛由读书会的五位阅读点灯人，即邹玲静、向春芳、聂琴、沈毅、杨池珍主讲。前期没有经过任何排练，将原生态的读书沙龙搬上舞台，给在座的老师们呈现了一场非常精彩的读书分享会。教科室主任邹玲静结合小时候读书的经历：镇上有连环画的书店、爸爸给自己订的期刊……提及了自己如《窃读记》作者读书的贪婪一般，心中满是对读书的渴望，这些都为自己今后的阅读人生打下了精神底色。教务处主任向春芳分享了自己读过的文章片段，那些读过的书，遇到的人，那些旧时光里闪耀的暖暖炭火、弥漫满屋子的烤红薯香……渐渐让她读懂了生活的法则——简单。办公室主任聂琴介绍了自己读的书。冬日捧着茶，静静地看《我心安处是幸福》；为了给父亲治病，她大量翻阅国内外有关肿瘤的书籍，差不多成了肿瘤专家……初为人师时读过《班主任工作漫谈》，至今还影响着自己的教学工作。最后还为老师们推荐了《为世界公民的人生奠基》和《周国平论哲学》。一年级年级组组长杨池珍分享了汪涵的话：读书不能保证你抵达理想的彼岸，你还是可以读读书；读书不能保证加工资，你还是可以读读书；读书不能保证学以致用，你还是可以读读书。说完，她还不忘拿起手边正在读的《相约星期二》推荐给大家。最后学生处主任沈毅拿起手中一本小小的期刊《读书》，推荐给大家。这不仅仅是一本书，你拿着这本书按图索骥，可以遇见很多的好书；接着还给大家推荐了余光中先生的散文集。

启动仪式的最后，读书会会长从活动形式、活动内容、活动参与人员等方面对后期读书会的安排进行了展望，提出了"不要让读书会成为大家的负担，让阅读成为内心的渴望"的宗旨。

每个人的读书经历和喜好不一样，但有一点是相同的：读一本好书可以让我们的生活节奏舒缓下来，让我们的心平静下来。

（二）滋养"麓碌有为"的隐性文化

"麓碌有为"是麓小教师教育哲学的真实体现。从表层来看，"麓"，指麓小；"碌"，指忙碌；"有为"，有所作为。从深层来看，这是教师精神的突出体现，是麓小教师在辛勤工作、辛苦付出中的工作信仰，"高高兴兴干累活"，用教师"心甘情愿""任劳任怨"的辛苦指数换取学生全面发展的成长指数，为学生未来发展奠基，麓小的教师甘之如饴。

一是"服务＋服从"。麓小提出"服务＋服从"的管理理念，行政后勤部门服务一线教育教学工作，下级服从上级。这一理念在每一次的教育教学活动，每一次的工作布置中间不断地落实、强化，形成麓小高效运转、"事事有落实、件件有回音"的工作作风。学校的人事安排、临时加班、任务布置，不需要额外去做思想动员、工作协调，全校教职工能够主动担当、自觉承担、按质按量完成好各项工作。

二是"心不苦不辛苦"。麓小一直坚持推进普特融合教育发展，关心关爱特殊体质、特殊心理、特殊家庭的儿童。让每一位适龄儿童都享受到公平而有质量的教育，一直都是学校教育的使命和责任。在普特融合的教育探索中，老师们以父母之心包容孩子，以师者之心呵护孩子，以仁爱之心陪伴孩子，每一位老师对特殊孩子都温柔以待、关爱有加。特殊孩子的进步与成长，在包容与爱的滋养下，逐日鲜亮。

【案例 5-5】

万物皆有裂隙，那是光进来的地方

——普特融合教育手札

2021 年 9 月，随着盛夏的燥热渐渐退去，金桂的清香飘逸悠远，我光荣地成为一名麓小教师。作为一名刚毕业的大学生，我怀着满腔热血和饱满的激情，希望能在自己的一亩三分地上干出漂亮的事情来。

可随着时间的推移，一位特殊学生的出现，让我有点黔驴技穷：这个孩子注意力涣散，自我控制能力弱，不仅影响自身，也影响全班同学。作为班主任，我怎样做才能帮助这个孩子？哪些措施既能行之有效，又能保护孩子幼小的心灵？太多的困惑和担忧涌上心头。

年级组组长谭老师很快就看出了我的苦恼，她给了我一本《年级日记》，并告诉我："每个班级的孩子都不是十全十美的，万物皆有裂隙，但那正是光进来的地方！班主任的德育工作要真真切切地感受，认认真真地思考，踏踏实实地做，这本日记中自有答案，你好好学习学习。"

【故事一】
每一朵花都有绽放的理由

"老师，他总是随便拿我的东西，还说东西是他自己的。"

"老师，我想和他做朋友，可是他总喜欢打人。"

"老师，他总咬我们的脸，朝我们吐口水。"

"老师，我不想和他一起做游戏，他总抢我的东西。"

"蕾蕾，你们班雨晨同学，上课总是怪喊怪叫，课都不听。"

"蕾蕾，你们班 13 号上课书都不带，随意冲出教室。"

"蕾蕾，你们班 13 号课堂上一个字都不会写，一顿乱画，课堂上一刻都停不下来。"

这是上个学期充斥在我耳边的关于 13 号同学的话。回想起我们的初见，这些都是意料之中的。

【2021 年 9 月 3 日】

初见：一朵特别可爱的小花儿

今天报到，有一个孩子姗姗来迟。当孩子走到我跟前时，我跟他打招呼，询问他的名字，他呆呆地望着我和彭老师，名字也说不清，刚想跟他多聊聊，一眨眼就不见人影了。突然从一个桌子底下探出一个小脑袋，外婆一手拉着弟弟，一手想去拉住他，妈妈一边在报到处登记新生入学基本资料，一边火急火燎朝他大吼，哪知孩子挣脱了奶奶的手，好似脱缰的野马，满教室撒欢。

这就是我们的初见。

【2021 年 10 月 25 日】

表扬、激励：培养一颗向上的种子

今天的升旗仪式，雨晨同学进步啦。之前他要么蹲在地上玩沙子，要么在队伍里面游走和怪喊。今天我跟孩子说："雨晨，今天有进步哟，没有蹲地上玩沙子啦，要是能站在自己的位置不乱跑，那你绝对是今天的进步之星。我们尝试着在队伍里站定一会儿，老师不会要求你一下子就能坚持整个升旗仪式，我们一点点慢慢来。每次争取坚持的时间长一点点，你能试一下吗？"看到雨晨回应了我，我心中窃喜。今天的升旗仪式雨晨能安静地站在位置上了，且坚持了约一分钟。这约一分钟，对于曾经片刻也静不下来的他可谓是历史性的巨变，我赶紧用手机把雨晨认真的站姿拍下来，发给了雨晨妈妈。

一个孩子的改变绝不是一个人的力量，而是一群人的爱和守望。

我遇见了一帮怀着爱心和耐心的同事们。我的副班主任彭老师，总是鼓励13号：雨晨同学，美术课，今天画画挺不错哟！一个简单的数数，其他孩子早就会了，但他就是不会。灿灿老师总是不厌其烦地一遍遍教他数，直到他会了为止。

【2022年1月10日】写于期末

集体教育：孕育成长的土壤

我总跟孩子们说，雨晨同学很想和大家做朋友，只是他还没找到合适的方式和办法，我们可以一起来帮帮他。能够在一个班级相遇成为同学，是一件非常幸运的事情，我们要一起进步，一起成长，经历很多很多人生中难忘的故事。

当他忘记戴口罩和忘带其他学习用品的时候，很多同学主动借给他。当他课堂上认真听了一会儿课并主动举手回答问题的时候，班上同学给出了热烈的掌声，祝贺他的进步。当他记不住英语课文的时候，班上的同学主动带着他一起读课文……

渐渐地，13号同学不再像个小刺猬了，他慢慢地喜欢上了这个班集体，会和同学一起开心玩游戏了，会认真积极地和小伙伴一起打扫卫生，会开心享受着大家对他的鼓励，脸上的笑容越来越明朗起来了……

虽然他跟其他同学有很大的差别，但是他在改变着，他在进步着，我觉得即使速度慢了点，那也没什么关系，有谁规定每个孩子齐齐整整地迈着同样的步子前行？

慢一点又怎样？也许这个过程我们可以领略到不同的人生风景。我想，在我们有缘相处的日子里，他是开心的，他能够进步成长，那就足够了。

每一个孩子都是上天赐予世界的礼物，他们承载着父母的殷切希望进入学校。苏霍姆林斯基说过：教育技巧的全部奥秘在于如何爱护儿童。班级中每个孩子都有他们独特的性格魅力，有的孩子更是需要特别关爱，也许老师只付出了一部分努力，但足以改变孩子的整个世界。无条件积极关注特殊学生才是帮助他们的第一把钥匙啊！

【故事2】

爱如铜镜照童心，静待花开香自来

【2021年10月11日】 突如其来

"师老师，请问安安在学校是否有异常的举动？"20号爸爸在电话那头焦虑地询问。这孩子平日里各方面表现都还不错，怎么爸爸突然问这个问题呢？追问后才得知安安近日回家总说一些奇怪的事情，如：我们家的房子怎么歪了？我看见这颗草莓上的细菌了（其实草莓才刚刚洗过）……更离谱的是，在医院看到患有疾病孩子的照片后，他回家就说医院里有好多怪兽，抗拒去医院了。

听了爸爸的话，我思量了很久，努力回忆起孩子平日的情况，并积极找其他同学询问他与其他孩子的情况。通过多次跟孩子沟通交流，孩子表现有所好转。

【2021年10月20日】 接连"打击"

好景不长，他好了几天，老毛病又犯了，还越加严重，不怎么肯来上学了，他总说他自己害怕。爸爸也做了积极的分析和引导。在课堂和课间我都着重观察这个孩子，发现他很孤僻，不爱与同学交流。

我积极与爸爸沟通，分析孩子出现的异常情况，在讨论无果的情况下，我们一致觉得要带他去看一看心理医生。但考虑到孩子现在很敏感，一来他很有可能不肯去，二来，如果带他去看了医生，没病他也觉得自己有病了，无形中给他增加了心理包袱。所以我们还是暂缓这一步，积极咨询心理老师。

孩子现在还这么小，就遇上了这样的状况，我想他自己活得很痛苦，作为班主任的我一定要帮助他，帮助他尽快走出这个困境。

下班后我决定去他们家家访，看看家里的情况是怎样的，结果发现是一个健全和谐的家庭，这样我也放心了一些。

【2021年10月22日】 集思广益

我又与本班科任老师积极交流讨论，最后决定给爸爸两点建议：一、转移他的注意力，用外界干扰阻止他胡思乱想；二、培养他的兴趣爱好，带他积极参与体育锻炼，发泄不好的情绪。

我和副班主任肖老师也积极响应，在学校多请他当"小帮手"协助老师管理班级。中午，我们轮班带他在办公室看书或睡觉。课间一有空就找他聊天，渐渐地，他成了我们办公室的"常客"。

考虑到他终究要回归孩子群体，我又找来班上活泼善良的40号、47号孩子带他在课间玩。

【2021 年 12 月 8 日】 用爱呼唤

12 月 8 日"打击"再次来袭。爸爸告诉我，他又抗拒去学校了，甚至谎称各种不舒服要回家，因此，他又成了医务室的"常客"。爸爸最后决定还是带他去看一下心理医生，结果心理医生给出的建议跟我们之前所做的相差无几。

心病还须心药医，能否走出困境关键在于他自己，但他还小，需要家长和老师、同学的关心和帮助，所以我们现在所要做的就是用爱去唤醒他，帮助他尽快走出困境。虽然这条道路漫长而又艰辛，甚至没有尽头，但只要我们怀揣着希望，用爱去包容他、感染他，相信他定能走出困境，迎来春暖花开的那一天。

翻阅这篇日记，我思考良多：小学低年级正是孩子语言系统逐渐完善、思维丰富活跃的年龄阶段，家长与教师协同一致，坦诚地面对孩子尤为重要。敞开心扉，尊重孩子，真诚地对待特殊孩子是我获得的第二把钥匙。

【故事 3】
教育的诀窍

【2021 年 8 月 30 日】

没想到，王云雷居然是王彩虹的弟弟。彩虹是我原来班上最懂事、最暖心的女孩子，同学遇到困难，她会挺身而出；同学难过了，她会主动去安慰……这么善良的女孩子，她的弟弟也应该很暖心吧，肯定是个优秀的好苗子！

【2021 年 9 月 1 日】

带着这样的想法，我见到了云雷。报到那天，云雷在我面前显得局促不安，一会儿挠挠头，一会儿抓抓脸，眼神总落在教室里走动的一双双鞋子上。父母在一旁提醒他，这是杨老师。王云雷转头就跑，他的爸爸转身去追，只留下脸上乌云密布的妈妈。云雷妈妈叹了口气，凑近我身侧，悄悄对我说："杨老师，幸好我们再次遇到你，不然弟弟这种情况，都不知道该怎么办才好。"她哽咽了两声，继续说道："我们家弟弟不像姐姐，他有点……""问题"两个字迟迟说不出口，眼泪在这位母亲的眼眶里直打转。我心下一沉，拍拍她的肩膀，说："我知道了，交给我吧，你安心。"

【2021 年 9 月 7 日】

其实接下来的一周，家长并不会安心。王云雷展示出了不同于姐姐的一面。课堂作业写不完时，他会生气地扔掉笔，大喊"我不写了"；课上到一半，他会挤到前面同学凳子上，不顾别人的想法，迫切要同他说话；控制不住情绪时，他会抓头发，会打自己的脸，会舔洒在桌子上的水，会用衣服袖子把自己绑起来……但我发现，他从不伤害别人，他只伤害自己。这让我和各科老师陷入了困惑，如果同等要求他，他无法和其他同学一样完成任务，就会闹脾气伤害自己；要是搞特殊，他会觉得连老师也看不起他，进而产生厌学情绪。这一周，我们试过很多方法，但收效甚微。

【2021 年 10 月 22 日】

我们和云雷一直僵持到了 10 月 22 日，这一天也是他的生日。在此之前，他对老师的存在都是逃避的态度。我曾经很喜欢他姐姐的笑容，因此不免期待这样的笑容能在他脸上出现，当我发现这两个孩子的不同时，单纯只觉得云雷爱发脾气，不像姐姐一样爱笑，但我从来没想过他不爱笑的原因，也没想要为他做点什么。怀着愧疚，借这个机会，我给他举办了一次生日会，为他唱生日歌，陪他做游戏，他成了班上小朋友的焦点。那一天，他仍然没有协调性地手舞足蹈，但举手投足间，是从未有过的开心。原来，他也可以笑得像彩虹一样灿烂。我决定，要让他多笑笑。

【2022 年 2 月 14 日】

过了个年，云雷胖了许多。拿到新书本，他信誓旦旦地扛着书包对我说，这次一定要把书包好，不像上学期一样弄坏书了。我笑着告诉他，可以请姐姐帮忙呀！他倔强地摇摇头，转头飞奔着上团队长那儿"报到"去了。惊蛰将至，冰雪消融，终见彩虹。

我们要像对待荷叶上的露珠一样小心翼翼地保护儿童的心灵。站在学生的角度思考问题，与学生高度共情也是帮助特殊学生的重要秘诀啊！这阳光，是真诚，是老师对孩子无条件的关注，是站在学生角度思考的共情，是教师对学生无微不至的关爱！

如果说教育有诀窍，那么"爱"就是其全部内涵。作为教师，我们将一直秉承着教育人的初心和使命，将大爱精神继续传承下去。

——长沙麓山国际实验小学　一年级组

三是"好好学习，天天向上"。"好好学习，天天向上"是张好老师的座右铭，也是麓小教师"追求卓越，永不满足"精神的代表。麓小教师在教育教学教研工作中，始终坚持不懈、勇于探索、精益求精。

张好老师是麓小的科学教师，湖南省特级教师，长沙市"张好小学科学名师工作室"首席名师，长沙市首届卓越教师学科带头人，她就是一位极具人格魅力的麓小之师。从教 35 年，她努力地在职业生涯中修炼好三重身份：读书人、教书人、写书人。她认为，教师正如一位手艺人，一辈子只做一件事，一定要做得认真，做得讲究，并有美感。张好老师用她独特的魅力影响着身边的每一个人，所带领的科学组成为市优秀教研组，让组内的青年教师迅速成长，成为教学的精干力量。

（三）"学会学习"与"麓碌有为"的交融并进

麓小教师精神文化的建设正是在这"学会学习"与"麓碌有为"的两个维度之下，有序推进，互助互补的。"学会学习"的显性文化，为教师的精神文化建设提供了显性的、可视的、可操作的建设支架。在教师日常工作中，逐步建立起来的"麓碌有为"的隐性文化，正是"学会学习"的内化、渗透、感染，将学习效果转化为内在认可、外在行为。两者相互交融，正向促进，有机统一，体现了麓小教师精神文化建设的科学架构，系统有序。

二、适合性："教师、学生、学校"三个集群的闭环融合

中小学教师精神文化建设的适合性，体现在融教师诉求、学生需求和学校发展要求于一体。

（一）麓小教师精神文化建设适合"教师专业成长"的需要

中小学教师精神文化建设是校园文化建设中重要的组成部分。加强中小学教师精神文化建设，在学校营造温馨、和谐、富有激情、进取的教师主流文化，不断夯实教师品格建设，高尚的师德和良好的师风是教师这个特殊职业的内在要求。教师要与时俱进，不断丰富知识储备，提高育人水平，提高人格魅力，促进教师师德的提升和专业素质的提高。

（二）麓小教师精神文化建设适合"学生生长"的需要

教师的理想信念、道德情操、人格魅力直接影响到学生的思想素质、道德品质、行为习惯和最终成长。上进的教师文化不仅会影响到教师自己，还会影响到教授的学生。加强教师精神文化建设，发挥教师育人职能，以优秀带动优秀，以优雅培养优雅，以关爱滋润成长，以真情去教育和影响学生，使学生获得全面发展。

（三）麓小教师精神文化建设适合"学校发展"的需要

构建教师成长的精神家园，提升教师教育教学的独特魅力，丰富教师内涵深刻的精神世界，是提升学校品质的根本诉求。教师精神文化建设可以形成无声的教育语言，教师的教育情怀、工作热情，将促进学校形成优良的校风、教风、学风和人际关系等，促进学校教育教学质量的提高，使学校步入良性循环的轨道，促进学校的优质发展。

（四）麓小教师精神文化建设在实践中发展，在发展中实践

教师精神文化建设将教师、学生、学校三个群体紧密相连。在促进其中一方发展的同时，也促进了另外两方的成长；同时，三者之间相辅相成、互促互进。教师精神文化建设有效促进教师成长，教师的成长又可以促进学生和学校的发展；同时，学校的发展，为教师和学生的成长提供了更有利的成长平台。学生的成长依然能够作用于教师，促进教师的成长。三者之间，三方发力，双向互动，闭环融合。

【案例 5-6】

长沙麓山国际实验小学以教师精神文化建设规范教师人际关系

一个群体是由某些共同利益和规范所定义的，是一致选择而形成的结果。教师群体也是如此，是由共同利益和规范所定义而共同维持的。在学校，教师与教师、学生、管理者以及学生家长的交流与交往，构成了教师人际关系网络。因此我们认为，优化教师人际关系对教师精神文化建设有着重大意义。

1. **教师与教师之间的关系**。在学校人与人之间的关系中，教师之间的关系是一对非常重要的关系，教师之间的友好合作，关系的良好和谐，直接影响教书育人的质量。教师之间的关系是教师合作文化形成的重要基础。每周一次教师之间的教研活动、集体备课，定期的团队活动，给教师营造和谐氛围，创造办公室文化，评选文明办公室，让教师之间在交流和分享中，改善教育行为，建立起教师之间的友爱和尊重。只有"笑着做教师、乐着做同事"，与同伴专业切磋、协调合作，彼此学习，共同分享经验，实现共同成长，才能形成目标一致的教育合力，提高教学质量，实现教师专业发展的目的。

2. **教师与学生之间的关系**。师生关系是教师与学生在教育过程中通过交往与对话而逐渐形成的一种特殊的社会关系，是教育过程中最基本、最重要、最复杂的人际关系，是教师人际关系的重要构成。只有让教师与学生之间相互平等、相互合作、相互信任，才能建立一种平等和谐的师生关系。

3. **教师与学校领导之间的关系**。学校充分发挥校长引领作用，坚持民主和科学决策的原则。秉承"服从＋服务"的理念，形成了个人服从集体，下级服从上级，行政人员服务教育教学一线，全体教职员工服务于学生成长，彼此之间建立起相互尊重与信任。

4. **教师与学生家长的关系**。学校适应信息化社会新形势的变化，调整了家校沟通的方法、方式和途径，利用学校良好的网络基础，运用现代化信息手段，

打造了互联网背景下的家校合作有效途径。

家校通短信平台能及时将学校的一些重要通知和每次学习检测成绩迅速发送到家长手机中，特别是检测成绩的发布，既做到了信息发布的及时性，又保护了学生的隐私。家长QQ群、微信群、钉钉群的建立，既架起了家校沟通的桥梁，使学校、老师与家长互动，解答家长的教育疑问和引导家长正确开展家庭教育，提高其家庭教育水平，还大大地提高了交互多向度，让家长们在家长群里，互相探讨家庭教育的经验和方法，同时便于学校了解家长的意见和建议，有利于学校工作的进一步改进与提高。这些互联网视域下的家校合作有效途径，能有效拉近家庭和学校距离，极大地方便家长、教师之间的交流，使家校协同发展形成教育合力。

通过开家长会、亲子运动会、教学开放日，建立家长委员会、家长学校，家长走进学校、课堂、食堂，参与亲子活动。定期开展书香校园亲子共读活动，"家校共同阅读一本书"活动，建设书香家庭。完善家访工作操作流程，极大地提高了家长对学校工作的了解和认可。

学校归纳了家校合作有效途径的基本规律，进行了家校合作有效途径的评价指标研究。由龚拥军书记主持的课题《家校合作有效途径研究》已经结题。

——黎　雁

通过"公益服务进社区"（党）、"公益课堂进社区"（团）、"红领巾志愿者进社区"（队）和"社区'五老'进校园""安全共治进校园""文明共建进校园"有效联动家庭、学校、社区（社会）教育资源，让"家校社共育"从概念变成了学校的新常态，建立起长效、科学、规范的工作机制，使之能推动并实现学校、家庭、社区（社会）教育目标趋同，教育理念融通，教育资源共享的新育人模式。

三、典型性：制度文化与活动文化的共生共长

麓小教师精神文化建设的典型性体现在制度文化与活动文化的共生共长方面。

（一）创新制度文化，推行规范化严格管理

通过制度文化建设，创设教师群体文化发展环境，保障教师群体职业特性和尊严，引领教师追寻职业幸福。

学校坚持依法治校，严格依法从教要求。以学校章程为统领，制定了《长

沙麓山国际实验制度汇编》，深入落实新时代中小学教师职业行为十项准则，出台过硬措施，加强学校、年级、班级家长委员会的管理。严格依法从教要求，真正做到有法可依、按章办事。严查违反师德师风的问题，切实履行管理和监督责任。学校制定了《长沙麓山国际实验小学"师德师风建设年"工作方案》《教师走访活动方案》《有偿补课和教师违规收受礼品礼金问题专项整治工作方案》《暑期在职教师违规补课专项整治方案》《校园周边教师违规补课网格化管理方案》等方案，落实师德师风考核制度。组织教师填写《师德师风问题自我对照检查表》，人人提交《读本》读后感，成立了教师违规补课网格化管理工作领导小组，建立高密度、精细化、网格化查处违规补课的监管和责任体系。

【案例5-7】

长沙麓山国际实验小学"师德师风建设年"工作方案
长沙麓山国际实验小学教师师德师风建设行动计划（2021—2023年）

以习近平新时代中国特色社会主义思想为指导，全面贯彻《中共中央 国务院关于全面深化新时代教师队伍建设改革的意见》《中共湖南省委省人民政府关于全面深化新时代教师队伍建设改革的实施意见》《2021年湖南省"师德师风建设年"实施方案》精神，深入学习贯彻党的十九大和习近平总书记考察湖南重要指示精神，结合学校教师队伍实际，特制定本计划。

一、指导思想

以习近平新时代中国特色社会主义思想为引领，充分认识新时代教师队伍建设的形势任务，准确把握新时代教师队伍建设的使命担当，把立德树人的成效作为检验学校一切工作的根本标准，把师德师风作为评价教师队伍素质的第一标准，将社会主义核心价值观贯穿师德师风建设全过程，进一步健全师德建设长效机制，巩固学校师德师风建设取得的成果，引导广大教师增强敬业修德、奉献社会的责任感和使命感，争做"四有"好老师，努力打造一支党和人民满意的高素质、专业化、创新型教师队伍。

二、总体目标

从2021年到2023年的三年时间，分为"推进、深化、提升"三个阶段，统筹规划，分步实施。通过政策学习、典型示范、完善制度、严格管理等举措，健全师德建设长效机制，推动师德建设常态化、长效化。引导广大教师以德立身、以德立学、以德施教、以德育德，不断提升人格修养和学识修养，全心全意做学生锤炼品格、学习知识、创新思维、奉献祖国的引路人。经过三年努力，切实解决当前存在的师德师风突出问题，全力打造一支师德高尚、业务精湛、结构合理、充满活力的教师队伍。

三、主要措施

在全校教师中开展做"四有"好老师主题教育活动，进一步改进和创新师德教育内容、方式载体和体制机制，采取多种措施，切实推进师德建设工作深入开展。

1. **深入开展师德师风学习活动**。学校要健全教师学习制度，统筹包含思想政治素质提升、师德师风涵养、业务能力提升等内容的全年所有教师培训项目的课程模块。坚持每次学习活动必有师德师风建设内容。学习内容要围绕习近平总书记关于教育、教师工作的重要论述，尤其是关于"四有好老师""四个引路人""四个相统一""三个传播""三个塑造"和"六要"的重要讲话。通过广泛的学习活动，形成注重师德师风养成的浓厚氛围。

2. **扎实组织教师党史学习教育活动**。从党的百年伟大奋斗历程中汲取继续前进的智慧和力量，引导广大教师学史明理、学史增信、学史崇德、学史力行，学党史、悟思想、办实事、开新局，以昂扬姿态奋力开启全面建设社会主义现代化国家新征程。

3. **强化师德师风建设主体责任**。师德师风建设与教师队伍建设工作同部署、同落实、同促进，层层压实主体责任。深入落实新时代中小学教师职业行为十项准则。要出台过硬措施，加强学校、年级、班级家长委员会的管理，严查违反师德师风的问题，切实履行管理和监督责任。对监管不力、师德师风问题频发、社会反响强烈的学校，经查实后将依法依规追究学校领导责任。

4. **发挥先进典型的示范作用**。开展师德典型评选宣传活动，发挥榜样的力量，聚集正能量，组织师德典型和优秀教师德育故事报告会；开展"身边的好老师"主题征文活动，鼓励教师、学生、家长用生动、丰富、鲜活的师德人物与师德故事诠释新时代师德内涵，充分利用平面媒体、宣传栏等扩大宣传力度。

5. **健全师德师风报告和通报机制**。对发生重大及引起社会高度关注的师德违规事件要第一时间妥善处置并逐级报告；严肃查处群众举报和督导检查发现的师德师风问题；对典型的师德师风问题进行定期通报曝光，发挥警示和震慑作用。

6. **抓实师德师风专项治理活动**。重点排查和纠正发表错误言论、学术不端、师生关系异化、有偿招生、有偿补课和违规收受礼品礼金等问题。根据《长沙市在职中小学教师违规补课专项整治方案》，继续推进在职中小学教师违规补课专项整治，进一步健全完善在职教师有偿补课专项治理长效机制。探索建立师德师风监督员制度，建立健全学校、教师、家长、学生、社会"五位一体"的师德监督网络，畅通举报监督渠道，构建全方位的师德监督体系。

7. **严肃师德师风违规惩戒措施。**在重点时间、重点部位密集督查，打造风清气正的教育生态环境。强化师德师风考核和师德考核结果运用，坚决执行师德师风违纪"一票否决"制，师德考核不合格者年度考核评定为不合格，并在一定时间内，取消其职称评审、评先推优、表彰奖励、科研资格，影响其教师资格注册结论。

8. **探索建立教师信用管理系统。**建立健全师德档案制度，如实记录教师师德培训、考核评议、获得荣誉及违纪惩处等师德表现，并录入教师管理信息系统和征信系统，作为教师职称评聘、评优评先、绩效考核和教师资格定期注册的重要依据。

9. **提炼师德师风建设成果。**鼓励各区县（市）教育局和学校建立师德师风工作室，结合实际加大对师德建设理论实践探索和长效机制研究，形成务实管用的师德建设方法路径；总结师德师风建设中好的做法，有效的工作机制，提炼总结师德建设成果；举办全市师德师风建设经验交流会，推介先进经验，弘扬师道尊严。通过经验总结和成果共享，不断推动师德师风建设工作制度化、科学化组织保障。

四、时间安排

2021 年：研究师德师风建设的主要工作内容，部署师德师风建设的主要任务；充分认识目前加强和改进师德师风建设的重要性和必要性，重点开展宣传发动和师德教育；宣传校内外师德典型先进事迹；出台《长沙麓山国际实验小学教师师德师风违规行为专项整治方案》；研究出台师德考核负面清单，制定师德考核标准和办法，着力解决师德师风建设中存在的突出问题；开展学生、家长对教师师德师风的评价活动；严厉查处师德师风违纪行为；制定《违规征订教辅材料专项检查方案》，日常检查与抽查结合，至少每月一次，并留存过程性资料；制定《办公室电脑使用管理办法》，日常检查与抽查结合，至少每月一次，并留存过程性资料；制定《学生食堂专项检查方案》，日常检查与抽查结合，至少每月一次，并留存过程性资料。

2022 年：继续开展师德师风建设有关系列活动；评选表彰"魅力教师"；修订有关规章制度，实现师德要求的具体化、规范化；深入研究师德师风建设新问题，制定科学合理的师德评价方法和指标体系；可以在结合上级要求的基础上创新、突出自己的特色；探索建设并运行师德师风监控体系。

2023 年：总结前两年师德师风建设的经验，进一步提升、创新师德师风建设水平；构建科学有效的师德师风建设工作评估监督体系；完善师德建设相关制度和相关政策，建立师德师风建设长效运行机制，促进学校师德师风建设上一个新的台阶。

通过三年的师德师风建设活动，培养崇德敬业、严谨治学、锐意进取的工作作风和爱校敬业、爱生爱岗、立德树人的人文精神，形成树师德、铸师魂、正师风的良好氛围，使良好的师德转化为广大教师的自觉行动和良好品质，使当前社会较为关注的违规收费、违规补课、体罚学生等师德师风问题实现零违纪。

五、保障措施

1. **完善强化组织领导。**学校要把抓好师德师风作为加强教师队伍建设的首要任务，成立工作机构，健全师德工作分级负责制。通过系列活动，深入推进师德师风治理体系和治理能力建设，全面提升长沙市新时代师德师风建设水平。

2. **建立健全保障机制。**学校要落实好抓师德师风工作的主体责任，优化资源配置，明晰工作职责，选优配齐师德工作力量。要结合实际情况，对接省市师德师风建设年活动，研究制定具体实施方案，明确目标和重点，统筹专项经费，确保建设年各项工作落到实处，取得实效。

3. **改善创新工作方式。**学校要结合贯彻落实全面深化新时代教师队伍建设改革部署，把开展师德师风建设活动与规范办学行为等关键任务相结合，切实推进政策创新和方法创新，多渠道、多形式组织各项宣传教育活动，提高针对性和实效性。

4. **严格实施监督问责。**学校要设立网上师德监管平台和师德投诉举报信箱，公布投诉举报电话，畅通投诉举报渠道，主动接受社会各方监督，对发现的问题要认真进行调查，做到有诉必应，有查必果。发现对严重违反师德行为监管不力、处理不及时或推诿隐瞒，造成不良影响或严重后果的，要依法依规追究有关学校和负责人责任。

六、领导小组（略）

长沙麓山国际实验小学

2021 年 4 月

（二）创新管理体制，推行条块结合扁平化管理

一是分线管理，职能部门按职责分工对年级组、教研组等班组发挥管理、考核和指导作用。二是分块管理，实行三级管理体制，即校长负责制为层级管理的第一级组织，校长对学校工作全面负责；年级组为层级管理的第二级组织，年级组组长对年级组的教育教学等工作全面负责，在学校的统一领导下，在各年级设立党小组和工会小组，负责年级的党务和工会工作；备课组、团队组、办公室、班主任为层级管理的第三级组织，团队长或备课组组长对本组（团队）的工作全面负责。学校将通过调整组织结构，使各层级的管理跨度处于一个合理的范围。

（三）创新制度与活动，推行两条路径共生共长

制度文化与活动文化，在教师精神文化建设中共生共长，是教师精神文化的两大主要路径。制度文化是活动文化的支撑和保障，活动文化是制度文化的补充和"调剂"，两者共同形成严管厚爱的文化意象，教师在严格的制度管理与温暖有爱的活动文化中，爱校爱生，精神愉快，生气勃勃，团结一致。

学校每年组织表彰评优，发挥榜样示范作用。按照评优制度，学校评选出校魅力教师、优秀党务工作者、优秀德育工作者、教科研积极分子、工会积极分子等。召开隆重的表彰大会，在表彰活动中树立教师中的楷模，形成正确的价值引领。每学期末开展感动麓小主题故事宣讲会；开展"身边的好老师"主题征文活动，鼓励教师、学生、家长用生动、丰富、鲜活的师德人物与尊师故事诠释新时代师德内涵；充分利用学校微信公众号的宣传力度推出"麓小之师"系列，弘扬高尚师德，营造清朗澄澈的育人氛围。

【案例 5-8】

"麓小之师"系列节选

领跑麓小，青春如歌——校长黄斌

2015 年 6 月，在使命与责任的感召下，正处于事业巅峰期的他，毅然选择离开得心应手的工作平台，褪去当时璀璨夺目的光环，风尘仆仆，意气风发，走进新生的长沙麓山国际实验小学，成为"麓小"跨越式前行中的领跑者。他，就是"湖南省青年五四奖章"获得者，现任长沙麓山国际实验小学副校长、党支部副书记黄斌。

黄斌校长有一句很著名的口头禅："青春，是用来奋斗的！"自从走进太阳底下最光辉的行业，他就立下了为教育事业奋斗终身的豪言壮志。他正是这样，一

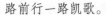

路前行一路凯歌。

　　2015年6月，长沙市委、市政府决定由长沙麓山国际实验学校小学部单列成立独立法人单位——长沙麓山国际实验小学，黄斌任党支部副书记、副校长，作为学校法人代表，主持全面工作。对于决策者来说，这是更重的责任和挑战。但他深知，抓住机遇、用好机遇是学校加快发展的关键。面对挑战，学校秉承麓小"追求卓越、永不满足"的精神，迅速实现了自我的角色转换。一所学校的发展需要顶层设计，高端谋划。他极具远见卓识，并满怀坚定信念，勤于思考谋划，从国家基础教育发展纵向审视，从市直属小学所担当的社会职责横向着眼，与领导班子精诚团结，共谋学校长远发展，制定了《长沙麓山国际实验小学"十三五"发展规划》与《长沙麓山国际实验小学章程》，明确了建设三湘名校的阶段目标和突破路径。

　　古人云："天道酬勤。"仅仅两年时间，全校师生在他的感召带领下，精诚团结，以饱满的热情、高度的责任感、昂扬的斗志、奋力拼搏的精神全身心地投入工作中，学校各项工作呈现出蓬勃发展的可喜态势：德育工作阳光领航，2016年国家级报刊《德育报》头版头条"用阳光书写教育的诗行"报道了麓小德育工作的先进事迹；社团活动成绩喜人，2016年度在长沙市教育局主办的中小学校园文化艺术节艺术展演活动中，合唱队、舞蹈队、民乐队选送的节目及班级器乐比赛、教学班合唱比赛均荣获市一等奖；教育科研硕果累累，长沙市小学语文名师工作室、长郡教育集团小学课程中心均落户"麓小"，学校多次举办全国或省市各级大型教学研讨活动，辐射引领，反响强烈。在2016年度长沙市教育系统"六个走在前列"大竞赛暨绩效考核中，学校荣获一等奖，同年获"湖南省青年文明号""湖南省五四红旗团支部"等殊荣，学校党支部被评为"长沙市教育系统先进基层党组织"，少先队荣获"长沙市优秀少先队集体"光荣称号。

　　短短两年，黄校长以全新的教育理念，务本求实的作风，开拓创新的精神，谱写了长沙麓山国际实验小学跨越式发展的精彩华章；他挖掘内部潜力，整合人才资源，顺应课改洪流，打造出了湖湘大地基础教育的闪亮名片。

忠诚为党，忠心为生，初心如磐，使命在肩——书记龚拥军

　　作为基层学校的党组织书记，龚拥军同志一直认为立德树人是最大的党建。在工作中，他把落实立德树人作为根本任务，坚持党建引领，积极作为。

　　对少年儿童进行思想引领，是学校党组织的重要职责。他深入实施"党建带团建、团建带队建"活动，将每年"七一"党的生日作为爱党教育的重要节点，推动党员教师演绎红色经典。2020年七一活动，他和10多位党员老师亲手制作道具，穿上演出服，倾情演绎《红岩》故事，再现了江姐、陈然等革命英雄人物的大义凛然和英雄气概。生动鲜活的场景、感人至深的故事，让很多孩子当场落泪、深受教育。同时，他组织在学生中开展"讲好红色故事""致敬英雄"等系列主题活动，让红色基因在孩子心底扎根。龚拥军同志组织实施的"党建带队建，永远跟党走"被评为长沙市社会治理和思想政治工作创新案例优秀案例奖。

青少年阶段是人生的"拔节孕穗期"，坚持用正能量、主旋律积极引导，才能帮助孩子树立正确的世界观、人生观和价值观。2019年9月29日，袁隆平院士被授予"共和国勋章"。作为身边的先锋人物，袁院士的事迹可见可感，对学生具有很好的教育意义。10月2日，他带领学校党总支组织优秀党员代表、团员代表、少先队员来到省农科院，通过和院士面对面交流，倾听他的成长经历，来熏陶和激励青少年从小立志、坚持逐梦。袁隆平院士被学校孩子的阳光活泼、积极向上所感染，欣然为学校题写校训，鼓励孩子们努力学习，增长才干。他还坚持以各方面杰出人物强化榜样教育，让追求梦想、崇尚奋斗在孩子们心中发芽：造"天眼"的南仁东、战"新冠"的钟南山、入"天宫"的汤洪波，都成为不少孩子的偶像。同时，坚持每年隆重评选"美德少年"和优秀少先队员等，让学生带动学生，以同伴影响同伴，使优秀成为群体意识，化为一种习惯。

青少年要成为对社会有用的人，不仅要有识有才，还要有责有爱。他也深切地感受到，学生只有参与社会活动，才能在体验中有所感悟，习得良好品格。龚书记精心设计了"五彩麓山枫"社会实践活动，红色代表参观学习，绿色代表环保行动，橙色代表志愿服务，蓝色代表拓展学习，粉色代表艺术活动。利用寒暑假和双休日，学生以中队或小队为单位，在教师党员、辅导员组织下，深入社区、工厂和科研院所进行现场体验。在橙色志愿服务中的"爱心里程碑"活动，一直坚持了20多年，发展出了"我爱社区"爱心捐赠、"爱心改变命运"义卖、"关爱你我他"校内跳蚤市场义卖三个部分，所得善款全部捐献给青少年发展基金会或用于慰问社区贫困居民。此外，他带领学校党总支还把文明礼貌、环境保护、尊老爱幼等要求嵌入日常教育当中，不仅强化了孩子们的爱心、责任心，同时让"小手牵大手"，引领社会好风尚。

带好党员队伍，发挥先锋作用。他教育和引导广大党员在立德树人、教育教学和服务群众工作中创先争优，发挥党员先锋模范作用。如在抗击疫情"停课不停学"活动中，作为学校党总支书记，他带头上网课。同时，第一时间组织向全校共产党员发出"关爱抗疫一线医务工作者子弟"的倡议，开展爱心接力活动：学校党员老师将需要照顾的医务人员子女接回家中，辅导学习和照顾生活，消除医务人员的后顾之忧，长沙党建等媒体对学校的典型做法进行了专题报道；他组织党团员志愿者常态开展"护学岗""关爱社区困难群众"等志愿服务，创建服务型党组织；他坚持"双培养"机制，把骨干教师培养成为党员，把党员培养成教学骨干。近三年来，5位优秀教师发展成党员，各支部书记、委员、中层干部均为公认的业务骨干。

琴声悠扬，麓园芬芳——副校长聂琴

聂琴当了17年班主任，她说："我特别喜欢和学生待在一起，那时心里安定而喜悦。教育是一个润物无声的过程，理解和爱是前提。"李晟威是聂老师曾经的学生，他清晰地记得有一次聂老师上《盘古开天地》。她问同学们："地球上是怎么有人类生活的？"李晟威站起来，大声说道："是超人把鸡蛋变成了地球！"当时全班哄堂大笑，但聂老师却真诚地对他说："李晟威同学很有想象力，我更希望你在今后是创造新秩序的人。"毕业多年后，李晟威写下了《回忆聂琴老师》，并传播于互联网，文中细腻地描述了这个情景。这句话到现在都是李晟威前进路上的动力。

随着教龄的增长，聂琴发现总会遇到一些特殊的"熊孩子"，只用爱心和耐心无法解决他们的问题。聂琴开始看一些儿童心理学方面的书籍，参加一些心理学的培训班和讲座。2007年，她考取了国家二级心理咨询师职业资格证，后面又通过学习取得了沙盘游戏咨询师证，并尝试用科学的方法——化解"问题孩子"的问题。当年班上有一名男生，喝墨水，吃粉笔灰……表现出各种怪癖。所有的同学都避而远之，聂琴老师做好孩子们的工作，总是将那个男生带在身边，并通过专业心理学的方法，帮助他找出问题的症结，与家长一起商量解决方案。最终他逐渐成长为品学兼优的孩子，后来就读于美国加州大学。现在他还经常去看聂老师，很感激聂老师当年没有放弃自己。

聂琴说，当老师的成就感来自看着孩子们的生命逐渐饱满、绽放。"每一个生命都是独一无二的个体，我们要学会用专业、科学的方法分析孩子问题，给孩子合适的阳光、土壤、养分，让每一个孩子都成为最好的自己。"

聂琴说："优秀的老师，首先要有对自己、对教育、对儿童、对学校的高度认同和热爱，才会有专业成长的内驱力和内生力。有了内驱力，老师才会努力实现自己的专业成长，体会到职业幸福感。"如何激发教师的成长内驱力？如何突破经验丰富的教师职业成长天花板？如何建立有效机制帮助年轻老师成长？聂琴带领学校的教研团队根据学校"十四五"发展规划蓝图，制订了麓小教师种子计划，为各个年龄段、各个专业层级的老师搭建成长平台，给予差异化的专业发展支持。

带孩子们走进科学世界——湖南省特级教师张好

作为一名小学科学专职教师，张老师深深地知道，小学科学课，究竟要教给孩子什么。在以"培养学生科学素养"为宗旨的科学教学活动中，她最重视的是"帮助儿童体验科学活动的过程与方法"和"培养学生的科学思维"。在平时的教学中她努力做到让孩子们多做实验，"真刀真枪"学科学。科学实验不仅需要仪器室里的仪器，还需要其他的材料。她想尽办法找来一些生活中的材料，甚至自己掏钱买。比如为了让孩子们制作再生纸，她找来旧床单，花整整一上午的时间用剪刀裁成 300 多张小方块。为了带领孩子们学习关于动物的知识，她买来蚯蚓、小金鱼。科学课上做实验是常态，每年要开出的实验有几百次之多，这些都是常规课，不是公开课。作为教研组组长，她要求老师们都要"能吃苦，会思考，积极开发课程资源"。怀化市铁路一小的李凤元老师在她的文章中写道："课堂中，张老师向我们展示了她的许多作品，材料全是生活中常见的，而我们平时却很少想到这么利用。我常常抱怨科学难教，听了张老师的课，我想我应该多找找自己的不足了。在今后的教学中，我将不断改进自己，做一个像张老师那样热爱工作，热爱学生的好老师。"

2008 年以来，张老师承担了各种科学骨干教师培训班的讲课任务，课时累计超过 100 节。培训班的评价检测显示，她的讲座总是排在最受欢迎的前三名。老师们为什么喜欢她的讲座，因为她不仅会向他们传授教学经验，还会以她热爱科学课的满腔激情来感染他们。一位老师在培训心得中写道："我希望自己能成为一名纯粹的老师，究竟怎样才算一名纯粹的老师呢？我想张好老师就是一个典范，她是为科学课而生的"……

聚澜成涛　名师气象

邹玲静敬畏每一个孩子的成长，敬畏与学生相处的每一寸时光。她始终坚守"儿童立场"，坚持以爱育人，以德立人，以智启人，以美感人。三十多年以来，她坚守在教育教学一线，敢于担当，乐于奉献。1995 年进入长沙麓山国际实验学校任教语文，担任班主任、年级组组长、教研组组长期间，积极组织主题班会、读书会、跳蚤市场、到食堂做志愿者、与贫困县学生手拉手联谊等活动，给孩子们指引健康成长的方向与路径，获取努力生长的正能量。她以"弘扬湖湘文化"为主题，带领老师们打造系列课程，点燃孩子们生命中的理想火花。卓有成效的教育教学工作和无私奉献精神，赢得了学生的尊敬以及家长的高度认可，曾两次被评为学校"十佳教师"，多次被评为学校"优秀党员"，获得长沙市首届"博雅杯优秀教师"称号，多次被授予"长沙市德育先进工作者"称号，所带班级曾荣获"长沙市红旗中队"称号。

"语文教学要以发展学生的语文素养为核心，从每一个孩子生命成长的高度观照自己的课堂，让母语温暖童心，让阳光照进心灵！"这是多年来镌刻在邹玲静心中关于语文教学最本真的信条。她努力使自己成为一个思考者、践行者，对话母语、对话儿童、对话生命，潜心致力于小学语文教学研究。她力争让自己的语文课堂温暖而有厚度，让每一个学生能因为自己而爱上语文课。"建构有生长力的儿童语文"是她最想送给孩子们的人生礼物。她的语文课堂，总是饱含激情，勾连学生的语言、思维、精神同生共长的"生长点"，实现生命与生命的"温暖碰撞"。自 2011 年起，她围绕湖湘本土文化追根溯源，主持湖南省"十二五"规划课题《开发湖湘文化校本课程，组织小学生阅读实践活动研究》，开发了《我的湖湘我的情——文学湖湘》《山水湖湘》《历史湖湘》等多套校本教材，引导孩子们从湖湘本土文学作品中汲取母语的精神养料。

邹玲静无论是担任教研组长，还是教科室主任，都不仅是踏实求真的开拓者，更是引领辐射的领航人。她带领老师们组织了学校"小学生语文素养大赛""大课间国学经典吟诵""湖湘文化小学生语文活动实践""经典阅读文化节"等活动；带领老师们研究课题，撰写湖湘文化读本、解读小学语文古诗词教材；带领全校教师构建集体备课模式，打造青蓝工程三级培养工程，建设青年教师发展学校，麓小教师专业能力迅速提升。青年教师团队荣获"长沙市青年文明号"殊荣，学校获评长沙市教科院"教科研先进管理单位"。由她主持的省教育学会"十二五"规划课题《开发湖湘文化校本课程，组织小学生阅读实践活动研究》获评省二等奖，她和团队成员被市教育局授予"友谊教育科研奖"。

2016 年 10 月至今，邹玲静连续担任两届长沙市小学语文名师工作室首席名师。作为领军人物，她无惧艰辛，努力耕耘，力求带好一支团队，带动一门学科，孵化一批成果，让工作室每一个成员，成长为星城长沙燎原的"星星之火"。她申报并主持了湖南省"十三五"规划重点课题《在小学语文课堂教学中弘扬中华优秀传统文化的实践研究》，五年来，一系列活动落地生根，展示了学员们对语文课堂教学弘扬优秀传统文化的深度叩问与躬耕前行。2017 年，工作室承担了教育部统编新教材的试教工作，并撰写了两万多字的试教工作报告——《让语文核心素养在课堂上生长出来》。同年，被遴选为人民教育出版社统编小学语文教材《教师指导用书》编委，参与教参编写。在长沙市第三届"爱阅读　善表达"教师素养大赛中，邹玲静点评全天 8 堂课例，被湖南教育电视台录制成专题片，在小学语文教学领域产生广泛影响。第一届工作室历时三年，一千多个日子，前后40余次研修活动的锻造锤炼，使学员们很快成长为星城语文教坛上的新锐力量。周静老师成长为岳麓区语文名师工作室首席名师；6名学员成长为长沙市卓越教师。名师团队更是成为燎原之火，影响广泛。2019年，工作室获得长沙市教育局"人保杯优秀工作室团队"光荣称号，获得连任资格。邹玲静老师本人被长沙市人民政府授予"长沙市优秀教师"光荣称号，并荣记三等功。

长沙麓山教师精神文化建设的集群架构集中体现在"显性文化与隐性文化""学生生长、教师成长和学校发展""制度文化与活动文化"这三大系统中，有序多元，交织融合，形成"学会学习""麓碌有为""特别能吃苦、特别能战斗、特别敢担当""严管厚爱"等具有麓小特色的文化名词，彰显了麓小教师的文化境界。

第六章

石阶层层，着屐拾级

——重构育人机制，教师精神文化建设的核心路径

站在新时代的起点，面对全新的挑战，中小学教师精神文化建设指向探索构建高质量的基础教育育人模式。结合近年来的实践，我们探索出新时代中小学教师精神文化建设的核心路径是重构学校的育人机制。

一、整体构建：价值导向下的"文化—课程"创生共生融生机制

学校文化是培育教师精神文化成长的沃土。麓共体学校站在教育文化学的理论高度，坚持"以文化人，以文育人"理念，探讨文化对教育、对课程的价值指引与内在塑造，从优秀传统文化、时代精神、湖湘精神、学校历史传统积淀中汲取营养，总结麓小育人经验，建立麓小文化与课程育人的内在关联和融合机制，实现教师精神文化的成长。

学校始终以"追求卓越、永不满足"为精神内核，激活传统文化和湖湘精神，链接国家未来需要，总结国内外教育成功经验，将中国文化底蕴与国际理解意识相结合，开启从文化到课程，再从课程到文化的落地实践。以文化塑造课程哲学，以课程涵养文化价值，让文化在课程实施中展现强大的教育力，让课程在文化价值引领下凸显强大的生命力，探索形成了价值导向下"文化—课程"创生共生融生机制，文化与课程相互滋养，相互成就，相互创造，使得学校课程体系构建有了精神内涵、逻辑主线和核心机制，为落实立德树人根本任务指明了正确方向。

如长沙麓山国际实验小学构建了学科基础型、拓展丰富型、活动实践型相结合的"3+N"课程体系，实现学科融合与课程延展，科学与人文、本土与国际相结合，过程与结果、预设与生成相融合，长课时与短课时、显性课程与隐性课程相衔接。开设国乐、合唱、舞蹈、号鼓、手风琴、话剧、美术、书法、漫绘、小语种、国际象棋、围棋、足球、篮球、乒乓球、羽毛球、定向越野、攀岩、武术、趣味田径、机器人、无人机、编程、电脑绘画、3D打印、纸模、烘焙、专注力训练等30多门拓展丰富型课程，开展科学文化、国际文化、生命健康、体育文化、人文阅读和校园艺术等主题活动课程，为学生搭建全面发展与彰显个性的平台。

在几年的实践中，麓共体学校基于学生成长需要，打破"以学科定课程"的常规模式，把文化理念与育人实践有机融合，以课程创新促课堂变革和育人方式转变，以课堂变革促学生成长和教师发展，历经了"整体构建—实践探索—反思完善—应用优化"几个阶段，逐步确立了小学教育高质量发展的课程目标，制定了"基于国家标准＋立足学校实际"的《麓山国际实验小

学"3+N"课程标准》，形成了"组块构建 + 融合互补"的课程结构，"综合学习 + 实践体验"的实施方式，"强化过程 + 应用结果"的评价体系，最终构建了学校文化引领下体系化、融合式、智慧型发展的"3+N"课程育人机制，促进了教师精神文化的成长。

二、实践探索：素养导向下的"文化—课程—课堂—评价"一体化育人体系

麓共体学校教师精神文化建设始终以学生发展为中心，构建适合学生成长的育人体系。从文化到教育，从教育到课程，从课程到课堂，在实践过程中全面促进了学校育人模式的不断发展和自我超越。

以长沙麓山国际实验小学为例。

学校依据学生终身发展和社会发展需要，明确学校育人主线，加强正确价值观引导，重视必备品格和关键能力培育，针对一直以来"文化与课程分离""课程与生活脱节""重教书轻育人""重知识轻素养"的现状，总结麓小育人经验，提出了具有理论原创性和实践推广性的"文化—课程—课堂—评价"一体化课程育人体系，坚持"以文化人，以文育人"理念，建立麓小文化与课程育人的内在关联和融合机制。学校以"学会生存，学会关心"为育人目标，以"价值引领"和"习惯养成"作为育人理念，课程建设始终从学校文化出

图 6-1 "3+N"课程育人体系

发，以学生发展为中心，构建了"从文化到课程，从课程到课堂，从课堂到评价"的一体化育人机制。

该体系确立了一条主线——核心素养贯穿始终，明确了文化引领和课程育人两大发展原则，构建了三维教育时空，思考学生应具备的国际视野和中国根基。形成了育人体系的四个关键环节：在文化层面，从价值观念变革入手，提炼了适合学生未来发展的核心素养；在课程层面，基于学生发展需要，构建了"组块构建 + 融合互补"的《"3+N"课程结构体系》；在课堂层面，从"综合学习 + 实践体验"的实施方式入手，落实素养养成；在评价层面，形成"强化过程 + 应用结果"的《"3+N"课程评价体系》，最终实现了"文化—课程—课堂—评价"一体化育人机制的转化落地。

三、反思完善：评价导向下的"教—学—评"一体化循环实践生态

通过探索构建基于核心素养、符合学校实际的综合评价体系，着力改进结果评价，强化过程评价，探索增值评价，健全结果评价，让教师精神文化在"教—学—评"一体化循环实践生态中得以成长。

学校以"3+N"课程体系（学科基础型、拓展丰富型、活动实践型，大学科融合和课程延展）为牵引，以教师发展和学生成长为中心，推进评价制度改革，教师评价以学生喜欢、家长满意、同行认可、学校放心为导向。把认真履行教育教学职责作为评价教师的基本要求，引导教师上好每一节课、关爱每一个学生。探索建立教师教学述评制度，任课教师每学期须对每个学生进行学业述评，述评情况纳入教师考核内容。教师不用取悦领导，做好自己的事，每个人都能看到希望，制度管理代替人治，逐步形成管理文化，达到高度自觉，由制度管理到文化形成。

充分发挥评价的激励导向功能，强化评价与课程标准、教学的一致性，促进"教—学—评"有机衔接和内在关联。课程评价从"关注结果"走向"强化过程"，重点关注过程评价，科学运用评价结果。根据核心素养、课程标准设计评价维度，并建立相应指标。评价内容综合过程与结果，关注课堂、作业、活动参与、期末评价。评价主体包括自我、同伴、教师、家长、社区。注重评价对课程教学的持续激励与指引，创新课程评价动态图谱的转化采用定性与定量相结合的方式呈现评价结果，并利用评价结果改进教师的教学行为和学生的学习方式。

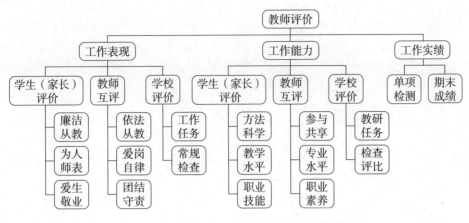

图 6-2　长沙麓山国际实验小学教师评价一览图

在评价方式上，从教师发展和学生发展出发，做到了"多元评价"，即建立"日常过程评价＋阶段综合评价"相结合的学生评价体系，通过自评、互评、师评等方式，实现对学生进行综合、立体、发展的评价。构建了"教—学—评"不断迭代升级、动态生成的"课程评价谱系"，通过构建评价导向下"教—学—评"一体化循环实践的良好生态，实现指向学生发展的教师精神文化的深度成长。

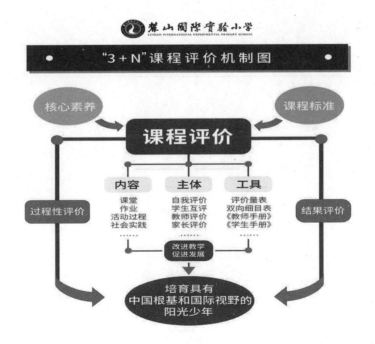

图 6-3　"3+N"课程评价机制图

第七章

行远自迩，踔厉奋发

——落实"三大工程"，科学构建教师精神文化建设评价体系

随着课程改革的全面推进，评价问题成为人们关注的热点和焦点问题，这不仅仅是改革中的焦点问题，也是人们在教育教学实践中不断进行研究和探索的问题。良好的评价氛围，有助于教师专业素养和专业能力的提高。落实科学的教师评价体系，是有效促进中小学教师精神文化建设的重要保障。有什么样的评价指挥棒，就会产生什么样的教师精神文化样貌。中共中央、国务院印发的《深化新时代教育评价改革总体方案》明确将改进教师评价列为教育评价改革的五项重点任务之一。科学构建新时代中小学教师精神文化建设评价体系，落实师德师风建设、狠抓教育教学常规管理、实施教师专业发展性评价"三大工程"，对于教师的职业发展，对于教师更好地履行"立德树人"职责具有重要的意义。

一、首要工程：重视师德师风建设

教师是人类灵魂工程师，是青少年学生成长的引路人。教师的思想素质和职业道德水平直接关系到青少年的健康成长，关系到国家的前途命运和民族的未来。党的十九大以来，党和国家十分重视师德师风建设与教育评价改革。习近平总书记强调，教师队伍建设要把师德师风建设摆在首要位置。中央文件精神提出要把"立德树人"的成效作为检验学校一切工作的根本标准，把师德师风作为评价教师队伍素质的第一标准。湖南省教育厅明确将 2021 年定为"师德师风建设年"，提出要完善师德考核制度，不断推动师德师风建设工作制度化、科学化。

（一）制订师德师风建设行动计划

近年来，学校为适应建设高质量教育体系、办好人民满意的教育的要求，以师德师风建设为抓手，出台了《关于进一步加强师德师风建设的实施意见》《长沙麓山国际实验小学教师师德师风建设行动计划（2021—2023 年）》等一系列文件及相关考核制度、督察制度，注重师德师风评价体系建设，以此诊断和促进师德师风教育活动，为打造一支党和人民满意的高素质教师队伍奠定基础。

1. 指导思想

以习近平新时代中国特色社会主义思想为引领，充分认识新时代教师队伍建设的形势任务，准确把握新时代教师队伍建设的使命担当，把"立德树人"的成效作为检验学校一切工作的根本标准，把师德师风作为评价教师队伍素质的第一标准，将社会主义核心价值观贯穿师德师风建设全过程，进一步健全师德建设长效机制，巩固学校师德师风建设取得的成果，引导广大教师增强敬业修德、奉献社会的责任感和使命感，争做"四有"好老师，努力打造一支高素质、专业化、创新型教师队伍。

2. 总体目标

在2021年到2023年的三年时间里，学校将师德师风建设分为"推进、深化、提升"三个阶段，统筹规划，分步实施。通过政策学习、典型示范、完善制度、严格管理等举措，健全师德建设长效机制，推动师德建设常态化、长效化。引导广大教师以德立身、以德立学、以德施教、以德育德，不断提升人格修养和学识修养，全心全意做学生锤炼品格、学习知识、创新思维、奉献祖国的引路人。经过三年努力，全力打造一支师德高尚、业务精湛、结构合理、充满活力的教师队伍。

3. 主要措施

在全校教师中开展做"四有"好老师主题教育活动，进一步改进和创新师德教育内容、方式载体和体制机制，采取多种措施，切实推进师德建设工作深入开展。①深入开展师德师风学习活动。②扎实组织教师开展党史教育学习活动。③强化师德师风建设主体责任。④发挥先进典型的示范作用。⑤健全师德师风报告和通报机制。⑥抓实师德师风专项治理活动。⑦严肃师德师风违规惩戒措施。⑧探索建立教师信用管理系统。⑨提炼师德师风建设成果。

通过三年师德师风的建设，培养崇德敬业、严谨治学、锐意进取的工作作风和爱校敬业、爱生爱岗、立德树人的人文精神，形成树师德、铸师魂、正师风的良好氛围，使良好的师德转化为广大教师的自觉行动和良好品质。

（二）制定"师德师风建设"系列评价考核制度

麓共体学校积极探索新时代背景下师德师风评价对象、内容、目标、原则、主体、指标、结果等关键要素的相关秩序与内在联系，坚持主体多元化和方法多元化，具体原则包括定性与定量评价相结合、静态与动态评价相结合、主体与客体评价相结合等，构建可量化且具操作性的新时代区域性中小学师德师风评价考核指标体系，最终为设计、实践、完善、推广新时代区域性中小学教师师德师风评价体系提供理论支撑和实践范式。

1. 制定《2021年长沙麓山国际实验小学"师德师风建设年"考核方案》

长沙麓山国际实验小学在抓好日常工作的基础上，突出考准、考实，设置科学合理、有效管用的考核评价细则，切实体现考核工作实效和导向。

（1）指标依据。以《2021年湖南省"师德师风建设年"实施方案》《湖南省"师德师风建设年"推进方案》《湖南省"师德师风建设年"工作考核方案》，以及国家、我省有关师德师风建设政策文件为依据确定考核指标。

（2）指标设置。共设置10个一级指标，即组织领导、宣传发动、学习教育、典型推介、群众举报、自查自纠、专项整治、信息宣传、督促检查、成效检验。

（3）计分方法。考核工作实行百分制，根据各项考核指标合计得出总分数，结合加减分计算最后得分。

2. 制定《长沙麓山国际实验小学师德考核奖惩制度》

为加强师德建设，为教育改革发展提供坚实有力的师德保障。为此，学校特制定师德考核奖惩制度，核心内容如下：

（1）对利用教师职业便利牟取私利，诸如乱收费、乱办班、乱补课、乱发资料者，在晋升职称、评优评先中实行一票否决制度。

（2）教师不得在参与各类考试工作中徇私舞弊；不得在申请认定教师资格，申报专业技术职务，评选优秀教师、特级教师，晋级等活动中弄虚作假。情节较轻者批评教育，重者实行师德一票否决。

（3）关心每一位学生的思想、道德、行为、心理、智力、能力、身体的全面发展。坚持正面教育，认真听取学生、家长意见，建立民主、平等、和谐的师生关系。此项出现问题，师德定为"不合格"。

（4）高度重视对学生进行安全教育，并对可能出现的事故采取必要的防范措施，保护每一位学生的人身安全。因工作失职追究经济、法律责任。

（5）维护教师形象。衣着整洁端庄，与教师职业相称。女教师可化淡妆，非礼仪需要不佩戴耳环，不染彩发，不染指甲；男教师不留长发，不蓄胡须。校园内禁止抽烟。

（6）同事之间有意见，通过正常途径交谈解决。不讲不利于团结的话，不做不利于团结的事。不准以任何方式向学生家长索取钱财物品。

3. 制定《长沙麓山国际实验小学师德问题报告制度》

为规范化、制度化和统一化作业行为，使员工的管理工作有章可循，提高工作效率和员工责任感、归属感，特此制定学校师德问题报告制度。

（1）每位教师每学期结合自身工作进行一次自查，将自查情况以书面报告的形式上交校长室。

（2）各级领导结合教师自查、互查，学生、家长、社会督察的实际情况，认真写出一份总结报告交校长室。

（3）对于重大师德问题要及时报告处理，对重大师德问题报告不及时、处理不及时者，学校将追究相关责任人的相关责任。

（4）各级领导要高度重视每位教师的师德情况，发现问题及时通知到责任教师，责成该教师限期整改，写出书面整改措施，并对整改情况随时督察。

（5）委派跟进导师，完善帮扶机制，落实行动改进计划，不断调整和优化监督评估机制，逐步消减师德师风问题。

（三）积极推动学校师德师风评价制度的有效实施

1. 加强师德宣传，促进舆论引导

把师德评价纳入学校师资队伍建设总体规划，对全体教师进行以理想信念、职业道德、专业素养、生活态度为核心内容的师德教育。同时，利用全校教师大会、师德师风建设内网、微信公众号平台等渠道，通过举办名师讲座、开展演讲比赛等各种活动，进行广泛的师德师风宣传教育。坚持全覆盖、无死角，做到人人应知应做、必知必做，让教师真正把教书育人和自我修养结合起来，时刻自警、自省、自重、自励，维护教师职业形象，提振师道尊严。

【案例 7-1】

"教师发展的德能滋养"培训纪实

期末工作刚忙完，暑期校本培训仍在如火如荼地开展。老师们不放弃每一次学习的机会，认认真真听课，扎扎实实做笔记，在本学期刚刚画上休止符的间隙，让向前奔走的身体停一停，等一等自己的灵魂。

本次培训是由长沙教育学院师训主任姚建民带来的"教师发展的德能滋养"。

平易近人的姚主任向老师们娓娓道来教师关于职业理解、团队合作、对生行为、教学态度、修养行为等方面应该注意的问题，并提出师德就是由专业知识、专业技能、态度情意、自我发展和行为表现融合而成的德能基本框架。认为教育其实就是一种人学。

培训结束时，姚主任提出如下观点："一个教师不在于他教了多少年书，而在于他用心教了多少年书。"这句话深深地印在了老师们的心里，让老师们更加

理解了"用心"二字的深意。

专家讲座之后，龚拥军书记做了"明形势、守底线、讲规矩"的教师师德培训。

龚书记首先点评、分析学校师德师风情况，带着老师们学习《长沙麓山国际实验小学教师师德师风建设行动计划（2021—2023年）》，提醒老师们要进行学校师德师风建设风险点排查。最后，龚书记重申四条纪律，给老师们敲响师德师风建设的警钟。

正如书记强调的那样，广大教师应该不断加强师德修养，自觉增强职业荣誉感、历史使命感和社会责任感，以培育优秀人才、发展先进文化和推进社会进步为己任，站在时代的前列，涵养高尚道德情操，胸怀伟大精神追求，甘为人梯，身体力行，"敬业、精业、乐业"，努力做受学生爱戴、让人民满意的教师。

【案例 7-2】

"两学一做"学习教育纪实

期末工作结束后，在长沙麓山国际实验小学校长黄斌、书记龚拥军、副校长戴伍军的带领下，全校党员同志在韶山开展"两学一做"学习教育。

本次学习教育以一堂实景党课——《中国出了个毛泽东》拉开序幕，全体党员再一次了解了中国共产党光辉的革命历史。之后，党员同志们在毛主席铜像广场上敬献花篮，重温入党誓词，瞻仰故居，参观主席纪念馆，进一步缅怀伟大领袖毛主席，重温党的丰功伟绩，学习革命传统，广大党员同志深受教育，更加坚定了政治信念和革命理想，加强了党性教育。

由党支部书记龚拥军同志主持的党课——"做一个讲规矩、懂规矩、守规矩的共产党人"，将本次学习教育推向了高潮。

龚书记指出：我们光荣的中国共产党已经走过了百年的光辉历程，党的发展从最初的五十余名党员，到今天的将近八千万党员，充分显示了我们中国共产党的强大生命力。没有共产党就没有新中国。百年的峥嵘岁月，百年的光辉历程，党由小变大，由弱变强，我们的祖国也从悲惨的命运走向光荣的前途。从新民主主义革命到社会主义的建立，从中国特色社会主义到实现中华民族的伟大复兴，我们党历尽坎坷，风风雨雨，但始终坚持正确的方向不断前进。作为一名党员，我们应该时刻牢记所肩负的历史重任和光荣的职责，坚定共产主义信念，不断加强党性锻炼，不断树立正确的人生观、价值观。在此红色圣地开展专题教育——

党课学习，具有特别重要的意义。

课后，龚拥军书记对党课进行了点评，并对全体党员同志提出要求，指明方向。龚书记指出："两学一做"学习教育，基础在学，关键在做。每一名党员，都应做到以下三点：一是党员意识。党员要把自己的身份亮出来，让党旗在学校高高飘扬，让党徽在课堂熠熠生辉。二是党性锻炼。党员要敬畏党纪国法，敬畏组织，敬畏人民群众，加强党性修养。三是要发挥作用。在学校的各项工作中，每一位党员同志，要发挥示范和引领作用，要宣传和发动群众，教育和引导群众。不能在任何场合有负面的作用，不能讲不负责任的话。要有三个意识：一是纪律意识。要严格遵守生活纪律、工作纪律、政治纪律。二是大局意识。以学校为重，以组织为重，个人服从组织。三是以好的党风引导师德师风，形成积极向上的学校风气。希望全体党员共同努力，共同发挥作用，充分体现学校党支部的政治堡垒作用，党员先锋模范作用，为党徽增光，为党旗添彩。

最后，校长黄斌同志以"三个节点"，用"三组词语"对本次党员学习教育进行总结。第一个节点，观看实景党课，可以概括为"信仰、信心、信念"三个词；第二个节点，在韶山冲的系列学习教育，可以概括为"学习、创新、总结"；第三个节点，党课学习，可以概括为"核心、示范、引领"。黄校长从学习教育的内容出发，联系党员同志的工作实际，对这九个词语进行了一一解读，并对广大党员同志提出了殷切的希望。希望全校的党员同志，在学校的工作中间，在学校的发展中间，在孩子们的成长中间，发挥党员应有的作用，让长沙麓山国际实验小学的党员队伍成为让党放心，让学校满意，让我们的事业兴旺发达的核心堡垒。

【案例 7-3】

师德师风教育讲评会纪实

在师德师风教育讲评会上，学校党总支书记龚拥军从"守住底线""坚持原则""深情教育""精细管理""追求卓越"五个方面展开讲话。

龚书记提醒老师们要保持警惕，时常进行师德师风自查，并重申四条纪律，给老师们敲响师德师风建设的警钟。龚书记指出：选择了教育事业，就要孜孜以求，不断提高自身素养和业务水平；要笑着做老师，蹲着看学生，乐着做同事；要培养品性，关注点滴，促进学生全面发展；在教育中更要以"智慧之心导其知"，以"慈悲之心辅其行"，以"平常之心处其事"。

【案例7-4】

廉洁专题教育活动纪实

传扬美德，"廉"润童心，学校开展廉洁专题教育活动，通过一个个深入人心的事例，让廉洁之花绽放儿童心灵。

诵　廉

古圣贤，清正廉，

出淤泥，而不染。

竹有节，不折腰。

德为本，品为先。

……

学校原创《廉洁三字歌》，以"廉"为主线，分为"廉之古训""廉入校园""廉植家庭""廉立中华"四个篇章，以朗朗上口、便于熟记的儿歌形式呈现。我们希望将廉洁的种子根植于每一位麓小学子心中，以孩子辐射家庭，影响社会，让整个社会吹拂廉洁之风。

画　廉

一笔一色，一画一彩。美术课上，老师以"廉"为主题，组织孩子们描绘心中之"廉"。

践　廉

廉洁奉公、一心为民。孩子们在"五彩麓山枫"社会实践活动中，走进红色教育基地深刻认知革命精神；孩子们参加"红领巾"职业体验，感受不同职业的艰辛；孩子们在劳动实践课程中，养成勤俭节约的优良品质……

自"清廉学校"建设工作启动以来，学校紧扣清廉建设工作重点任务，多次召开"清廉学校"建设推进会，积极部署此项工作，将"清廉学校"建设融入常规工作，推动"清廉文化"落地生根。

春风化雨，润物无声。接下来我们还将开展"廉"主题教育活动、师生"廉"书画展、"廉"主题征文等一系列活动，让清廉文化深入人心，让清廉理念浸润师生，让清廉之花绽放校园。

2. 加强师德监督，构建监督体系

麓共体学校成立了学校师德师风监督领导小组，构建教师、学生、家长、学校、社区"五位一体"的全方位、无缝化师德师风建设监督体系，及时督导

和检查区域教师的师德师风。开通师德师风举报渠道，如设立师德师风举报箱，公布接收举报的电话、电子邮箱等，做到有诉必查，有查必果。

3. 注重实施运用，健全反馈机制

坚持客观、公正、公平、公开的原则，改变仅以学校上级或行政给予主观评价的现象，综合同行评价、学生评价、家长评价及自我评价，有效弥补单一评价的不足。做到"达标"与"增值"相结合，守好刚性边界，让成长、进步看得见；"量化"与"主观"相结合，让师德评价既有"尺度"又有"温度"；"过程"与"结果"相结合，建立教师师德档案；"自评"与"互评""调研"相结合，让教师自觉涵养高尚师德。

4. 注重体现教师评价的发展性

借助信息化手段收集阶段结果大数据，建立五年动态评价机制，将结果应用于教师资格注册、职称评聘、评优评先等。定期评选表彰优秀党员、优秀教育工作者、魅力名师等先进典型，树立师德榜样，营造出崇尚师德、争当典型的良好舆论氛围。

教师发展，师德为要。将师德师风纳入教师评价，有利于推动师德师风建设与教师专业发展相互融合、相互促进。

【案例 7-5】

长沙麓山国际实验小学全体教职工大会暨年度表彰大会纪实
宣传工作突出贡献奖及宣传工作贡献奖

大会首先表彰的是宣传工作突出贡献奖和宣传工作贡献奖。他们勤学善思，笔耕不辍；他们乐于探索，勇于实践。台前幕后总少不了他们忙碌的身影。多少个夜晚，他们与星辉作伴，享受着独特的"浪漫"。

长郡教育集团 2018 年第二届教职工书画、篆刻、摄影奖

长郡教育集团每年都会组织教职工开展丰富的文化艺术活动，以期不断提升教职工文化艺术审美及情趣，营造浓厚的文化艺术氛围。本届教职工书画、篆刻及摄影三大类比赛中评选出了一、二、三等奖。学校教师表现出众，共有 19 人次获奖，充分展示出学校教职工良好的文化艺术造诣和美学素养。

工会积极分子

接着表彰的是工会积极分子，他们热心于工会的工作，他们心系教职工的需求。在学校组织开展的各类教职工活动中，他们全情投入，并积极带动组内的、

身边的老师……他们是当之无愧的 2018 年度工会积极分子。

优质服务奖

接下来表彰的是 2018 年度优质服务奖，他们在各自的工作岗位上任劳任怨，不计个人得失，用如火如荼的工作热情和真诚奉献，为老师们排忧解难，获得了老师们的一致好评。

教研先进个人

学海无涯，他们是引渡人；教研有路，他们是拓荒者。他们坚守课堂，潜心研究，积极探索，团结互助，他们是学校教科研的中坚力量。

优秀德育工作者

他们，用瘦长的粉笔、喑哑的嗓音和月光灯晕下的批文阅卷铸就了今日麓小的璀璨辉煌；他们，用细微的叮咛、殷切的眼神和高速旋转下的陀螺精神营建了明天心灵家园的美好健康。他们关注和尊重每一位学生的身心健康，因材施教，以自己的人格魅力感染孩子，影响孩子，是一批有爱心、有责任、有能力、有坚守的优秀教师。

优秀青年教师

他们在各自的工作岗位上，挥洒激情，施展抱负，放飞梦想。他们诠释着这个时代的主流价值：责任、爱心、奉献；他们乐于当孩子王，每天用平凡琐碎的工作，见证、记录并努力完善自己的教育人生。

优秀党员及党务工作者

他们不计个人得失辛劳，以宽厚的肩膀和洒脱的笑容扛起了肩上重担；他们以学校需要为首，无论工作多么细微琐碎，总能用满腔的热情和挚诚的奉献践行着青春岁月。他们是我们学校教师队伍、党员队伍的缩影和写照。

魅力教师和特殊贡献奖

本届麓小"魅力教师"和"特殊贡献奖"评选活动依旧获得了广泛关注，社会各界人士纷纷参与投票。短短两天，访问量达 6 万次。这十五位教师，他们将魅力扬在脸上，灿烂若芳；他们把爱心施于行动，亲切如花。桃李不言，下自成蹊。他们用自身魅力和行动诠释着教育的力量。

最后，学校领导、嘉宾上台和魅力教师、特殊贡献奖获得者合影留念。表彰大会在热烈的掌声和幸福的笑靥中圆满落下帷幕，全体麓小人也更加坚定了心中的理想和信念，我们将秉承"追求卓越，永不满足"的麓小精神，向身边的好老师学习，为麓小的卓越发展添砖加瓦，为优质校园的营建助力增彩！

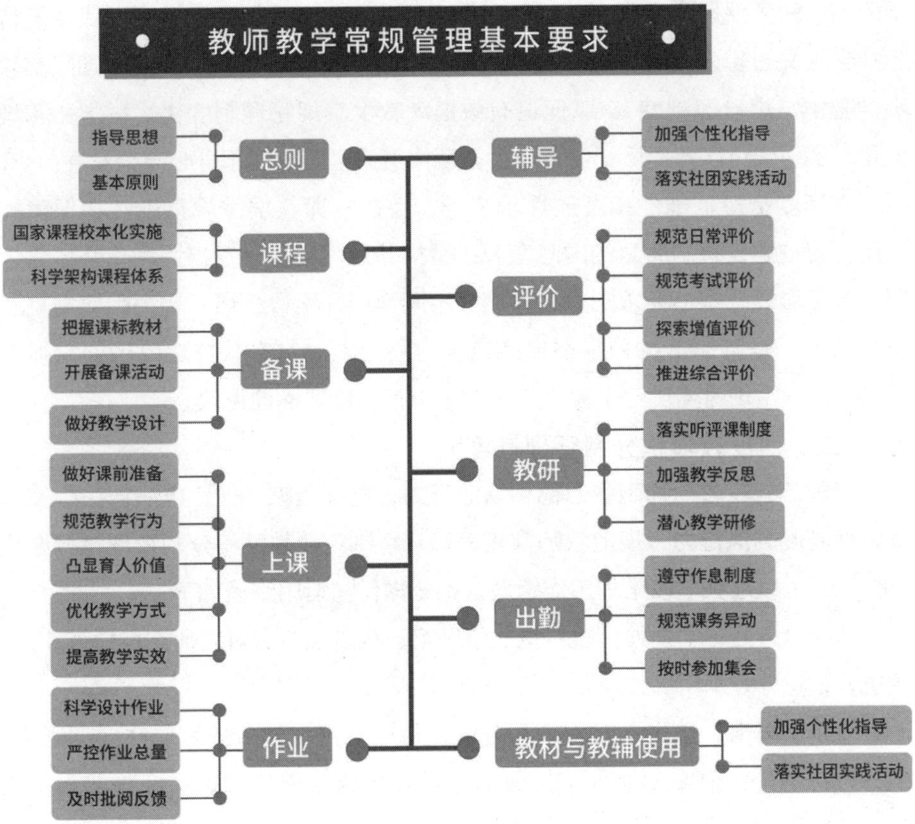

图 7-1　教师教学常规管理基本要求

二、基础工程：优化教育教学常规管理

开展教育教学活动，进行教育教学改革和实验是教师最基本、最核心的使命和职责所在。中共中央、国务院印发的《深化新时代教育评价改革总体方案》中提出通过对教育教学实绩进行评价，引导教师上好每一节课、关爱每一个学生，力求促进教育教学作为教师最基本和最核心职责的回归，让组织、设计、开展教育教学的能力切实成为教师专业发展的主轴。

中小学教师教育教学评价则着重从教学述评、绩效考核等方面开展，推动教师加强对教育教学工作的反思与改进，引导教师切实重视并在教育教学方面不断取得突出成效，有力支撑教师教育教学基本功目标的实现。

（一）不断完善教育教学常规管理制度

为坚持立德树人根本任务，全面落实中共中央、国务院关于中小学教育教学改革、教育评价改革和"双减"工作重要部署，学校以习近平新时代中国特色社会主义思想为指导，遵循教育教学基本规律，制定了《长沙麓山国际实验小学教学常规管理制度》，以促进有效推动教学常规管理制度化、科学化和规范化，实现减负增效提质，促进学生德智体美劳全面发展和身心健康发展。

本制度坚持基础性和发展性相统一，旨在发挥教学常规基础性和保障性作用，促进学校教学质量的内涵发展；坚持共通性和多样性相协调，坚持各学段、各学科统一规范要求的同时，结合不同学段、学科特点，实行教学常规差异化管理；坚持抓常态和常态抓相结合，立足教学常态，持之以恒、常抓不懈，将教学常规管理贯穿于教学工作的全过程，确保落地见效。

（二）创设教师积分制管理制度

为规范学校教师的职业道德和从业行为，提高国家、省、市法律法规及学校管理制度的执行力，规范教师常规表现，特制定《教师积分制管理暂行办法（试行）》，以加强学校常规工作管理。积分操作与运用路径如下：

（1）教务处、学生处、教科室、年级组、教研组负责对教师常规检查计分、周统计，积分分别用 A_1、B_1、C_1、D_1、E_1 表示。

（2）年级组、学生处对教师积分统计每个月交由教务处汇总并内部通报，积分办法 $A=A_1 50\%+B_1 30\%+D_1 20\%$。（以年级组为单位按班主任与非班主任分别排序）

（3）各教研组对组内教师的积分统计每个月交教科室，教科室进行汇总并内部通报，积分办法 $C=C_1 70\%+E_1 30\%$。（以教研组为单位排序）

（4）每个学期末，教务处、教科室对各月积分进行汇总，将教师总积分高低分别作为中层管理部门绩效考核评定教师"现实表现""教育教研能力"的主要依据。

（5）加强过程性评价与管理，对积分高的教师及时表扬和肯定，对积分低的要及时提醒或谈话。

【案例 7-6】

教师积分制管理暂行办法（试行）

（2016 年 9 月制定）

为规范教职员工的职业道德和从业行为，提高国家、省、市法律法规及学校管理制度的执行力，规范教师常规表现，特制定《教师积分制管理暂行办法（试行）》，以加强学校常规工作管理。

一、积分办法

1. **常规考核总分**：常规考核积分总分为 100 分。采用加分和扣分制办法。常规积分每月统计一次并在一定范围内通报给相关老师。（班主任工作由班级常规量化管理分开计分）

2. **常规加分办法**：完成学校安排的正常工作，总分计 100 分。

常规加分类别分为：

A 类：5 分 / 人（次）；B 类：3 分 / 人（次）；C 类：2 分 / 人（次）。

加分项目	具 体 内 容	加分类别	责任部门
出勤	出满勤	B	教务处
教学常规	期中、期末教学大检查，教案、作业、听课评选为优秀	B	
成果分享	年级组经验交流、主题发言	C	教务处 年级组
	学部经验交流、主题发言	B	
	学校经验交流、主题发言	A	
命题 与资源	校内统一考试命题且质量较高	C	教科室
	集团统一考试命题且质量较高	B	
	资源库实用资源共享（次）	C	教务处
安全 与其他	及时发现安全隐患或处理偶发事件	B	教务处
	其他突出表现	视情况定	

3. **常规扣分**：在岗教师违反以下常规计分中的具体内容，根据违规类别，实施扣分。

常规扣分类别为：

A 类：2 分 / 人（次）；B 类：5 分 / 人（次）；C 类：10 分 / 人（次）。

（C 类项目除扣分外须上报校长室。）

常规扣分具体内容如下：

问责项目	具 体 内 容	扣分类别	责任部门
出勤	上课、早晚自习、集会等迟到、早退或中途离场（5 分钟以内）	A	教务处
	各种集会、活动缺席；上课、早晚自习迟到、早退或中途离开（5—10 分钟）	B	
	旷工（半天）、旷课（节），上课、早晚自习迟到、早退或中途离场 10 分钟以上	C	
教学常规	作业批改不达要求（全批全改、次数、日期、评价）	A	教务处
	教案不达要求	A	
	无（纸质）教案上课	C	
	集体备课不达要求	A	

续表

问责项目	具 体 内 容	扣分类别	责任部门
教学常规	未按要求组织学生做眼保健操	A	教务处
	私自调课（双方）	C	
	计划、总结、表格、资料等未及时交	A	
	集体备课纪要未按时提交	A	
	校本研训等任务完成不及时或完成质量差	A	教科室
	听课节数没有达到学校要求	A	
校内考务	命题不按命题要求或出现错误造成不良后果	B	教科室
	监考迟到、不认真监考、试卷收取或装订出现失误并造成不良后果	B	教务处
	未按时阅完、出现错误并造成不良后果	B	
	考场未按要求布置	A	
其他工作	在学校或年级组公共平台（微信、QQ 群）发布不实或消极议论，影响学校工作或年级组氛围	B	教务处
	工作失职，被学生、家长、校内教职工投诉	B	
	未按要求使用场馆，场馆整理不及时	A	
	仪器和药品未按要求保管导致不良影响	B	

（各部门常规检查计分周统计后由教务处汇总，期末根据常规检查计分评定教师现实表现分数。）

二、积分运用

1.《教师积分制管理暂行办法》先试行，在试行过程中不断完善。

2. 以学部为单位每个月统计一次，期末汇总全期积分，并从高分到低分排序。

3. 学部主任、年级组组长在每学期的绩效考核评分中，可参考积分顺序给教师评价分。

4. 加强过程性评价与管理，对积分高的及时表扬和肯定，对积分低的要及时提醒或谈话。

（三）优化教师绩效考核制度

为健全师德师风建设及教师专业成长的长效激励机制，依据国家对教师专业发展提出的新理念、新要求，并结合学校高质量发展规划及建设一流师资队伍的要求，学校制定并多次修订了《教师绩效考核评价方案》。本方案旨在构建完善的评估体系，并借助信息技术平台支持，变成可操作的工作流程。

表 7-1 长沙麓山国际实验小学教师绩效考核实施办法总表

评价项目		评价维度	评价内容	分值	分差	实施办法	组织	评价结果
一类	表现	一维 学生（家长）评价	廉洁从教	10	/	《学生（家长）问卷调查表》（表现＋能力）	学生处	1. 结果呈现办法： 三类独立考核，将所得分值转换为等第，每类独立以A、B、C等第呈现； 2. 等第划分办法： A等：得分高于平均分且比例不高于50%，不低于30% C等：得分与平均分相差5分以上，比例不超过3%，由学校校务会研究决定 B等：除A等与C等外的均为B等 3. 评价使用范围： 评价结果在学期绩效奖励工资、评优评职称及相关绩效考核项目中使用
			为人师表	10	5			
			爱生敬业	10	5			
		二维 教师互评	依法从教	10	4	《年级组教师问卷互评表》（表现）	教科室	
			爱岗自律	10	4			
			团结守责	10	4			
		三维 学校评价	工作任务	10+10	3+3	《教务处、学生处评价评价实施办法》（表现）	教务处、学生处	
			常规检查	10+10	3+3	《年级组组长评价评价实施办法》（表现）		
二类	能力	一维 学生（家长）评价	方法科学	10	5	《学生（家长）问卷调查表》（表现＋能力）	学生处	
			教学水平	10	5			
			职业技能	10	5			
		二维 教师互评	参与共享	10	4	《教研组教师问卷互评表》（能力）	教科室	
			专业水平	10	4	备注：语文组教师互评单位为低段（1—3年级）/高段（4—6年级）		
			职业素养	10	4			
		三维 学校评价	教研任务	10+10	3+3	《教科室评价评价实施办法》（能力）	教科室	
			检查评比	10+10	3+3	《教研组组长评价评价实施办法》（能力）		
三类	实绩					按学校《期末常规教学成绩评定细则》进行评价	教务处	

表 7-2　长沙麓山国际实验小学教师绩效考核结果呈现表

教师绩效考核结果呈现表

教师姓名	师德表现											业务能力													教学实绩		
	生评			师评			校评			年级组总评分		姓名	生评			师评			校评				教研组总评分			分值	项目等第	绩效考核结果
	廉洁从教	为人师表	爱生敬业	依法从教	爱岗自律	团结守责	工作态度	德育落实	教学常规	个人总分	项目等第		方法科学	教学水平	职业技能	参与共享	专业水平	职业素养	教研任务	教研能力	检查评比	专业成长	个人总分	项目等第			
	学生处			教科室			年级组长+下组行政	学生处	教务处				学生处			教科室			教研组长+下组行政	教科室		平台数据					
	10分	10分	10分	10分	10分	10分	10分	15分	15分				10分	10分	10分	10分	10分	10分	10分	10分	10分	10分					

三、提升工程：完善教师专业发展性评价

麓共体学校注重在实践中完善教师专业胜任力和发展性评价。

1. 探索建构中小学教师教研胜任能力的提升与评价制度

苏霍姆林斯基说过："如果你想让教师的劳动能够给教师带来乐趣，使天天上课不至于变成一种单调乏味的义务，那你就应当引导每一位教师走上从事研究的幸福道路。"新时代背景下，中小学教师的角色内涵也更为丰富，要实现教师从知识传授者到学生学习促进者的角色转换，教师本身就必须是一位积极的、有效的教育教学研究者，这既是时代赋予教师的要求，也是教师作为学生促进者的前提条件。

对中小学教师教研胜任能力进行评价，不能唯论文、唯课题、唯获奖，应有典型性、引领性、适切性和可操作性，应凸显中小学教师的岗位特点，引导教师做课题、写论文，提升教研能力，以评价引领教师的专业发展。

表 7-3　长沙麓山国际实验学校教研胜任能力评价建议表

指　标	考　评　点	考　评　方　式
一、调查研究能力	1. 正确理解党和国家法规政策，能够将政策理论与教育实践有机结合	1. 查阅政治学习笔记 2. 查阅教学反思、班主任工作记录、教育心得等 3. 查阅年度考核表
	2. 具有问题意识，关注教育前沿和热点问题，善于发现教育研究新的着力点	
	3. 不断提升教育科研调查能力，熟悉常见的调查方法和调查工具	1. 审阅调查报告代表作 2. 查阅调研报告、访谈报告、一线经验成果汇报材料、教育通讯、决策咨询报告、政策采纳文件、其他调查研究成果等
	4. 具有调查组织统筹和数据分析综合的能力，形成调研学术成果	
二、课程开发能力	1. 有较强的运用现代教育技术改进学科教学的能力，进行了学科数字化教学资源的深度整合和开发工作	1. 查阅教案 2. 听课 3. 座谈、访谈 4. 查阅备课记录等相关资料
	2. 积极参与校本作业等其他校本资料的编撰	1. 查阅教案、教学计划、分层作业方案、总结、教学反思、学生检测单和导学案等 2. 查阅学生作业
	3. 校本课程教案、教材、教学计划、总结、教学反思、论文著作、课题等所反映的课程建设和开发能力	1. 查阅校本课程开发方案、教学计划、教案、教材、总结、教学反思等 2. 获奖证书或者推广辐射证明 3. 查看相关文件或者学校证明 4. 查看参与编写的校本资料 5. 查看学生作品集 6. 查看师生荣誉证书 7. 查看论文著作、课题材料等

指　标	考　评　点	考评方式
三、 课堂改革 试验能力	1. 形成一整套行之有效、操作易行、富有特色、理念创新的教学模式或风格 2. 认真研究教学过程，落实探究学习等教学方式和学习方式	1. 现场听课 2. 查看典型课视频 3. 查看教案与创新设计 4. 座谈、访谈
	3. 加强学科素养培育，加强班级和学生文化建设	1. 现场听课 2. 查阅备课计划与相关记录 3. 查看教案与创新设计 4. 座谈、访谈
	4. 夯实集体备课制度，具有个性化备课设计意识与能力，注重教材的二度开发和备课资源的整合优化	5. 查看典型说课设计 6. 查看教学反思代表作 7. 查看德育工作论文、反思报告、总结材料或者综述材料 8. 查看上级部门推广批文、领导批示、证明材料或者新闻报道
四、 教研组织 与引领 辐射能力	1. 制订务实的教研计划与教师个人发展规划	1. 查阅教研组学期计划、备课组教学周计划 2. 查阅教师发展三年规划 3. 查阅规划计划、工作总结、个人述职报告、会议记录、年度活动手册等材料
	2. 搭建业务学习平台，设计校本研修项目，组织专题研讨	1. 指导青年教师的师徒结对协议 2. 研训计划方案及其成果集 3. 指导青年教师赛课或者专业测试的方案、计划、总结 4. 论坛讲座经验推广证明材料
	3. 积极参与"三名工程"（名校长工程、名师工程、名班主任工程），主持名师工作室、工作站或专题项目组等教育教学科研共同体，开发专门网站、网页或者名师工作室（站）微信公众号，参与"名校名师公益行"等活动	1. 查看工作室、工作站、工作坊或项目组计划、总结和其他汇报材料 2. 查阅报告、讲座稿等其他学术推广材料 3. 查阅教育行政或教研部门的专家指导证明、领导批示、文件通知、邀请函和其他证明 4. 查看网络空间建设综述材料、网络联校情况以及战略合作协议 5. 查阅新闻报道
五、 课题申报 与学术 升华能力	1. 熟悉各类课题申报要求，能撰写课题申报书与开题报告，积极申报课题	1. 立项批复通知 2. 课题申报书 3. 开题报告
	2. 具有课题组织推进和结题推广能力	1. 查阅中期检查报告 2. 结题报告及结题鉴定证明 3. 访谈、座谈 4. 课题获奖评优证明 5. 查阅领导批示、文件批复、专题报道和其他课题推广与应用证明
	3. 能将课题研究成果提炼升华，形成著作、研究报告、论文、获奖、专利、重大成果采用和学术引领材料	1. 查看科研著作 2. 查看发表或者获奖论文 3. 查看研究报告代表作 4. 查看发明专利等证书 5. 查看领导批示、相关成果应用证明和推广材料

2. 探索建构中小学教师幸福感评价模型

中小学教师幸福感，是指通过对自己职业生活的评价而建构获得的一种满意感。为有效促进学校教师精神文化建设，学校在不断发展的过程中，也在努力探索建构中小学教师幸福感评价制度。本评价基于中小学教师幸福感由五大要素构成，即教师职业收入需求的满足感、教师职业活动场域的物质安全保障感、教师职业场域关系的和谐感、教师职业活动中的被尊重感、教师职业追求上的自我实现感。

表 7-4　长沙麓山国际实验小学教师幸福感评价指标体系

一级	二级	三级
要素一： 教师职业收入需求的满足感	对货币收入的满足感	对工资、五险一金等满意
	对非货币收入的满足感	对单位发放的物资等满意
要素二： 教师职业活动场域的物质安全保障感	对教学场地的安全性满意	对校舍、校园花草树木等在安全方面感到满意
	对教学设备设施的安全性满意	用电、用火、实验室、数据使用、辐射物质等的安全
	对学校食堂食品的安全性满意	饭菜、茶水等的安全
要素三： 教师职业场域关系的和谐感	身心安全感	生活在不会被人伤害的关系中
	人际关爱感	同级之间的人际关爱感、上下级之间关爱感、师生人际关爱感、教师家长之间人际关爱感等
	集体认同	年级组认同感、学科组认同感、学校认同感等
	社会支持感	中小学生家庭支持感、社区支持感、地方政府支持感、国家支持感等
要素四： 教师职业活动中的被尊重感	自尊	教师职业的认同感、对自己职业胜任力的认同感（对教书育人知识、能力、道德品行储备的认同等）
	他尊	他人对教师职业的尊重，对教师职业胜任力的认同（包括对教师教书育人知识、能力、道德品行储备的肯定等）
要素五： 教师职业追求上的自我实现感	使命体验感	体验到教书育人使命的崇高
	成长感	感觉到自己在不断成长
	自我接受感	坦然面对自己的不足，欣赏自己的优点
	创造感	体验到自我超越
	奉献感	感觉到自己是有价值、有贡献的

新时代中小学教师精神文化建设的落脚点在于促进教育教学工作。新时代中小学教师精神文化建设的使命是通过教师的主体性发挥，唤醒、点燃和激发学生的主体性。教育的灵魂是恒久的爱，教师的工作不是建设流水线，不是高

高举起狼牙棒；我们需要付出人本的爱，需要陪伴成长的情怀。如果我们的老师能爱岗敬业醉心课堂、与时俱进提升技能、爱生如子精心做事，如果我们的课堂能激发学生学习兴趣热情、让学生痴心校园、用心体验学习与探究，如果我们的教学能促进课标与教学的统一、教材教法和学情的统一、信息技术融合与学科教学创新的统一，那该是一部多么令人神往的教育童话！

第八章

薪火相续，豪迈前行

——长沙麓山国际实验小学致辞集锦

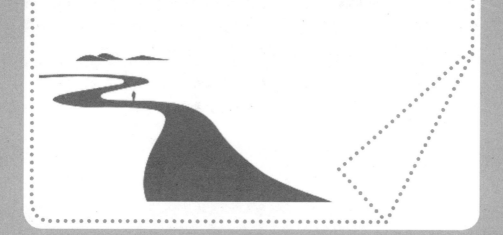

新时代教师精神是以大爱情怀为基础、以大德风范为中坚、以大智风采为核心的文化系统。大爱情怀包含热爱祖国的崇高情怀、热爱教育的炽热情感和关爱学生的慈爱情意；大德风范包括个人品德、职业道德和生命大德；大智风采包含渊博的知识积淀、终身学习的能力和合作学习的习惯等。

教师队伍建设是建设高质量教育体系的关键环节，培育教师精神是建设教师队伍的重点内容。党和国家明确提出建设高质量教育体系的奋斗目标，这就对教师队伍建设、对教师精神培育提出了更高的要求。教师必须自觉加强精神品质的培育和建构，担当起培养堪当民族复兴重任的时代新人的历史使命。

麓山国际实验小学认真学习并贯彻党和国家的精神方针，积极加强教师精神文化建设。每逢跨年、开学典礼，校长在新的起点，通过演讲加强教师精神文化建设，促进学校快速发展。校长的开学典礼致辞作为一项特别的教育活动，其所具有的教育价值是多维度的，这不仅是一场思想盛宴，能给人带来新的启迪，更是承载了重要的教育功能和育人使命。教师会从校长致辞里领略国家及所在区域教育发展趋势、学校办学定位、培养目标、学生实际、社会期待等。

校长开学典礼致辞，不仅体现了一所学校的办学理念和精神文化，更对师生在价值观等方面产生积极的影响，让校园风貌进一步向善向美，也为社会精神风貌的提升贡献一份智慧。

校长的开年及开学典礼致辞是学校新发展、教师精神文化建设的基调，有了基调，就有了方向，才不会偏离轨道。教师精神文化建设任重而道远，这不是一朝之功，但是我们会以此为土壤，来获得更多的生发、更多的成长、更多的进步。不断求索，追寻教师精神文化建设的发展格局。

以下是长沙麓山国际实验小学黄斌校长历年来在跨年庆典及开学典礼上的致辞，雪泥鸿爪，我们能从字字句句中领略麓小这些年来在学校发展及教师精神文化建设中的点点足迹，以及未来发展的方向与格局。

让美好童年花开成景
——2016年秋季开学典礼致辞

尊敬的老师们、亲爱的同学们：

大家上午好！

秋气风云高，涤荡心灵爽。今天，我们打开怀抱，欢迎新同学；今天，我们隆重集会，迎接新学期；今天，我们憧憬未来，追寻新目标。

我们在最美童年相遇，相遇在这所有温度的学校，这是师资雄厚、质量一流、管理规范、特色鲜明、设施完备的具有实验性、示范性的现代化窗口学校；我们在最美童年相遇，遇见了这群有情怀的老师，这是一群具有包容情怀、反思意识和责任担当、合作精神，有职业幸福感和专业知识技能的研究型教师；我们在最美童年相遇，遇到这些有特质的伙伴，这是有"自信、自理、自主"能力和"爱心、责任、合作"素养，有全球胸怀和独立人格的世界公民。

童年，有如春雨入泥，自由地浸润心田的渴望，若为大树，莫与草争，我们的成长，要有静待花开的信念，"面向世界，博采众长，发展个性，奠基人生"；童年，有如云雀啼鸣，欢快地歌唱心中的梦想，集韵增广，观今鉴古，要有乐看花开的践行，"学会生存，学会关心"；童年，如同红枫转色，潇洒地追寻未来的美好，树立目标，向阳成长，我们的未来，要有花开绽放的坚守，牢记"做豪迈的中国人"的誓词。《最好的未来》告诉我们，每种色彩都应该盛开，每一个人都有权利期待，每朵浪花都一样澎湃，每个梦想都值得浇灌。你，将是最棒的！

同学们，我们在最美童年相遇，让人向往，引人遐思。我们憧憬，在这书香校园能增长学识，在这实践学园能提高能力，在这成长乐园能茁壮成长，在这幸福家园能乐享童年。让我们一起，在长沙麓山国际实验小学这秀美的校园，乐学、勤学、善学、敏学、博学，去迎接花开成景的明天。

志存高远，砥砺前行
——2017年新年致辞

尊敬的各位朋友、各校同人，老师们、同学们：

春华秋实奠基业，木铎金声又一年！

时光荏苒，万象更新，正是今年风景美，千红万紫报春光。在这辞旧迎新之际，我谨代表学校领导班子，向殷切关爱、大力支持学校发展的各级领导、各界朋友、各位家长致以崇高的敬意！向兢兢业业、无私奉献的全校教职员工表示衷心的感谢！向朝气蓬勃、乐学善思的莘莘学子致以最美好的新年祝福！祝大家新年快乐！

岁月不居，天道酬勤。2016年，是长沙麓山国际实验小学全新起航、创新发展的关键一年，我们从望月湖来到谷丰路，从依傍而行到独立发展，在长沙市教育局正确领导下，在长郡教育集团、长沙麓山国际实验学校的大力支持下，全体麓小人聚心合力，承载新的梦想，开启新的希望，使出"洪荒之力"，励精图治，"传承麓小文化，创新内涵发展"，并肩携手，推动新生的麓小走向崭新的春天！

回望往昔，心怀喜悦，我们共同分享光荣与梦想！

2016年，以顶层设计为抓手，制定了学校章程和"十三五"发展规划，确立了"面向世界，博采众长，发展个性，奠基人生"的办学理念，坚持依法治校、创新发展，构建现代学校治理体系；2016年，高标准完成了学校功能教室、心理咨询室、有声阅览室、体育馆、会议厅等场馆内部设施设备添建，学校办学条件进一步提升；2016年，学校承办了"国家宪法日暨教育系统宪法学习日活动"、全国家庭教育中小学校长高峰论坛、全国小学语文及数学名师课堂教学等展示活动，并作典型推介，吸引了来自全国各地的三千多人次进行观摩学习。此外，还接待了来自美国、韩国、澳大利亚等多批次国际友人访问交流。新华网、《德育报》、《湖南日报》、《湖南教育》、湖南卫视等主流媒体曾多次专题报道学校办学成果和先进经验。

伫立岁首，充满自豪，我们共同体会温暖与感动！

"做有情怀的老师，办有温度的学校"，学校坚持德育为先，全体教职员工扎实工作，立足成长服务，落实质量立校，发挥引领示范作用，凝心聚力，共同拼搏。2016年，学校获"湖南省青年文明号""先进基层党组织""长沙市优秀少先队集体"等多项殊荣。2016年，长沙市小学语文名师工作室落户学校，由邹玲静老师担任首席名师；在教育部组织的教师晒课活动中，学校荣获"优秀组织奖"，黄思思老师执教课被评为部级优质课；特级教师张好老师担任"特级教师农村工作站"导师；学校多名老师担任"国培专家"，将学校的教育教学经验辐射全市、全省，乃至全国。2016年，学生综合素质充分显现，在长沙市中小学校园文化艺术展演活动中，合唱队、舞蹈队、民乐队荣获一等奖，朗诵队荣获二等奖，学校获评"优秀组织奖"；国际象棋、足球、定向越野等项目也纷纷摘金夺银；在长沙市"体育大课间评比"和首届"同成长·共精彩"小学英语师生素养大赛中，学校均获一等奖。

新年，连接着历史和未来。

志存高远，砥砺前行。2017年，是麓小建校24周年，第二个轮回的"本命年"，"旧岁已展千重锦，新年更进百尺竿"，我们将以"十三五"发展规划为蓝图，创新育人模式，培养学生核心素养；深入推行"教学一体化"和"学科特色化"，打造高效课堂，向着建设"师资雄厚、质量一流、管理规范、特色鲜明、设施完备的具有实验性、示范性的现代化窗口学校"昂首迈进！

志存高远，砥砺前行。老师们，"器大者声必闳，志高者意必远"，让我们与时俱进，锐意进取，同心同德，奋发有为。我们要继续守望理想的光辉，倾听使命的召唤，提升技能、锻造品质，成为有情怀、有温度、有担当的，让人民满意的最美教师！

志存高远，砥砺前行。同学们，"天行健，君子以自强不息；地势坤，君子以厚德载物"。请珍惜最美的童年时光，在这"书香校园、实践学园、成长乐园、幸福家园"中吸纳广博知识，提升核心素养，收获健康成长！

做有中国根基的世界公民
——2017年秋季开学典礼致辞

尊敬的老师、亲爱的同学：

金秋九月，橙黄橘绿。流光溢彩的麓小，吟唱秋日的欢愉；金桂飘香的校园，张开热情的双手。欢迎小伙伴们回到温暖的集体，欢迎一批新老师、新同学加入麓小这个大家庭，特别是六百多位可爱的一年级新生，为我们的校园增添了更多欢乐与活力。在此，祝福麓小全体师生，新学期新气象，新发展新突破！

我们长沙麓山国际实验小学，是一所生机勃勃、底蕴深厚的学校。它如同一棵大树，以民族文化为土壤，面向世界，博采众长，蓬勃生长，枝繁叶茂。一批又一批的麓小学子秉承"学会生存，学会关心"之校训，铭记"做豪迈的中国人"之誓言，带着才学与梦想，走向远方，实现人生抱负。

今天，同学们同样站在了这样一个梦开始的地方，你可曾想过："我为什么而来？""我要学习什么？"可曾想过自己肩上的使命和远行的目标？

9月1日晚上，大家共同收看的《开学第一课》给了我们启示，那就是：我是中国人，我要铭记自己的"中华骄傲"！字以溯源、文以载道、武以振魂、棋以明智，做有中国根基的世界公民！

做有中国根基的世界公民，要学好汉字，领略博大精深的中国文化。

"一横长城长，一竖字铿锵，一钩游江南，一点茉莉香。"

汉字，传播文化，传承文明。从甲骨文、金文到小篆、隶书，再到楷书、行书，汉字虽有了不同的样貌，却镌刻着时代的烙印。它承载着先哲的智慧，圣人的思想，历史的沉浮，让我们在千年之后，还能遇到经史子集、唐诗宋词，感受昨日的灿烂；让我们越过汉赋元曲、名著典章，去遇见明天的美好。

"非学无以广才，非志无以成学"，我们要从今天开始，学好汉字、写好汉字、用好汉字，通过勤学敏思、深度阅读，涵养德性，启迪智慧，舒展生命！

"前瞻来路，明吾辈之责任"，我们要树立民族自信，培养中国灵魂，扎中华之根，铸民族之魂，弘扬中华之骄傲！

做有中国根基的世界公民，要强身健体，培养责任担当的自强精神。

"物不经锻炼，终难成器；人不得切琢，终不成人。"

运动的习惯、顽强的意志将使你受益终身。运动，可以强身健体，帮助我们练就健康之体魄，更重要的是，运动可以培养我们的意志品质，增强我们克服困难、顽强拼搏、超越极限的能力。在集体项目与竞赛活动中，还可以培养同学们的团结、协作和集体主义精神。生命在于运动，体育运动所给予人们的不只是健康的身体，也能给人们健康的灵魂。所以，请同学们重视体育课和大课间活动，每天坚持锻炼一小时，高效学习每一天，幸福生活一辈子。

做有中国根基的世界公民，要凝聚智慧，勇于挑战创新的科技时代。

"删繁就简三秋树，领异标新二月花。"

创新是一个民族进步的灵魂，是一个国家兴旺发达的不竭动力。雄伟蜿蜒的万里长城，对世界具有技术革命意义的活字印刷术，指南针、火药的发明……中国古代劳动人民的智慧和创新精神，至今仍让全世界为之叹服。如今，信息化的迅速发展、大数据的快捷，正在改变更新着人们的生活。荀子说："不积跬步，无以至千里；不积小流，无以成江海。"时代需要我们、祖国需要我们，扎实学习、终身学习，日知日新，凝聚智慧，培养创新精神，投身科技浪潮，去迎接一个更加伟大的时代！

优雅知性的龙洋、永不服输的柯洁、锲而不舍的许渊冲……都是从小立下志向、扎根民族文化、传承东方智慧的人，他们的灵魂都彰显着中国文化的骄傲和中华民族的自信，也正是这种静水流深、沧笙踏歌的东方气质，才使得他们熠熠生辉，成为世界瞩目的璀璨明星！

"千里之行，始于足下。"麓小的莘莘学子，如能秉持"追求卓越，永不满足"之麓小精神，他日定成伟器！祝愿麓小学子，脚踏实地，仰望星空，揽万卷文采，汲百代精华，朝着成长为具有中国根基的世界公民而努力奋进！

谢谢大家！

博观约取，厚积薄发
——2018 年新年致辞

志存高远，砥砺奋进的 2017 年即将过去。

博观约取，厚积薄发的 2018 年如期而来。

长沙麓山国际实验小学，在这辞旧迎新的美好时刻，祝福同学们、老师们、家长们、朋友们：

新年快乐！吉祥如意！

尊敬的各位朋友、各位同人，老师们、同学们：

征途如虹勇求索，春华秋实又一年。

天仪再始，岁律更新。在这辞旧迎新的美好时刻，我谨代表学校领导班子，向关心支持学校发展的各级领导、各界朋友、各位家长致以崇高的敬意！向爱岗敬业、默默耕耘的全校教职员工及家属表示衷心的感谢！向明理自信、志存高远的莘莘学子致以最美好的新年祝福！祝大家新年快乐！

岁月流金，盛世丰年。回忆中，总有一些瞬间，能温暖逝去的曾经，回首来处，有知难而上的开拓进取，更有静水深流的长远构建。"雄关漫道真如铁，而今迈步从头越。"

2017年，是长沙麓山国际实验小学志存高远、砥砺奋进的一年。在长沙市教育局正确领导下，全体麓小人齐心合力，励精图治，取得了"十三五"发展的开门红。德育工作更加坚实，学生竞赛持续增强，教师成长步伐加快，教育科研彰显新成效，党风廉政实现新突破，文化建设取得新进展，校园安全再上新台阶，学校工作获得新提升，学校被授予"湖南省五一劳动奖章"。

2017年，全体教职员工敬业奉献，凝心聚力，践行社会主义核心价值观，受到同行尊重、学生喜欢、家长满意，获得社会的广泛认可，学校荣获"湖南省职工职业道德建设标兵单位"。青年教师勤勉努力，励志上进，学校团支部获评"湖南省五四红旗团支部"。

2017年，麓小学子怀瑾握瑜，高情远致。1307班郑琪恒同学获评全国诚信友善好少年荣誉称号，1205班朱泓毅于2017年中国卡丁车锦标赛总决赛中斩获N12新人组亚军。在2016—2017年长沙市中小学生优秀节目展演中，校民乐队原创作品《湘趣》荣获一等奖第一名，将代表长沙参加省赛，舞蹈队、合唱队、建制班演奏比赛、课本剧、朗诵、定向越野、足球、武术、国际象棋、大课间足球操、美术、书法、科技创新、国文经典诵读、数学创新设计、英语口语等项目也纷纷摘金夺银，喜报频传。

律传鸿钧佳气同，肩摩毂击乐融融。回首往昔，深怀感恩之心；放眼前路，难抑澎湃豪情。

博观约取，厚积薄发。始终坚持四个自信，弘扬中华优秀文化传统，培育具有中国根基的世界公民。以"十三五"发展规划为蓝图，深化内涵发展，提升办学品质，充分发挥作为窗口学校在教育改革中的实验、示范、引领作用。

博观约取，厚积薄发。注重教师成长，致知在格物，打造名师引领、师徒结对、协同发展的学习型雁阵教师团队，培养师德品格高尚、专业素养一流、育人水平精湛，具有职业尊严感和幸福感的教师队伍。

博观约取，厚积薄发。坚持立德树人，以社会主义核心价值观为指导，以学校少先队综合改革为契机，注重价值引领，加强习惯养成，实行素质评价；坚持有效教育，构建学科基础型、拓展丰富型、活动实践型课程体系和大学科融合，推进教学一体化、学科特色化、活动系列化。培养中国特色社会主义合格建设者和可靠接班人。

日月恒升，山高水长。同学们、老师们：让我们做自己生命的主角，同心同德，同心同向，同心而行；让我们牢记使命，砥砺前行，从优秀走向卓越；让我们一起拥抱新时代，谱写新华章，携手走进平安、祥和、辉煌的 2018 年。向建校 25 周年献礼！

遇见梦想的春天
——2018 年春季开学典礼致辞

亲爱的同学们：

春回大地，陌上花开。

又是一年春来到，又是一个新学期。生机盎然的校园，欢迎你们！俗语说："不出正月都是年。"在这里祝大家新春吉祥！新年进步！

春节期间，一档央视节目火爆荧屏，一首小诗刷爆了朋友圈。"白日不到处，青春恰自来。苔花如米小，亦学牡丹开。"这首清朝袁枚的诗作，在《经典咏流传》节目中，被乡村教师和孩子们演唱，感动了亿万中国人。这让我们思考，让我们领悟：无论在怎样的环境中，无论在怎样的境遇里，都要努力生长，向上拔节，实现自我，绽放生命。

小小的苔米尚且如此，作为麓小少年的你们更应该努力奋斗，无问西东。站在新学期的起点上，我想向大家提出三点希望：

一、心中有目标，脚下有力量

士不可不弘毅，任重而道远。

有理想、有追求、有目标，是走向成功的前提。印度电影《神秘巨星》中的女孩，向往音乐、热爱音乐，用她的执着和努力，勇敢和坚持，冲破重重阻力，打破世俗观念，成为自己命运的主宰，拥有了选择未来的权利。

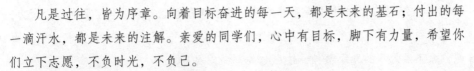

　　凡是过往，皆为序章。向着目标奋进的每一天，都是未来的基石；付出的每一滴汗水，都是未来的注解。亲爱的同学们，心中有目标，脚下有力量，希望你们立下志愿，不负时光，不负己。

二、心中有敬畏，行动有准绳

　　欲知平直，则必准绳；欲知方圆，则必规矩。

　　有一次列宁去克里姆林官理发室理发。当时，这个理发室只有两个理发师，忙不过来，很多人都坐着排队，等候理发。列宁进去后，大家连忙让座，并且请列宁先理，可是列宁却微笑着对大家说："谢谢同志们的好意。不过这样做是不可取的，每个人都应该遵守公共秩序，按照先后次序理发。"说完后，就随手搬了一把椅子，坐在最后一个位置上。

　　自律就是自我约束，是无须提醒的自觉！

　　新学期，希望大家树立对规矩的敬畏，从每一次路队、每一次集会、每一堂课、每一件小事做起，坚持做心中有敬畏，行动有准绳的麓小人，发现最好的自己。

三、心中有阳光，爱家更爱国

　　一玉口中国，一瓦顶成家；家是最小国，国是千万家。

　　大型纪录片《厉害了，我的国》展现了国产大飞机首飞、复兴号列车疾驰、港珠澳大桥沉管合龙等。央视栏目《国家宝藏》讲述"大国重器"们的前世今生，解读中华文化的基因密码，掀起收视热潮。我们为生在这个强大的国家而感到骄傲和自豪。

　　作为当代小学生，我们要将尊敬长辈，孝敬父母，谨记于心。更要在心中种下爱国的种子，拥有家国情怀，让个人命运与国家命运同频共振。

　　未来已来，梦定成真。让我们用今年春晚上《我和2035有个约》歌中的一句话来开启新学期的征程："遇见梦想的春天，我奋进的脚步，披星戴月强烈，迈开大步就领先。"

恢弘志气，向阳成长
——2018 年秋季开学典礼致辞

尊敬的老师们、亲爱的同学们：

　　大家上午好！

　　春耕夏耘，栉风沐雨，我们又回到美丽的校园，迎来新的学年，开始新的历程，逐梦新的未来。

　　壮阔东方潮，奋进新时代，2018 年，是中国改革开放 40 周年；2018 年，是我们建校 25 周年。湘水作砚池书美景，麓小舞彩笔绘宏图。全校师生凝心聚力，秉承"面向世界，博采众长，发展个性，奠基人生"的办学理念，发扬"追求卓越，永不满足"的麓小精神，恢弘志气，向阳成长。

一、面向世界，博采众长，师夷长技以制夷

"泰山不让土壤，故能成其大；河海不择细流，故能就其深。"

天高地阔，欲往观之。这个暑假，"五彩麓山枫"社会实践、文明礼让、研学旅行等活动如火如荼，精彩纷呈。师生分赴西安、北京、香港、贵州等地开展国内研学，对话千年王朝、寻梦大地神州，随着全球化进程的日益加快，世界迎来发展大变革的时代，今日之中国，已大步迈向伟大的复兴之路，港珠澳大桥、大型水陆两栖飞机、神威太湖之光、"中国天眼"……

他山之石，可以攻玉。面向世界，了解各国的先进文化和科学技术。师生远赴新西兰、德国、法国、英国、白俄罗斯等国家，与美国 ALL 学校、法国圣皮埃尔学校、澳大利亚圣马龙学校、韩国仁同小学、白俄罗斯莫吉廖夫第四学校、英国北伦敦文法学校等国际姊妹学校开展国际研学，搭建起国际合作与交流的平台，体验多元文化生活。

我们为祖国自豪的同时，放眼世界，博学之，学习、吸收和借鉴世界民族优秀文化成果，提升国际视野和全球胸怀；慎思之，博采众长，吸取各家之长和优势，培养面向世界的素质和能力；笃行之，假人之长以补其短，为成长为根植中国的世界公民而不断努力。

二、发展个性，奠基人生，立志向阳以致远

我们每一个人都是独立的个体，都是这世上独一无二的"天使"。在家庭、在学校、在社会，我们都肩负着责任、使命和义务，积极阳光，立志成长，发挥所长，勤勉努力。学校建构了学科基础型、拓展丰富型、活动实践型课程，课程延展与学科融合的"3+N"课程体系，开展科学文化、国际文化、生命健康、体育文化、人文阅读和校园艺术等主题活动，运用"互联网+"，搭建起系统立体的个性发展平台。

我们要注重文化的修养，培育高贵的道德情操与文化精神。不做精致的利己主义者，努力做一个有家国情怀和远大志向的中华少年。

我们要拥有自由的灵魂、独立的意志、理性的自主，严于自律，担当使命，不只做听话的孩子，更要做守规矩的孩子；不只做友善的孩子，更要做诚信的孩子。珍惜名誉，担当责任，男孩子要有"血性"与阳刚，学会勇敢与坚毅；女孩子要有修养与灵气，懂得知书与达理。

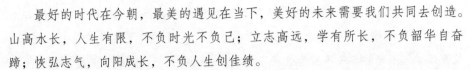

最好的时代在今朝，最美的遇见在当下，美好的未来需要我们共同去创造。山高水长，人生有限，不负时光不负己；立志高远，学有所长，不负韶华自奋蹄；恢弘志气，向阳成长，不负人生创佳绩。

祝大家新学年开心快乐，心想事成！

谢谢大家！

深耕厚植，创新发展
——2019年新年致辞

尊敬的各位朋友、老师、同学：

"四季更替，风雪寒冷是大自然的礼物，让我们一起引领孩子接纳、体验这不可缺少的生命经历。"这一段热爱生活、懂得教育的"官宣"占据了2018年最后一个工作日的"C位"，"不管风里雪里，我在麓小等你！"更是温暖着孩子和家长的心！

天不言而四时行，饱含回忆与荣耀的2018年和我们深情告别，满载梦想与追求的2019年向我们款款走来。在这辞旧迎新的美好时刻，我谨代表学校领导班子，向全校师生，向关心和支持学校发展的各级领导、各界朋友、各位家长送上诚挚的问候，致以最美好的新年祝福！祝大家新春新喜！新年快乐！

2018年是学校发展具有里程碑意义的一年。1993年10月，长沙市教育局创办长沙麓山国际实验学校并开始小学招生，二十五载峥嵘岁月，今朝旖旎风光；2015年6月，独立成校搬迁到长沙市实验二小校址，定名长沙麓山国际实验小学，三年激情奋进，续写崭新篇章。

2018年是学校各项工作硕果盈枝的一年。学校获评"全国五四红旗团支部"，"全国优秀少先队集体"，湖南省中小学生艺术展演器乐类一等奖，湖南省武术团体一等奖，湖南省武术特色学校，湖南省集体备课大赛一等奖，长沙市"巾帼文明岗"，长沙市鼓号队比赛特等奖，长沙市青春诗词大会一等奖，长沙市小学英语第三届师生素养比赛一等奖，长沙市建制班级合唱比赛一等奖，语言文字达标校建设评估优秀等级……长沙市张好小学科学名师工作室继长沙市邹玲静小学语文名师工作室后落户学校，是学校的第2个市级名师工作室。学校现有长沙市首席名师2人、名师4人，长沙市名校长1人，长沙市卓越教师7人，长沙市骨干教师11人。学校成功举办第一届少代会、第一届民族音乐会，创建国际生态学校，开设英语双师课堂，与英国北伦敦文法学校签订了姊妹学校协议，与北京朝阳师范附属小学签订了"京湘"合作协议。目前，建立合作办学学校19所，国际姊妹学校6所。

4 月 23 日，全国政协副主席陈晓光、教育部原部长袁贵仁到学校视察并主持召开专题调研座谈会，袁部长给予"这是一所好学校"的评价。9 月 20 日，教育部党组书记、部长陈宝生带着习近平总书记的关怀和嘱托，将全国教育大会后视察的第一站、考察的第一所学校放在我校，视察学校后评价："介绍得很好，关键是做得好！"在座谈会上陈部长说："时间虽短，看的都是精华，不虚此行。"两任教育部长的莅临和充分肯定，是对我们的殷切期盼，更是我们前行的不竭动力。

事业壮丽，正需吾辈努力；征程在前，更要策马扬鞭。

2019 年，即将迎来五四运动 100 周年，中华人民共和国成立 70 周年，作为国家基础教育工作者的我们，要深耕厚植，创新发展。

"欲木之长者，必固其根本；欲流之远者，必浚其泉源。"我们要始终坚持立德树人。秉承"学会生存，学会关心"校训，牢记"做豪迈的中国人"誓词，注重"价值引领＋习惯养成"，根深中国，花开世界，培育有中国根基的世界公民。认真落实常规管理精细化，常规课堂优质化，常规要求标准化。积极推进评价制度的改革，推进教师成长的改革，推进学生培养的改革。全面推进有效教育。构建学科基础型、拓展丰富型、活动实践型，课程延展与大学科融合的"3＋N"课程体系，推行"教学一体化，学科特色化"有效教育，内涵发展，辐射引领，培养德智体美劳全面发展的社会主义建设者和接班人。

"行之力则知愈进，知之深则行愈达。"我们要创新打造智慧校园。加快教育现代化，推进教育信息化 2.0 行动，持续推动信息技术与教育深度融合，构建基于人工智能、大数据、物联网的"互联网＋"教育大平台，全面提升师生信息化素养，打造智慧校园，发挥示范引领作用，实现创新发展。

深耕厚植，创新发展。老师们、同学们，"历史只会眷顾坚定者、奋进者、搏击者，而不会等待犹豫者、懈怠者、畏难者"。2019 年，让我们心向美好，众志成城，风雨同舟，续写辉煌！

祝福大家新春吉祥！平安喜乐！福寿绵延！

做豪迈的中国人
——2019 年秋季开学典礼致辞

尊敬的老师们、亲爱的同学们：

今年的秋天非同一般，放眼祖国 960 万平方千米的土地，繁花似锦，硕果累累，长江扬波，长城起舞，只为向祖国母亲 70 岁华诞祝福。

每一次升旗仪式，每一次仰望五星红旗冉冉升起，"做豪迈的中国人"的铮铮誓词都会激荡在校园的每一个角落，铭刻在每一位麓小少年的心中。那是一种静水流深的感情，是一种昂扬向上的力量，是一种执着无悔的信念。

做豪迈的中国人，因为你悠久灿烂的文化。中华民族历史源远流长，传统文化博大精深，文化的力量深深熔铸在民族的生命力、凝聚力和创造力中，是中华民族生生不息、团结奋进的不竭精神动力，是中华民族共有的精神家园。

做豪迈的中国人，因为你勤劳勇敢的人民。中华民族既创造了悠久灿烂的中华文明，也遭受了世所罕见的深重苦难。面对艰难困苦、荆棘载途，中华民族从来没有屈服，没有退缩，而是挺起脊梁，奋起抗争，始终巍然屹立在世界东方。

做豪迈的中国人，因为你民族复兴的中国力量。航空母舰、大飞机、超级游轮、纳米技术、微小机器人……工业发达、制造业领先世界，科学技术、创新能力不断增强，国家安定，社会稳定，人民幸福。

做豪迈的中国人，在中国特色社会主义新时代，我们都是追梦人！祖国的今天离不开每一个中国人血脉中的热爱；蕴含着兴衰成败的历史是我们的一面镜子；神圣的国旗国徽是我们国家尊严的象征；辽阔无垠的疆土和锦绣如画的江山是我们心底的骄傲；顶天立地、正气凛然的英雄人物是我们最好的榜样……

做豪迈的中国人，我们要热爱党、热爱祖国、热爱人民，从小学习做人、从小学习立志、从小学习创造，敢于追梦、善于追梦，树立正确的人生观、价值观，养成良好的习惯，勤奋学习，培养兴趣，发展特长，陶冶情操，做到学有所成，全面发展，努力成为"德智体美劳"全面发展的社会主义建设者和接班人。

新的征程已经开始，新的梦想已经启航。新的学期，美丽的麓小一定会因你们而更加精彩。追求卓越，永不满足，和伟大的祖国一起前进，你们的梦想一定会搭上中国梦的翅膀，越飞越高！

根深中国，花开世界。

守正笃行，载梦起航
——2020年新年致辞

尊敬的各位朋友，老师们、同学们：

"律转鸿钧佳气同，肩摩毂击乐融融。"

值此新元肇启之际，谨向支持学校发展、给予学校关怀的各级领导、各界朋友、各位家长和教职工家属致以崇高的敬意！向敬业奉献、追求卓越的全校教职员工表示衷心的感谢！向朝气蓬勃、奋发有为的麓小学子表达最美好的新年祝福！祝大家新年喜乐！

汇集最优秀的人培养更优秀的人。

2019年12月，长沙市小学语文名师工作室在学校笃行会议厅二度起航，与长沙市小学科学名师工作室均落户学校，分别由邹玲静、张好担任首席名师。汇集最优秀的人，培养更优秀的人，中央、省、市组织和编制部门领导亲赴学校调研指导，十分关心教师队伍建设。学校现有长沙市名校长1人，湖南省特级教师1人，湖南省未来教育家1人，长沙市名师工作室首席名师2人、名师4人，长沙市农村名师工作站导师3人，长沙市卓越教师15人。驰而不息，天道酬勤。麓小学子获得湖南省第四届校园武术比赛校园武术优秀组织奖，湖南省第21届国际象棋锦标赛团体第一名，长沙市小学建制班合唱比赛一等奖、中小学艺术展演课本剧一等奖、中小学生红色课本剧大赛特等奖，青少年足球邀请赛冠军、长沙市中小学生定向越野比赛第一名等多项殊荣。

运用最科学的方式塑造更全面的人。

脚踏实地，兼善不渝。学校努力打造智慧校园，实现数字化办公管理、无纸化电子备课，建设教师智慧云桌面系统并开放教师空中课堂。积极推进课程建设，拍摄"麓小儿童礼视频"，组织编写《儿童礼仪课程》，以课程的方式将"礼仪"文化融入学生的学习与生活。创新拓展课程，做好课后服务，学校建立《长沙麓山国际实验小学课后服务课程体系》，开设了100多个课后服务班，增设了攀岩、小语种（法语、西班牙语等）等特色课程。

怀揣最美好的愿景成就更努力的人。

根深中国，花开世界。2019年，学校获评"全国青年文明号""全国青少年篮球特色学校""长沙市文明标兵校园""长沙市教育系统先进党组织""长沙市科技特色校"。

守正笃行，载梦起航。学校将与师范院校、科研院所建立教研联盟，实现平台互动、资源共享，助力科研成果运用、师资队伍培训，深化"教学一体化、学科特色化"改革，打造高效课堂，促进教师专业成长。努力把学校建设成为书香校园、实践学园、成长乐园、幸福家园，办好人民满意的家门口的好学校。

守正笃行，载梦起航。麓小教师发扬"追求卓越，永不满足"的精神，持续推进"名校名师公益行"，开展"名师面对面""在线课堂""口袋课堂""共享书香假期"等系列活动，发挥名校名师示范引领作用。用智慧和担当，焕发职业幸福的光彩；用努力与成就，蓬勃专业技能的发展。矢志共济，勠力同行。

守正笃行，载梦起航。麓小学子秉承"学会生存，学会关心"校训，牢记

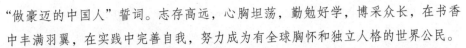

"做豪迈的中国人"誓词。志存高远，心胸坦荡，勤勉好学，博采众长，在书香中丰满羽翼，在实践中完善自我，努力成为有全球胸怀和独立人格的世界公民。

不忘初心，方得始终；牢记使命，奋勇前行。2020年，让我们携手同行，主动作为，勇于担当，敢于创新，成就新作为，展现新形象，共同谱写学校更加壮美的新篇章！

祝大家新年快乐！吉祥如意！幸福安康！

珍视这份珍贵

——2020年秋季开学典礼致辞

尊敬的老师们，亲爱的同学们：

大家上午好！

在灿烂阳光下，在美好期盼里，今天，我们如期举行开学典礼。经受过疫情的考验，经历过延期开学的期盼，如期开学的幸福比以往更珍贵，美好的校园生活更值得珍惜。

今天的麓小，迎来了又一批新老师和新同学，祝贺你们成为麓小大家庭的一员，欢迎你们成为麓小校园新生的力量。麓山国际实验小学因你们的到来而更加生机盎然、蓬勃兴旺。

时光珍贵，不可虚掷。走进麓小的你们，拥有多向度的锻炼平台，多维度的培养模式，不要迷茫，不要虚度，让奋斗的时光，成为成长的历练，让我们珍惜平台、把握机会，辛勤耕耘，竭尽全力，不负时光不负己。

今天的麓小，经过暑假的建设和改造，校园环境更美了，文化氛围更浓了。墙壁会说话，连廊换新装，整洁的教室、雅致的环境，处处都是景，景景皆育人。这份优雅的背后，是建设者高温下的坚守，酷暑中的坚忍，是辛勤的汗水，是匠者的慧心。

劳动珍贵，值得尊重。你在校园中所看到的、享受着的整洁与舒适，精致与优雅，无不凝聚着建设者，学校、物业工作人员等很多人的劳动成果。每一块地面，每一面墙壁，每一件公物，都值得你爱护、爱惜。你维护的不仅仅是公物本身，更是一份对劳动者的尊重。

今天的麓小，开创搬迁新址以来最大办学规模，95个教学班，260多位教职员工，4 700多名学生。如此庞大的师生队伍，挑战着管理团队的领导力和学校各项工作的系统运转力。麓山国际实验小学这艘承载希望与梦想的航船，笃行致远再起航。

品牌珍贵，躬身前行。麓山国际实验小学发展到今天，历经很多艰辛，付出很多心血，成为一所师资雄厚、质量一流、管理规范、特色鲜明、设施完备的具有实验性、示范性的现代化窗口学校。希望全校师生始终发扬"追求卓越，永不满足"的精神，不忘初心，迎难而上，用我们的敬业奉献、爱心责任，汇聚优秀的人，培养更优秀的人，躬身前行，勇担使命。

新学期，新起点，新征程。

祝麓小的孩子们：学业精进，文明有礼！

祝麓小的老师们：专业精湛，温暖有爱！

祝我们的学校：凝心聚力，再谱华章！

眼含深情敬过往，心怀光芒致未来

——2021年新年致辞

尊敬的各界朋友，亲爱的同学们、老师们、家长们：

红梅含苞傲冬雪，绿柳吐絮迎新春。

陶醉在"自由着装日"的欣喜，沉醉于"无作业日"的期待，顺应低温冰冻的气候，接纳自然的成长必修课。我们即将告别意义非凡的2020年，迎接蓬勃崭新的2021年。在此，谨向关怀支持学校工作的各级领导、各界朋友、家长们，向追求卓越的老师们、同学们，致以节日的祝福，祝大家新年新气象，万事皆吉祥！

庚子年伊始，新冠肺炎疫情汹汹而来。非常时期，麓小人迎难而上，共克时艰。校长的思政课、线上家长会、邮寄的教材、校长的"手札"、云端班会……11周，1 696节网络直播课，1 700万人次的收看量，麓小之师用爱与担当，情与责任，平凡尽力，不输英雄！

2020年是麓山国际实验小学发展的关键之年，也是学校"十三五"发展规划的收官之年。

落其实者思其树，饮其流者怀其源。

2015年，麓山国际实验小学乘时代之正，抱为作之诚，搬迁新址，独立成校，励精图治，全新起航。

2016年，学校被授予"湖南省青年文明号"。

2017年，学校被授予"湖南省五一劳动奖状""湖南省五四红旗团支部""全国中小学中华优秀文化艺术传承学校""全国青少年校园足球特色学校"。

2018年，学校被授予"全国五四红旗团支部""全国优秀少先队集体"。

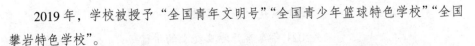

2019 年，学校被授予"全国青年文明号""全国青少年篮球特色学校""全国攀岩特色学校"。

2020 年，学校获评"全国文明校园"。

从望月湖到谷丰路，从"知难而上的开拓进取"到"静水流深的长远构建"，从"传承麓小文化"到"创新内涵发展"，从"让师生站在舞台中央"到"汇集最优秀的人培养更优秀的人"，从"名校名师公益行"到"风里雪里麓小在等你"……麓山国际实验小学秉承"追求卓越，永不满足"的精神，博观约取，励志上进，绘就一"麓"上最美的风景。

百尺竿头更思进，策马奋蹄再创新。

2021 年是"十四五"发展的开局之年，是向第二个百年奋斗目标进军的第一年。

勇毅笃行，任重道远。麓山国际实验小学将继续全面贯彻党的教育方针，坚持立德树人，深化教育改革，办有温度的教育；加强师德师风建设，提升教师教书育人能力素质，培养有情怀的教师；提升学生文明素养、社会责任意识、实践本领，重视学生的体育教育、劳动教育、美育教育和心理健康教育，培养德智体美劳全面发展的社会主义建设者和接班人。

矢志探索，砥砺奋进。麓山国际实验小学将以儿童的视角完善课程体系，推进学科融合，创新学习方式，构建儿童友好型学校。以评价制度改革为切入口，推进教师成长与学生培养的改革，提升课堂实效。以健全协同育人机制为目标，打通"学校—家庭—社区"共育接口，发挥家长学校引领作用，形成立体育人、全方位育人格局。

聚心合力，"智"创未来。作为"长沙市中小学网络学习空间应用优秀学校""长沙市未来学校"，麓山国际实验小学将进一步构建体系完备的智慧校园，搭建"智慧体育""智慧教研""智慧评价"等多个平台，扩充网络学习空间，发挥在线教育优势，整合数据应用，全面提升信息化素养，引领师生步入教育 4.0 时代。

岁序常易，华章日新。

新的一年，让我们胸怀中流击水的豪情，同心并力，乘风破浪！

新的一年，让我们满载百舸争流的恒心，扬帆起航，逐梦未来！

新的一年，让我们眼含深情敬过往，心怀光芒致未来！

祝大家春至福臻，万事顺遂！

党史照我心，党辉耀我行
——2021年春季开学典礼上的讲话

尊敬的老师们，亲爱的同学们：

春雨润大地，万物复苏来。此刻我们满心欢喜，怀揣美好憧憬，共同迎接生机盎然的新学期。

今年是中国共产党建党100周年，是"两个一百年"奋斗目标历史交汇的关键节点。"学党史、悟思想、办实事、开新局"，我们要坚定理想信念，重温党的历史，不忘教书育人初心，勤勉努力，奋勇向前，担负起中华民族伟大复兴的历史责任。

老师们，我们是学生们的师者，更是学生们成长的引领者。希望大家继续发扬"追求卓越，永不满足"的麓小精神，用真诚的爱心、专业的知识和无私的奉献引领学生们迈向又一段崭新的历程，指引学生们体验又一次拔节的喜悦。

同学们，你们是祖国的未来，是民族的希望。

希望你们练就好本领，学会生存，立志前行。以"自主""自理""自信"为自我发展要求，以"爱心""责任""合作"为前进目标，将"做豪迈的中国人"的誓言铭记于心，勇于担当。

希望你们锻炼好身体，学会关心，蓄力前行。古人云："物不经锻炼，终难成器；人不得切琢，终不成人。"在奋力向前的征途中，让乐观阳光的心态为你们解压助力，让强健的体魄为你们助跑加力。

希望你们培养好习惯，学会学习，稳步前行。孔子曾说："少成若天性，习惯成自然。"培养好习惯，总结好方法，让"学而不思则罔，思而不学则殆"成为学习的习惯，让"读书百遍，其义自见"成为学习的方法。善思善学，勇往直前。

老师们，同学们，新学期，让我们牢记习近平总书记的教导，听党话，跟党走，努力学习我党矢志不移践初心，筚路蓝缕奠基业的百年历史，为实现中华民族伟大复兴梦做好全面准备，让党的历史照亮我们的初心，让党的光辉照耀我们前行。

最后，祝全体师生在新的一年携手"犇"向美好的未来！

谢谢大家！

童心向党赓续血脉，迎风而上奔赴远方
——2021年秋季开学典礼上的讲话

亲爱的同学们、敬爱的老师们：

大家好！

秋日麓园，橙黄橘绿，空水澄鲜一色秋。

我们相聚美丽的麓小校园，开启新的学期，迎接新的成长。

新学期，我们迎来了朝气蓬勃的新同学、意气风发的新教师；迎来了麓山二小（暂定名）借址博才卓越校区同步开学。学校现有112个教学班级，300余名教师，5 400多名学生，发展迅速、规模庞大、人数众多。

"一切向前走，都不能忘记走过的路；走得再远，走到再光辉的未来，也不能忘记走过的过去，不能忘记为什么出发。"从2015年到2021年，从望月湖到谷丰路，从"推进教育均衡发展"到"发挥优质教育资源示范引领作用"，历程艰辛，使命光荣。

老师们要始终牢记教育初心，努力前行，发扬"追求卓越，永不满足"的麓小精神，积极弘扬"麓碌有为"的工作作风，为党育人、为国育才！

同学们要听党话、感党恩、跟党走，"学会生存，学会关心"，继承革命先辈的光荣传统，童心向党赓续红色血脉，立志为国担当，未来请党放心！

凡所将至，皆为可期。

新学期，新形势，新任务，"五项管理"出台，"双减"政策落地，师生充满期待。这一系列政策的颁布并不意味着降低标准、放松要求、不求成效，而是希望通过科学合理的举措，让同学们心态阳光、身体健康、全面发展、向上生长。我们要端正学习态度，提炼学习方法，养成良好习惯，提高学习效率，实现减负提质增效；张弛有度，培养兴趣，德智体美劳全面发展！

新学期，新挑战，新机遇，老师们要积极响应国家号召，落实党的育人目标，迅速转变观念，严格落实"睡眠、手机、读物、作业、体质"等五项管理，主动担当作为，大胆创新工作方法，始终坚持以儿童发展为核心，提升课堂质量、切实减轻课业负担，做好课后服务、创新假日托管，为同学们的高效学习、快乐成长保驾护航，把自信还给儿童，把从容留给童年！

9月4日晚，《人民日报》公众号推送文章《不那么好走的，才是上坡路》。的确，变化是历练，困难是成长。新学期，让我们完成好各项工作，爬坡过坎，迎风而上，奔赴远方。

远方不远，在汗水洒落的日子里；

远方可见，在泪滴闪耀的时光中。

最后，祝大家新学期，新成长，千帆竞渡，万象更新！

新年，承载着祝福与期望。

祝福我们的学校蒸蒸日上，前程似锦！祝各位朋友身体健康，阖家幸福！祝同学们身强体健，快乐成长！

为教育万水千山，许儿童美好童年

——2022年新年致辞

尊敬的老师们，可爱的同学们，亲爱的家长和各界朋友：

大家好！

日月开新元，天地又一春。

回味着初雪麓园的如诗如画，沉浸在卡通着装的如梦如幻，我们又站在了时间的交汇点，满怀欣喜，辞旧迎新。

在此，向关心支持学校发展的各级领导、各界人士、家长朋友们，向爱岗敬业、追求卓越的老师们，向阳光友善、积极进取的麓小学子，表达真挚的感谢和美好的祝福。祝大家新春快乐！万事顺意！

2021年，感受百年辉煌，倾听榜样力量，是崇高坚毅的信仰，是勇敢笃行的担当；2021年，突出"五项管理"，落实"双减"政策，是教育初心的回归，是学生成长的需要；2021年，基于儿童立场，评价牵引改革，是教书育人的使命，是示范引领的责任；2021年，办好"学位"实事，推进"二小"建设，是爬坡过坎的艰辛，是人民至上的践行。

为党育人，为国育才，是老师们肩负的使命责任；

请党放心，强国有我，是孩子们奏响的时代强音。

我们，用价值引领筑牢学生成长底色，"全国文明校园"的称号激励我们砥砺前行；

我们，用艺体修养点亮学生成长激情，作为中华传统文化艺术传承学校，足球、篮球、攀岩等全国特色学校，2021年，我们又捧回了"全国群众体育先进单位""北京2022年冬奥会和冬残奥会奥林匹克教育示范学校"奖牌。

我们，用智慧智能拓展学生成长空间，2021年，我们被命名为首批"全国在线教育应用创新示范学校""全国网络学习空间应用优秀学校"。

回望2021年，那些雾霭朦胧的清晨，那些繁星点缀的夜晚，那些匆忙的脚步，那些坚毅的身姿，那些灯光下的孜孜以求……为教育万水千山，许儿童美好童年。

展望2022年，赓续教育初心，汇集最优秀的人培养更优秀的人。学高为师，身正为范，教师是用一个生命去影响另一个生命，我们要敬业爱生、乐学上进、博学善教，用自我成长成就学生优秀。

展望2022年，弘扬创新精神，运用最科学的方式塑造更全面的人。厚植中华文化，浸润湖湘精神，凸显麓小特色，通过评价牵引、课程引领、方法引导，培养德智体美劳全面发展的麓小少年。

展望2022年，擘画发展蓝图，怀揣最美好的愿景，成就更努力的人。秉承"学会生存，学会关心"的校训，牢记"做豪迈的中国人"的誓词，坚持"办一所有温度的学校，做一名有情怀的老师，让每一个孩子站在舞台中央"的理念，努力构建"立德树人、五育并举""儿童友好、三位一体""智能创新、智慧评价"的未来学校。心之所向，行知可往。

水滴石穿，翻山见海。"黄金时代，不在我们背后，乃在我们面前；不在过去，乃在将来。"盛世年华，我们坚定向前！新的一年，为教育万水千山，许儿童美好童年。

祝福孩子们快乐成长，生龙活虎！

祝福老师们身体健康，虎虎生威！

祝福我们的学校桃李芬芳，龙腾虎跃！

祝大家新年快乐！吉祥如意！

心向阳光，筑梦未来
——2022年秋季开学典礼致辞

亲爱的老师们，可爱的同学们：

大家好！

云天收夏色，木叶动秋声。

今天，我们在这里举行2022年秋季开学典礼。这是一场期待已久的相约，更是一次携手并肩的出发！

新学期，又有一批新老师、新同学加入我们这个大家庭，增添青春灵动，注入蓬勃生机，欢迎大家！

新学期，麓山二小正式起航，实行与麓山国际实验小学办学管理"七个统一"，共同翻开优质教育资源均衡发展的新篇章。

新学期，党的二十大即将胜利召开，在这个充满希望的时代，站在新的起点上，我们如何面对机遇和挑战？如何筑梦前行向未来？为此，我在这里提出三点希望。

一、心有所信，方能行远

沧海横流，信仰弥坚。信仰是希望与力量的源泉，有信仰就有希望，有信仰才能积淀力量。今年，党的二十大即将召开，这是进入全面建设社会主义现代化国家、向第二个百年奋斗目标进军新征程的重要一年。党的历史就是一股信念源泉，百年征程波澜壮阔，百年初心历久弥坚，无数先烈用远大的理想、坚定的信念、坚强的意志，形成了无坚不摧的力量。作为我们，新时代的教师、新时代的儿童，在这最美好的时代，更要坚定理想信念，厚植爱国主义情怀，以信仰之光照亮奋斗之路。

二、自强不息，勤耕不辍

天行健，君子以自强不息。每个人都应有理想抱负，不断锤炼意志和品质，自强不息，勤耕不辍。在麓小，每个儿童都站在舞台中央，每位教师都是学校的主人。习近平总书记强调："今天的学生就是未来实现中华民族伟大复兴中国梦的主力军，广大教师就是打造这支中华民族梦之队的筑梦人。"唯有奋斗，唯有担当，才能不负青春韶华，不负时代重托，奏响砥砺前行的时代和声。

三、薪火相传，光耀未来

精神之光，生生不息。回首过去，麓小人团结奋进，硕果累累；展望未来，我们要继续发扬"追求卓越，永不满足"的精神，秉承"学会生存，学会关心"的校训，践行"做豪迈的中国人"的誓词，薪火相传，共赴山海。

同学们，道固远，笃行将至。让我们笃学善思、尚学勤勉，书写和创造属于你们的未来。

老师们，事虽巨，坚为必成。让我们心向阳光、扬帆起航，无惧险阻，共创辉煌。

新的征程已经起航，这是我们的时代，这是最好的时代，让我们同心共进，不负韶华，以昂扬奋斗的姿态献礼党的二十大。

谢谢大家！

参考文献

1. 李清臣. 教师精神文化研究［M］. 北京：高等教育出版社，2011.

2. 魏丽玲，彭显耿，戴健林. 教师学校文化认同的影响因素研究——基于L老师的生活史考察［J］. 中小学德育，2017（9）.

3. 蔡正学. 中小学教师：现存的精神状态与可期的世纪改良——基于知识、文化、道德的一线考察与多维研判［J］. 当代教育论坛，2017（8）.

4. 金培雄. 将"贤文化"基因植入教师的精神生命——也谈新建学校教师文化建设的策略［J］. 江苏教育研究，2017（5）.

5. 郑岚，邓成飞，李森. 城镇化进程中乡村小学教师精神生活现状调查研究——基于四川省C市的实证分析［J］. 海南师范大学学报（社会科学版），2017（2）.

6. 林存华. 以文化对话精神重塑教师权威［J］. 上海教育科研，2016（4）.

7. 曾华. 浅论教师文化幸福样态的构建［J］. 文史博览（理论），2014（5）.

8. 朱孔洋. 培育教师专业精神：基础教育学校文化建设探析［J］. 思想理论教育，2012（1）.

9. 邓正平，刘文卫. 构建积极向上的教师精神文化［J］. 中国德育，2010（10）.

10. 彭琼. 培养有中华民族文化底色的未来公民［J］. 人民教育，2018（18）.

后 记

时维九月，序属三秋，大地流金，万物呼晴。这一刻是属于我们大家的日子，《做豪迈的中国教师——新时代中小学教师精神文化建设研究》终于成书了。这本书凝聚着太多人的心血和期望，更凝聚着无数人的关怀与祝福，它的厚重绝不是只言片语所能表达的。信手翻开书本，书中既有系统的理论思考，更有实操指导性很强的操作策略和具体案例，全书力求为新时代中小学教师精神文化建设提供比较完善的参考框架。

几年前，学校启动全国教育科学"十三五"规划课题《新时代中小学教师精神文化建设研究》，随着研究与实践的不断深入，我深感自己有责任和义务为麓山教育共同体学校多年来在教师精神文化建设方面所做的探索与努力留下一些记忆。

在历时三年的课题研究过程中，北京师范大学伍新春、胡定荣教授多次给予指导，给了我们一次又一次突破自我、提升自我的机会。在这个过程中，课题组先后提出了"培养豪迈的中国教师"的核心理念以及"专业尊严""课堂精神状态""育人精神气度""职业自信""科研精神品质"等一系列与中小学教师精神文化建构相关的核心观点，梳理了教师精神文化建设的关键要素，创新了研究视角，并实施了分类研究。在持续的研究过程中，我们策划了一系列的研究活动，进行了大量的案例筛选输入，经受了瓶颈期的煎熬，更新了个人固有理念等，终于总结出了一系列研究成果，精心打磨成书稿。

这本书的撰写，有幸得到了湖南省教科院院长石灯明、省教科院教育科学规划所所长黄龙威、省教科院规划办综合室主任肖学建、长沙市教育科学研究院规划研究所课题管理主任刘正华、湖南师范大学杨志明教授等专家的鼎力支持，他们为我们出谋划策，与我们一起开展课题研究，总结学校成果，并悉心指导订正，使我们在完成书稿的过程中将学校教师精神文化建设推向一个新高度。

我想特别感谢老校长陈绪常先生和李素洁女士。在从教二十余年的路上，我很庆幸遇到两位老校长。一方面他们对我坚持独立思考的宽容和创造性尝试的鼓励，让我能够一步步逐渐找到自己的方向；另一方面，他们又总是在适当的时候提醒我、鞭策我、鼓励我。多年来，他们开明睿智、大气谦和的风范，让我既感到十分温暖又崇敬向往。

　　此外，本书还得到了学校行政团队及教师们的大力支持，他们为书稿充实了材料，在此深表感谢。限于本人的认识水平，书中尚有很多不足之处，权当引玉之砖，敬请同仁、专家们指正。但我们相信，一丝光亮注定会喷薄成万丈霞光，一抹微绿必将孕育出百花齐放。

黄　斌

2022 年 9 月

图书在版编目(CIP)数据

做豪迈的中国教师：新时代中小学教师精神文化建设研究／黄斌著.—桂林：广西师范大学出版社，2022.12
ISBN 978 - 7 - 5598 - 5558 - 9

Ⅰ.①做… Ⅱ.①黄… Ⅲ.①中小学－教师－师德－研究 Ⅳ.①G635.16

中国版本图书馆 CIP 数据核字(2022)第 200448 号

做豪迈的中国教师
ZUO HAOMAI DE ZHONGGUO JIAOSHI

出 品 人：刘广汉
责任编辑：刘美文
装帧设计：李婷婷

广西师范大学出版社出版发行

（广西桂林市五里店路 9 号　　　邮政编码：541004

网址：http://www.bbtpress.com ）

出版人：黄轩庄
全国新华书店经销
销售热线：021 - 65200318　021 - 31260822 - 898
山东临沂新华印刷物流集团有限责任公司印刷
（临沂高新技术产业开发区新华路 1 号　邮政编码：276017）
开本：720 mm × 1 000 mm　　1/16
印张：14.5　　　　　　　字数：252 千字
2022 年 12 月第 1 版　　2022 年 12 月第 1 次印刷
定价：48.00 元

如发现印装质量问题，影响阅读，请与出版社发行部门联系调换。